集团公司
人力资源管理

HUMAN RESOURCE MANAGEMENT
WITHIN ENTERPRISE GROUP

唐贵瑶 陈志军 著

中国人民大学出版社
·北京·

推荐序

面对复杂多变的外部环境，越来越多的企业采用母子公司制的经营管理模式。随着企业集团规模的扩大，员工也越来越多，如苏宁集团在职员工达 3.3 万人，中国石油化工有限公司及其子公司员工更是多达 60 多万人。企业集团面临着如此庞大的员工队伍，更好地做好人力资源管理工作就变得非常重要了。当下，人力资源是第一资源已成共识，如何提高其核心竞争力是企业经营者面临的突出问题。作为多年来持续探索人力资源管理的研究者，我深感探究集团公司人力资源管理相关问题具有非常重要的理论和现实意义。

早在 2002 年，我就对集团公司人力资源管理有所研究。例如，基于生命周期理论，我提出了集团公司成长的三个阶段，并通过探讨企业集团不同发展阶段人力资源管理的特点及作用效果诠释了企业成长与人力资源管理的关系。2003 年，我在《中国企业集团人力资源管理战略研究》(南京大学出版社)一书中，系统地阐述了中国企业集团和人力资源管理理论的起源与发展，并对中国企业集团人力资源管理的理论和实践问题进行了探讨。近些年来，随着互联网、大数据、AI、云计算等新技术的蓬勃发展和应用，我国企业在经营管理中面临着诸多机遇与挑战。企业集团也顺势而为，及时对人力资源管理实践做出了调整与创新。在此背景下，关于集团公司人力资源管理的研究也应与时俱进。时隔 17 年，我很高兴地看到山东大学唐贵瑶教授和陈志军教授所撰写的《集团公司人力资源管理》即将出版。该书对集团公司人力资源管理相关概念、管理模式等做了系统的梳理，并在此基础上结合不同的管理模式，按照集团公司人力资源管理过程的主要环节，从人力资源规划、招聘与配置、培训与开发、绩效管理、薪酬管理和人员流动管理等六个模块，分别对集团公司人力资源管理相关理论与实践问题做了非常周详的阐述。

管理者的内部流动是领导力发展的最佳实践之一，也是集团公司管理的重点和难点之一。鉴于企业集团由多家子公司构成，集团公司可以通过激活内部管理者在子公司之间、职能部门之间的流动给予他们激励自我、提升自我和发展自我的机会。为此，作者在书中展现了对 35 家企业集团实地调研的成果，总结了集团公司人力资源流动的影响因素和现状，并提出了改善企业集团内部人才流动、激活人才潜力的具体措施，这对指导企业集团内部的人员发展和流动具有非常强的实践意义。

本书结构合理，观点新颖，阐述全面深入，理论和实践内容都很丰富。为提高本书对理论界和实践界的参考价值，作者注重"知行合一"，书中穿插的案例大多来源于作者团队的实地调研，反映了企业人力资源管理最新的实践动态。本书还以引例、前沿进展等形式将理论知识与企业实践相结合，从而大大增强了内容的趣味性和学术性。

本书作者之一陈志军教授拥有丰富的大企业管理经验，深耕集团公司管理研究多年，在该领域具有深厚的理论功底和丰富的实践经验。另一位作者唐贵瑶教授一直扎根于人力资源管理研究和实践，同时具备良好的国际化视野，是一位优秀的年轻学者。他们在本书编写过程中付出了大量的心血，相信本书一定能对集团公司人力资源管理教学和实践有所裨益。

总之，该书既是一部能很好地指导读者提高理论认识的著作，也堪称集团公司人力资源管理实际工作中的一本"工具书"，对业界与学界均有很好的启发性。我乐意向读者推荐。

南京大学人文社会科学资深教授、博士生导师

南京大学商学院名誉院长

前　言

《2019—2020年中国人力资源转型趋势展望》指出，人力资源管理已从"幕后"走向"台前"，59%的企业认为人力资源管理职能已成为企业发展不可或缺的战略职能。这一点在企业集团中尤为明显。随着规模体量的不断扩张，集团公司人力资源管理是发挥集团公司内部人力资源优势，弥补外部人力资源市场低效的必由之路。但现实中集团公司人力资源管理实践步履维艰。据克尔瑞发布的房企薪酬数据，2018年集团公司高管每年薪酬平均超过400万元，涨幅超30%。由此可见，近年来随着社会人力成本的上升，集团公司薪酬支出也随之巨幅增加，这进一步加剧了集团公司人才预算管理的困难，不利于集团公司经营成本的管理与控制。对集团公司来说，下属企业众多，人员庞杂，较高的离职率也意味着较大规模的人员流动，这势必增加集团公司人力资源管理的难度。同时，人才信息准确性不高、集团监控力度及有效性不足等问题也一直困扰着集团公司管理者。这些问题的存在不仅会影响集团公司员工工作积极性、创造性的发挥，还会对员工、下属子公司以及集团公司绩效产生潜在不利影响。在集团公司范围内对人力资源开展合理有效的培育与配置对集团公司未来的发展至关重要。集团公司人力资源管理者也亟须获得能够指导相关工作的专业知识。此外，从期刊发表与专著出版来看，基于中国知网数据，自1985年至今，研究者对集团公司人力资源管理的关注度呈现波浪式上升趋势。因此，无论是业界还是学界，人们都对一本系统地阐释"集团公司人力资源管理"主题的书籍具有迫切的需求。

相对于传统的单体企业人力资源管理，集团公司人力资源管理更加独特和复杂。从管理任务的数量上看，集团公司人力资源管理不仅要对总部母公司的人力资源进行管理，还要对众多下属子公司的人力资源管理系统进行设计调控（本书专注于探讨母公司对子公司的管理）。集团公司人力资源管理的复杂性不仅体现为管理客体数量上的庞杂，还涉及母公司如何分配子公司人力资源管理职责权力以及处理子公司之间的复杂关系。集团公司人力资源管理通过人力资源计划、组织、指挥、控制和协调等手段，实现集团公司范围内人力资源的获取、开发、保持和利用，同时以规范化的人力资源管理制度和约束机制作为保障，减少可能出现的子公司经营者或重要管理者的逆向选择和道德风险，真正实现人才的合理利用，做到人尽其才、才尽其用。

本书分为三个部分。第一部分即第 1 章"集团公司人力资源管理概述"，系统阐明了集团公司人力资源管理相关概念、管理模式，以及人力资源管理控制与协同的辩证关系等。第二部分由第 2 章至第 7 章组成，按照集团人力资源管理过程的主要环节，从人力资源规划、招聘与配置、培训与开发、绩效管理、薪酬管理和人员流动管理等方面，详细阐述了集团公司人力资源管理的模块化内容。各章从基础知识点梳理入手，介绍了集团公司人力资源管理各个模块的内容、理论基础、相关操作流程等，同时关注企业最新实践发展，以引例、前沿进展和企业实践等形式将理论知识与企业实践相结合，帮助读者更好地理解"知"与"行"的关系。为帮助读者梳理各章内容脉络，本书还在各章末尾绘有思维导图对其内容进行总结。第三部分由第 8 章和第 9 章组成，结合人力资源管理的最新发展，诠释了集团公司信息化人力资源管理以及人力资源管理三支柱在集团公司中的应用，详细说明了信息化人力资源管理在集团公司的产生、发展与实践，人力资源管理三支柱的内涵、发展现状和实践应用。上述各章涉及的基础理论、知识模块以及相关案例，为 MBA 和人力资源管理专业本科教学，以及不同行业集团公司的人力资源管理实践提供了理论支持。

在本书编撰过程中，为积累人力资源管理实践素材，研究团队自 2015 年 6 月起对山东电力集团、海信集团、浪潮集团、鲁信集团、鲁商集团、鲁银集团、翔宇集团、泰开集团、重汽集团、重工集团、中车集团、和君集团、腾讯（广州）等多家企业集团展开了为期一年半的调研和访谈，并邀请相关人员参与了问卷填写。2017 年后，团队成员对问卷数据进行了多次分析并逐步充实文稿。初稿定下后，有幸得到中国人民大学出版社丁一老师的支持，并与中国人民大学出版社签订出版合同。从初稿完成至付梓，书稿在丁一老师的指导下进行了多次修改。在此，对丁老师表示由衷的感谢。在编写过程中，本书参阅与借鉴了大量的学术文献、书籍和网络资料，并引用了部分公开发表和传播的案例，在此谨向这些资料的作者表示最诚挚的感谢。

"常玉不琢，不成文章。"衷心希望每一位读者能够读有所得，也期待学术界和企业界的朋友们给予更多的反馈，我们将会结合相关研究和实践成果保持对本书的修订和完善，精益求精，以期《集团公司人力资源管理》再版时更具创新性、实用性。

作者

目 录

第 1 章

集团公司人力资源管理概述

引例：突围——多层级集团人力资源管理夹层困局

在创新与变革不断深入的背景下，W集团属于逐步演变出来的多层级、跨地区、跨行业的大型集团企业，企业兼并重组推动了集团的进一步发展。当W集团总部以一级集团的独立管理层级出现时，作为W集团旗下的二级集团，X集团及成员企业能否充分发挥协同优势，产生协同效应，能否达到1+1>2的效果，实现集团效益最大化，最终由大变强，成为近期X集团在二级集团人力资源管理中棘手的问题。

从经营管理活动分析，二级集团及成员企业在一级集团控制下，是承担着一级集团具体经营职能、相对独立的经营实体。基于一级集团的战略的二级集团人力资源，依托制度体系的建设，为下属成员企业提供管理和服务，要创造体现出一级集团综合价值，就需要全方位分析现状，在上下夹层困局中寻找突围策略。

一、一级集团管控的核心职能：整合资源

一级集团管控相对单体企业而言，只要在更大的范围内、更大的规模上，以更高的效率、更少的交易实现比市场更高的效益或更低的交易费用，就是创造价值，就是合适的；反之就会形成阻碍，限制二级集团发展，此时则应放权，由其依市场规律运行。一级集团管控随着市场的变化，客观上需要建立战略统一制定、资源统一配置、业务协同运作的集团管控模式。这要求一级集团不再单纯通过市场调控创造价值，而是更多地以集团管控来实现集团的统一战略，整合内部组织结构、内部资源，协同价值链业务链，创造出比市场调控更高的价值；提供协同服务，实现比市场更低的内部交易成本；建立统一的绩效考评体系，制定更加有效的激励机制；建立集团统一的品牌文化，创造品牌、商誉等无形资产，实现与社会环境、市场环境协调发展。

二、二级集团人力资源：五大管理职能

二级集团人力资源管理工作，与单体公司人力资源管理工作存在本质差异。其向上受制于一级集团公司管理模式的限制，向下又必须面对成员企业人力资源专业管理水平不足的现实。二级集团人力资源要突破夹层困局,就需要面向市场、面向竞争,立足于提高综合效益,为成员企业提供更有价值和创造性的活动,行使二级集团的五大职能。

(1)战略规划与企业文化传播职能:基于一级集团的发展战略,制定二级集团人力资源战略,制定统一、鲜明和符合实际的人力资源理念、政策和战略,并培养塑造和谐、统一的企业文化氛围,凝聚集团的人力资源。

(2)资源整合职能:对内部各种人力资源进行整合,使成员企业人力资源匹配达到最佳,整合内外培训资源、智力资源、人才机构资源;同时主动获取并整合一级集团高层资源、集团内资源和各成员企业资源,为成员企业的管理提供人力资源服务。

(3)监督协同职能:二级集团制定人力资源职能模块的政策制度,下属各成员企业根据具体情况对二级集团政策进行调整、修正、执行和落实。二级集团通过检查和监督,推动促进成员企业间人力资源协同以及跨职能、跨团队的合作,提高整体效率。直接参与、指导和监督成员企业日常人力资源活动,是二级集团人力资源管理的常规工作。其重点主要是对高管和核心管理人员的管理、对成员企业人工成本总额的管控、对成员企业薪酬绩效的管理。

(4)专业服务职能:二级集团不断提升自身专业能力,培养良好的服务意识,为二级集团各成员企业提供专业咨询服务,为下属企业人力资源问题提供系统解决方案。

(5)知识与信息共享职能:搭建共享知识交流平台,汇总各成员企业的成功经验,提炼形成管理标准,实现知识沉淀与管理。在各成员企业的人力资源管理活动中起到沟通交流和学习的桥梁作用。共享职能的发挥,使各企业在保持自主经营的基础上,充分得到集团的总体调控、平衡、引导和支持,使成员企业在人力资源管理水平上,得到协调发展,共同提高。

三、二级集团:对一级集团的人力资源管理需求

一级集团人力资源部门需要紧紧围绕集团总体发展战略,以全局化的视

野，确定部门定位，制定管控模式、绩效考评体系。作为顶层人力资源管理体系设计部门，一级集团人力资源部门应明确定位，依据集团战略理清工作中的关键重心，准确规划人力资源管控模式，体系化设计管理方案。例如，如果采用二级集团管理层由一级集团任命并考核绩效，实际工作却在二级集团的管理模式，那么势必造成二级集团管理层的管控真空层，目标分解不到位，工作职责不清，管理权限交叉混乱，从而导致绩效考评体系结构性缺失，造成对二级集团人力资源的管控目标难以实现的现象，甚至影响集团总体战略目标的实现。

四、二级集团：对成员企业的人力资源管控模式设计

随着规模逐步扩大，二级集团很可能涉及不同的多元化产业，各成员企业会处于不同的发展阶段，面临不同的市场竞争环境和企业生命周期，拥有不同的企业管理团队素质和管理水平，人力资源管理产生的问题也会各不相同，可主要归纳为"统一有余差异不足"和"差异有余规范系统性不足"两种情况，从而对实现集团资源的有效调配和规模效应造成影响。他山之石，可以攻玉。人力资源可以借鉴成功企业的经验，但不可以直接套用其他公司的模式。人力资源管控模式的设计须清晰界定边界，采用不同的管控模式，还需考虑成员企业现有情况，采用集分权不同模式。这有利于一级集团总体管理政策的快速推行，形成并有效实施规范系统的人力资源管理体系，塑造统一的企业文化。总之，构成一级集团经营实体的二级集团和成员企业，从公司制度层面上看，与一般公司制企业受制于大股东并无本质区别。二级集团人力资源位于管理体系夹层中，在集团化运行、多层级管理、产权结构复杂、产业化交叉并存的体系中，需要不断突围，不断提升人力资源专业能力、战略管控能力以及系统的优化与整合能力，发挥集团整体人力资源的最大效用。

资料来源：郁丽霏.突围：多层级集团人力资源夹层困局.企业改革与管理，2015（18）.

面对复杂多变的外部环境，越来越多的企业采用集团公司制的经营管理模式。集团化经营有利于成员企业间形成协同，最大限度地利用资源，降低交易成本，弥补市场缺陷和制度漏洞。2019 年，中国 500 强企业集团营业收入总额达到了 79.10 万亿元，比上年增加了 11.14%，员工总数为 3 359.11 万人，增幅为 5.26%。榜单上，营业收入超过 1 000 亿元的企业为 194 家，比上年的 172 家大幅增加了 22 家。500 强名单前十名为能源、金融、建筑和制造企业。其中，中国石油化工集团有限公司、中国石油天然气集团有限公司和国家电网有限公司分别以 2.743 万亿元、2.599 万亿元、2.560 万亿元的营业收入位列前三，第四名中国建筑股份有限公司营业收入为 1.199 万亿元。同时，在上榜企业中，最赚钱的行业分别为金融、电信与互联网服务，以及房地产。可见，集团公司已成为促进经济增长的主体力量和适应新兴经济的主要组织结构。

随着集团规模的增大，集团人员数量也越来越多，如苏宁集团在职员工达 3.3 万人，中国石油化工集团有限公司及其子公司员工达 60 多万人。集团公司面临着如此庞大的员工规模，人力资源管理无疑成为不可或缺的重要工作。当下，人力资源是第一资源已成为企业界的共识，如何提高其核心竞争力是企业经营者面临的突出问题。人力资源管理是现代企业管理的核心，是企业一切生产经营活动按照标准程序运作的保证；人力资源管理在组织中创造的战略价值，是企业的重要战略资产。

因此，探究集团公司人力资源管理相关问题具有重要的理论和现实意义。集团总部在各成员公司的人力资源管理活动中应起到作为沟通、交流的平台的作用，在保持各成员自主经营的基础上，充分发挥集团的总体调控、平衡和引导职能，使成员公司人力资源管理水平得到协调发展和共同提高。

1.1　集团公司人力资源管理的内涵

1.1.1　集团公司与单体企业人力资源管理的不同

1998 年 4 月，国家工商行政管理局发布《企业集团登记管理暂行规定》，其中第三条提出："企业集团是指以资本为主要联结纽带的母子公司为主体，以集团章程为共同行为规范的母公司、子公司、参股公司及其他成员企业或机构共同组成的具有一定规模的企业法人联合体。"本书依据以往研究，将这种母子公司及其他成员共同构成的、拥有一定规模的、同时拥有事业部或直线职能管理单元、母公司至少对一个或多个子公司控股的企业法人联合体，统称为"集团公司"。集团公司管理的特点包括：第一，法人对法人的管理；第二，集团公司通过子公司治理实现对子公司的管理；第三，单个公司职能管理的职责是完整的，集团公司管理的职责要在集团公司和子公司层面进行分解；第四，集团公司管理的最终目标是实现整体利益最大化。

与单体企业不同，集团公司人力资源管理在管理目标、管理权限、管理层次和管理内容等方面更加复杂。集团公司人力资源管理亦称母子公司人力资源管理，既包括集团公司和子公司自身的人力资源管理，又包括集团公司对子公司的人力资源管理，这里只涉及集团公司对子公司的人力资源管理。其核心是子公司人力资源管理职责权力在集团公司和子公司的分解。例如，如果更多职责权力被上升至集团公司，那么是集权的人力资源管理；如果更多的职责权力被委授子公司，那么是分权的人力资源管理。公司人力资源管理体系有着统筹协同的特点。两者协同单位有所不同：单体公司人力资源管理强调实践活动之间的内部匹配，其协同主要在法人内部；集团公司人力资源管理则应统筹各子公司的人力资源管理体系，接轨子公司的招聘体系、职位体系、培训体系、薪酬与绩效体系，其协同主要体现在法人之间，例如，集团公司怎样构建横贯整体的薪酬绩效体系，既体现行业特点以保证业内竞争力，又考虑到集团公司内部的相对公平。

1.1.2　集团公司人力资源管理概念

集团公司人力资源管理的地位至关重要，它可以更好地解决组织内外部的控制和跨文化管理问题，通过规划、招聘、培训开发、绩效管理、人员流动管理等一系列实践措施，不断促进集团公司内部人力资源的优化共享与配置。集团的人力资源管理功能应定位于如何为成员企业的发展提供更具有价值和创造性的活动，以母公司为主导，形成子公司间的互动、分工与合作。在集团公司人力资源管理链条中需把握以下几个方面：

首先，作为集团公司管理中的重要部分，人力资源管理必须与集团整体战略相匹配。根据组织一致性理论，组织内模块间的需要、命令、目标、目的和结构等相符程度越高，环境与组织各个部分的匹配程度越高，组织行为的效率也越高。集团公司人力资源管理可以分为集团和子公司两个层面，这两个层面间以及每个层面与各自所处的外部环境和内部状况间应具备一致性。在保持一致性过程中，集团必须密切关注外部环境、市场及企业内部资源和能力的变化。

其次，在管理体系方面，集团公司人力资源管理可分为三方面，即母公司的人力资源管理体系、子公司的人力资源管理体系以及母公司对子公司的人力资源管理体系。其中，母公司对子公司的人力资源管理体系是以母公司为主，针对子公司高层管理人员选聘委派等制度的选择安排，这是决定集团公司能否实现人力资源共享和优化配置的关键。集团总部在各成员单位的人力资源管理活动中应起到作为沟通、交流的平台的作用，包括：统一理念、引导和支持各成员单位设计和完善其人力资源管理体系；建立集团人才库，有计划、有针对性地培养复合型人才、经营人才、人力资源管理人才；有效传递各成员公司好的经验和做法。

1.2　集团公司人力资源管理模式

集团公司人力资源管理模式是指在长期的人力资源管理实践中形成的，对集团公司人力资源管理目标、管理权限、管理层次、管理内容与方法、协同点和控制点等要素进行综合概括与高度提炼，并且得到集团成员普遍遵从

与认可的一种人力资源管理模式。目前，我国学者已从不同视角对集团公司
人力资源管理的不同模式及影响模式选择的关键因素进行了研究。

1.2.1　集团公司人力资源管理模式分类

1. 分类一：输出型导向、适应型导向和综合型导向

根据一致性原则，已有学者将集团公司的人力资源管理划分为输出型导
向、适应型导向、综合型导向三类模式。

输出型模式是集团公司集权想法的外露，集团公司的要求的本土化程度
很低，在人力资源管理方面要求制定统一的方法和措施、规范与细则，以保
证集团公司整体人力资源管理战略具备较高的内部一致性。这种模式关注各
个子公司的人力资源管理整合，从而实现组织目标。丰田公司采用的就是这
种模式。在中国经营的过程中，丰田聘用华人组成管理层，研发人员以日本
员工为主，仅仅对车辆进行简单的中国化改良，但是较低的中国本土化程度
也拖累了其在中国市场的发展。

适应型模式强调各个子公司之间的差异性以及子公司本身的本土化，集
团公司在一致性方面对各个子公司之间的人力资源管理协同要求较低，这种
模式是集团公司分权管理思想的一种外露。肯德基在全球扩张过程中，坚持
消费者导向，相应地也采取了较为彻底的本土化策略，除了强调各大区在产
品开发中要创新符合当地消费者需求的产品外，管理方面也包容差异化，强
调培育本土化的企业文化，而人力资源管理也应在充分理解和尊重本土文化
的基础上展开相关工作。

综合型模式将母子公司各自的人力资源管理系统特征相互结合，从公司
内部和市场配置角度力求实现平衡，从而实现集团公司人力资源管理内外部
一致性的最佳匹配结合。例如索尼在英国开设的公司中"以严格的条件限制
和排除工会"的日式做法被强烈抵制，使得企业放弃了该项政策方面的一致
性，但薪酬和晋升系统所依据的原则与日本本土相同，实现了"人力资源管
理模式的战略性应用"。

2. 分类二：家长模式、自主模式、平衡模式、共享模式和经纪模式

根据以往研究，集团公司人力资源管理组织模式也可分为家长模式、自主模式、平衡模式、共享模式和经纪模式五种基本组织结构类型。

家长模式是一种高度集权的管理组织模式，以行政管理为主导；集团总部人力资源管理中心负责集团内部所有人力资源管理工作，在各个业务单元内部不设人力资源管理部门。这种模式便于集团公司管理，花费较低，同时有利于促进人力资源管理水平提高，但是也缺乏一定的灵活性，不利于调动各业务单元的积极性。这种模式大多出现在集团公司的早期发展阶段。

自主模式下，集团公司总部没有独立的人力资源管理中心，所有的人力资源管理职能均由各个业务单元自己承担，各业务单元内部设置人力资源管理部门，是一种高度分权的管理组织模式。

平衡模式则介于家长模式和自主模式之间，集团公司总部和各业务单元均设置人力资源管理部门，分工行使整个集团公司的人力资源管理职能。一般情况下，战略相关性高的人力资源活动由集团公司总部开展，其他一般性人力资源管理活动放在各业务单元内部。该模式的优点是可以使集团公司更专注于战略制定，各子公司人力资源管理也具有灵活性。

在平衡模式的基础上，共享模式合并统一人力资源管理活动，从而建立起为整个集团公司服务的共享中心，该模式需解决的关键问题是共享中心与各业务单元和总部的责任关系问题。共享中心既能够成为一个独立的业务单元，也可以设在某个业务单元内部，它能够提高人力资源管理效率，在整个组织中共享先进经验，但在某些领域共享中心难以达到比较经济的规模。中国石化集团的人力资源共享服务中心通过建设高效增值的共享服务平台，实现了集团公司人力资源事务性工作全面集中处理，服务覆盖总部机关和集团各业务板块。

经纪模式是指集团公司在人力资源管理中引入外部合作伙伴，将部分人力资源管理活动外包的模式。外包的主要动因为降低成本、增强 HR 灵活

性、提高人力资源管理活动效率等。经纪模式根据建立基础的不同有两种类型：一是在平衡模式基础上的经纪模式，不同业务单元根据实际情况因地制宜地制定人力资源管理外包策略。集团公司总部的人力资源管理中心充任经纪人，帮助各子业务单元选择合适的外包服务商，并提供相关外包合同签订、质量监督等咨询服务。二是在共享模式基础上的经纪模式，集团公司总部先将各业务单元统一性较高的人力资源管理活动打包，然后再将打包业务进行外包。该模式能够提高人力资源管理效率、专业水平以及组织的灵活性，但是需要组织具有一定的外包管理能力。

3. 分类三：分散式管理、集中式管理和适中式管理

也有学者将集团公司人力资源管理模式分为分散式管理、集中式管理与适中式管理三种。

分散式管理强调子公司的分权，集团公司总部只负责制定与监督整体的人力资源方法和细则，将更多的管理权限给予下属企业，允许各子公司灵活变通，子公司可根据自身所处的环境和特点制定人力资源管理政策，因而显得更为独立。

集中式管理强调集权，集团公司总部具有绝对管理权限，类似于家长模式，整个集团公司人力资源管理需要统一，各子公司的政策严格受总部约束，总部下派人力资源专员进驻各子公司。比如子公司的人力资源部经理由集团人力资源中心直接任命，不对子公司的总经理负责。尽管子公司的人力资源部经理在日常工作中以子公司总经理的要求为准，但在业务层面仍以总部人力资源中心为准。

对于适中式管理，一般而言，大多采用折中式的方案，集团公司总部掌握一定的控制权，给予各子公司一定的权限，这是最常见的集团公司人力资源管理模式。

4. 分类四：行政管理型模式、自主管理型模式和治理型模式

综上所述，不同学者从不同的角度对集团公司人力资源管理模式进行了

划分。本书根据陈志军在出版和发表的书籍和刊物中提到的三种管理模式对集团公司人力资源管理模式进行分类，即行政管理型模式、自主管理型模式和治理型模式。

（1）行政管理型模式。

行政管理型模式是母公司越过子公司董事会直接对子公司行使集权管理的控制模式，在人力资源管理方面表现为直接制定子公司人力资源管理体系和制度。在该模式下，子公司实际上不具有独立的决策权，母公司对子公司的管理差不多相当于单体企业对分厂的管理。该模式是三种模式中集权程度最高的模式，也是集团公司管理中最常见的。该模式的优势一是可实现母公司对子公司的直接控制，控制强度和力度大，有利于实现协同效应；二是可提高信息对称程度，母公司能够及时地掌握子公司的实际情况。劣势是母公司横纵向管理难度大，成本高，同时子公司不够积极。因此在该模式下，母公司人力资源管理管控力度最大，子公司执行母公司的人力资源管理政策，在具体事务的执行上较少有自主性。

（2）自主管理型模式。

自主管理型模式指，母公司可通过改变子公司的管理层实现干预，是权力较为分散、母子公司管理自由度较高的一种模式。在该模式下，母公司的横向协调工作量较小，成本也较行政管理型模式低；同时，子公司自身的决策能力和权力较大，可以根据环境的变化及时做出相应调整。但是，该模式并不利于集团公司协同效应的发挥，出现的信息不对称现象可能较为严重，影响模式作用的发挥。

（3）治理型模式。

治理型模式为，在尊重地位的前提下，母公司通过完善其子公司治理实现对子公司的管理和控制，母公司在人力资源管理方面保持对子公司必要的管理控制，子公司本身又有独立的决策自主权。该模式综合了前两种模式的优点，又在一定程度上避免了它们的缺点，因此该模式具有较强的适应性。

企业实践1-1：海信集团混合型人力资源管理模式的运用

　　前文介绍了集团公司人力资源管理的三种模式，即行政管理型、自主管理型、治理型。然而，在集团公司的人力资源管理实践中，同一集团针对不同管理层次的各类管理措施可能并非遵循同一管理模式。从不同的人力资源管理维度实现"因地制宜"，是集团公司基于自身经营理念与所处环境获得的独特能力。

　　海信集团创立于1969年，至今已有50多年的历史。海信拥有海信视像和海信家电两家上市公司，海信、科龙、容声、东芝电视等多个品牌，已形成以数字多媒体技术、智能信息系统技术、现代通信技术、绿色节能制冷技术、城市智能交通技术、光通信技术、医疗电子技术、激光显示技术为支撑，涵盖多媒体、家电、IT智能信息系统和现代地产的产业格局。海信目前在全球拥有14所生产基地、18所研发中心，面向全球引进高端人才，促进国内的设计、研发人员"走出去"。海外分支机构覆盖美洲、欧洲、非洲、中东、大洋洲及东南亚等多个市场，产品远销130多个国家和地区。海信凭借着领先的创新能力与精益的管理能力，以数字多媒体技术、智能信息系统技术、现代通信技术等多项世界顶尖技术为支撑，成为覆盖多媒体、家电、IT智能信息系统和现代地产四大产业模块的全球领军企业。

　　海信集团的内部管理理念虽然遵循"扁平化""集权化"风格，但集团对子公司各个职能模块中层管理者的人事任免却采用了不同的模式。其中，集团母公司对各子公司的财务经理及财务人员进行统一调配，子公司对财务经理及财务人员没有任免权；对人力资源经理的任免采用治理型思维，由子公司负责甄选、考核并向母公司提名人力资源经理拟聘者，而母公司对该提名人选拥有审批权和否决权；生产、研发、营销等模块的中层管理者则完全由子公司自主聘任（见表1-1）。这一管理措施体现出海信集团在给予子公司充分经营自由的同时，非常重视集团人力资源的整体协同与统一的管理理念。

表1-1　　　　　　　　　　海信集团混合型人力资源管理模式

子公司岗位	管理措施	管理模式
财务经理	集团母公司统一调配	行政管理型
人力资源经理	子公司提名后向集团母公司报批，母公司对提名人选拥有审批权和否决权	治理型
生产、研发、营销与其他模块的中层管理者	子公司自主聘任，向母公司报备	自主管理型

资料来源：访谈整理。

1.2.2　影响集团公司人力资源管理模式选择的关键因素

以往关于集团公司人力资源管理模式的影响因素的研究中，不同学者做出了很多分析探索。在梳理以往文献以及结合我国集团公司的实际背景的基础上，本书将影响模式选择的关键因素总结为以下六方面。

1. 行业特征

行业及产品特征是影响人力资源管理模式选择及实践的重要因素。在对香港地区的248家公司进行研究后，人们发现不同行业的企业在人力资源管理模式的选择上有较大的不同。在不同的行业中，产品的性质不同，公司所采取的策略也会不同，进而会影响人力资源管理模式的选择。传统制造业集团在涉及子公司管理时更倾向于采用直接的人力资源管理模式，并快速地复制最佳管理实践，减少内部管理的差异化；但对于科技型企业而言，母公司更看重子公司的技术发展，以及子公司对母公司业务板块的完善，在管理上倾向于授权，维持原有团队的创造活力。

2. 组织生命周期

组织生命周期可划分为创业阶段、集体化阶段、规范化阶段和精细阶段。在不同的发展阶段，企业对人力资源管理的要求也不同。在对跨国集团公司的相关研究中，跨国集团公司采用何种人力资源管理模式是与其国际化发展阶段相关联的。成立于 1994 年的万向美国是万向集团在美国的首个子公司。在成立初期，万向美国将全面本土化改造作为首要任务，不再沿用母国集团的管理理念和方法，在用人方面也打破从国内外派人员的传统，转而采用从当地招聘人才的方式，弱化中国企业的影子。随着公司的发展，以及获得美国社会的认可，万向美国向并购的子公司和客户输出万向独有的组织流程和组织产出，将自身与本地企业进行了"区分"，展现了特有的组织能力和公信力。

3. 组织战略

在不同的公司战略下，人力资源管理模式应采取不同导向。战略性人力资源管理模式具有四个特征，即：更加强调战略的推动实施，而非战略的制定；更加注重将战略与人进行协调，而非分离；更加强调组织对于发展和变革的能动性；更加强调组织人力资源管理实践与战略之间的一致性或契合度。战略性人力资源管理通过把各项职能活动如招募与甄选、培训与开发、绩效管理、薪酬管理等与战略管理过程紧密联系起来，促使人力资源管理活动与组织战略保持动态协同，最终实现组织目标。沃尔沃历史悠久，具有丰富的产品线和高端的品牌形象，品牌价值近百亿美元。2010年，沃尔沃轿车公司 100% 的股权以及相关资产被吉利收购。收购后，沃尔沃依然走豪华汽车品牌战略，吉利与沃尔沃独立运营，并延续原有的管理风格。

4. 组织文化

文化有一定的稳定性，因此其差异不仅不会轻易消失，反而还会通过对人的价值观、行为等的影响进而对公司效率产生巨大的影响。这一点在企业的跨国经营中体现得尤为明显。跨国集团内部存在着国家文化和企业文化的双重差异，而这些差异又将会影响具体的子公司人力资源管理举措。为了减少跨国跨文化并购后文化整合的摩擦，吉利完成对沃尔沃的收购后，尊重沃尔沃原有的商业文明和企业文化，在管理上组建了国际化的董事会，并保留了原有的运营团队和管理政策。

5. 控股程度

依照母公司对子公司的控股程度，母公司对子公司的控制权力和强度如下：若母公司是子公司的全资股东，则母公司能够绝对控制子公司的一切业务；若母公司是子公司的主要股东，则母公司能够基本控制子公司的一切业务；但对于非绝对控股的实际控制的子公司，母公司只拥有对子公司重大事务的控制权。人力资源管理的协同程度直接受母公司对子公司的控股程度的影响，在母公司或绝对或全面地控股子公司、母公司偏重于对子公司的人事集权管理、母子公司之间的内部交易较频繁、子公司归属于母公司紧密层成员等情况下，人力资源协同程度较高。当母子公司之间业务一般相关时，子公司一般归属于母公司的半紧密层或协作层成员，利益关系联系并非很密切，此时人力资源协同程度较低。2013 年 5 月，阿里巴巴以 2.9 亿美元入股高德，成为高德第一大股东。2014 年 2 月，阿里巴巴斥资 11 亿美元完成对高德的全资收购。全资收购后，阿里巴巴宣布高德将专注于地图服务，服务于阿里巴巴的集团战略，相应地，高德原有的组织架构也进行了调整，并且对高德人力资源的管理力度也有所增大。

6. 信息化程度

企业的信息化程度是作用于人力资源协同的重要因素。由于信息技术的飞速发展，企业资源计划（enterprise resource planning，ERP）、客户关系管理（customer relationship management，CRM）等信息管理系统，不仅为集团公司人力资源管理提供了更多、更精确的信息，而且间接提高了人力资源管理的协同水平。信息化水平越高，企业无形中体现出的协同化信息就越多，而人力资源管理协同的实现正需要这种信息的协同。在人力资源管理中，高度信息化的流程起着必不可少的作用。海信集团面向全球不断引进优秀的信息和管理人才，以数字多媒体技术、智能信息系统技术、现代通信技术等多项世界顶尖技术为支撑，提高了运作的协同程度，最终成为全球领军企业。

　　总之，影响集团公司人力资源管理模式选择的因素众多，集团公司应在充分理解不同模式优缺点和适用性的基础上，正确识别及综合考虑这些因素，探寻适合自身发展的集团公司人力资源管理模式，以促进集团公司整体绩效的提高。

企业实践 1－2：一把手带领变革：山东电力集团公司管理模式的变迁
　　　　　　　　——由自主管理型模式转向集约（行政管理）型模式

　　国企改革是一个世界性难题，国家电网公司是根据《公司法》规定设立的中央直接管理的国有独资公司，也是全球最大的公用事业企业，下辖 27 家省级电网企业和 40 家直属单位，经营管理难度极大。自 2002 年以来，国家电网公司先后经历了三次较大的管理改革，对其下属公司的集权程度逐渐提高，按照顶层设计、一贯到底的原则，制定了各项对子公司人力资源管理的规定，如《国家电网公司员工奖惩规定》《国家电网公司全员绩效管理暂行办法》，不断强化对下属单位的管控。同时，国资国企改革和电力市场化改革也从侧面加速了企业内部的管理创新和集约化进程。

　　基于国家电网的管控需要，更基于政府监管的要求和市场的变化，山东电力集团公司也加强了对其下属公司的管理控制及统筹，集团管理模式由自主管理型模式向集约型模式转变。

　　一方面，随着国家电网公司的三次管理改革，山东电力集团公司的人力资源部门自 2011 年以来做了数次适应性调整，如今形成了大致按人力资源管理工作板块分为劳动组织处、员工管理处、绩效考核处、薪酬保障处、培训教育处 5 个处室的人力资源部门组织架构，每个处 3～5 人。省公司及下属公司的人力资源部门人数分布呈倒金字塔向上分散的结构，地市公司对接省公司人力事务，每个板块负责人只有 1 个。

　　另一方面，山东电力母公司的人力资源管理模式产生了较为复杂的变化，诸大板块的管控模式和集权程度各不相同。首先，山东电力总部的人力资源各部门不仅负责集团公司本部的工作，而且需制定统一的人力资源管理政策，下属公司负责执行。其次，山东电力总部全面管控员工入口和调配（尤其是领导班子的调配），下属公司的薪酬管理等人力资源管理内容。在这种管理改革下，山东电力不断推进集团化运作、集约化发展、精益化管理、标准化建设，逐渐成为拥有一流竞争力的现代企业。

　　资料来源：访谈及参考《超越·卓越》一书整理。刘振亚.超越·卓越：国家电网管理创新与实践.北京：中国电力出版社，2016.

1.3　集团公司人力资源管理控制与协同

　　集团管控的侧重点不同，人力资源管理系统控制与协同方式、关注点也各有不同。集团公司在控制与协同过程中，需要依照外部环境以及自身实际状况分析控制与协同方式、程度的不同。集团公司根据交易特点的差异分析交易成本和收益，细致规划，从而选择人力资源管理控制与协同的内容、手段，具体包含以下四个方面：

　　（1）控制与协同主体，指实现控制目的的施控者。母公司董事会、母公司经理层、母公司人力资源部为控制与协同主体，母公司人力资源部同时为具体的执行部门。

　　（2）控制与协同客体（见表 1-2），主要是指控制活动的对象——子公司董事会、子公司监事会、子公司经理层、子公司专业人才、子公司一般正式人员。

　　（3）控制与协同模式。不同的集团公司人力资源管理既可运用相同的控制与协同模式，也可运用不同的控制与协同模式。

　　（4）控制与协同手段，即控制主体所采取的作用于控制客体的方法。集团公司人力资源管理控制与协同的手段包含人力资源规划、招聘与甄选、开发与培训、绩效管理、流动管理等。

表 1-2　　　　　　　　　集团公司人力资源管理控制与协同客体层次

客体层次	控制与协同内容
子公司董事会、监事会	在母子公司体制中，作为子公司的控股股东，母公司通过向子公司派遣董事实现对子公司董事会的控制。作为母公司派驻子公司的代表，董事、监事负有重大的运营监督职责
子公司经理层	母公司对子公司经理层的管理，需要通过董事会间接实现。当子公司法人治理结构不健全时，子公司的董事会有可能形同虚设，母公司的董事会或经理层，越过子公司的董事会直接选聘、任命、考核子公司的主要经理人员
子公司专业人才	许多母公司根据集团公司发展的需要，对子公司关键岗员工和专业技术人才的任职资格、工作经验、能力素质等方面做出要求，制定相应的福利待遇、职位晋升等方面的激励机制，并通过集团公司内的员工流动，传播集团公司内部知识和技能
子公司一般正式员工	对集团公司内部一般正式员工，母公司可能会通过组织统一招聘或者制定正式员工的任职资格、素质等程序性规章制度来实现并保证子公司一般员工的胜任力。对子公司员工数量，母公司可采取员工总量控制、人均绩效产出控制以及员工总体薪酬数量控制等控制方式

企业实践 1-3：打造人力资源管理控制与协同平台——山东潍柴集团

潍柴集团创建于 1946 年，是目前中国综合实力最强的汽车及装备制造集团之一。潍柴集团同时拥有汽车业务、工程机械、动力系统、智能物流、豪华游艇和金融服务六大业务平台，是一家跨领域、跨行业经营的国际化集团公司。

在子公司管理过程中，潍柴集团始终贯彻人力资源管理控制与协同要跟上业务的多领域拓展的理念，发挥人力资源在公司发展过程中的极大价值。潍柴集团人力资源管理控制与协同的最大特色在于以下两方面，也是这两方面支撑了潍柴集团慢慢壮大。

第一，以政策中心、共享服务、业务伙伴为中心的人力资源管理控制架构。

在转型过程中，潍柴集团逐步确立了以政策中心聚焦公司战略、以共享服务聚焦标准化服务、以业务伙伴聚焦客户需求的战略转型架构设计。在此框架下，2014 年集团人力资源共享服务中心正式运行，该中心实现了人力资源管理战略性业务与事务性工作的分离，系统整合了集团总部所有业务单元的人事和行政业务，实现了各项业务的集中管控。下一步，集团将继续借助信息系统，逐步实现人力资源基于数据共享和流程驱动的业务管理，打通 HR 业务边界，进一步完善共享服务中心，不断加强人机互动，实现全员参与的全面人力资源管理，最终以决策分析模型及工具为集团人力资源智慧决策提供量化支持。

第二，打造协同办公系统。

早在 2004 年，潍柴集团就建立了协同办公系统。随着集团内外部环境的变化，集团不断升级协同办公系统，升级的总体目标是建立一套潍柴集团统一的，具有开放式体系结构，集内部通信、信息发布、行政办公、协同管理、知识管理为一体的协同办公系统，满足潍柴 5 ～ 10 年内协同办公管理的需求，满足集团公司业务发展的需求。同时，利用先进的计算机信息技术，为企业提供协同、安全、集成的办公环境，实现日常办公从传统的手工模式向数字化、网络化、科学化的方向转变，实现文档管理规范化、工作流自动化、知识管理有效化，提高办公效率和办公质量，降低管理和办公成本，改善办公环境和条件，提高办公管理和决策的自动化和科学化水平。

资料来源：根据山东省国资委新闻中心关于潍柴集团的二手资料整理。

1.3.1　集团公司人力资源管理控制

1. 集团公司人力资源管理控制的含义

为了在集团公司人力资源管理过程中节约成本、提升效率并促进人才的培养，母公司需在管理中"抓大放小"，对人力资源管理的重点进行识别和分类。母公司对子公司人力资源管理重点的区分、权力的收放和流程的侧重直接影响集团的效率和利润，而人力资源控制常常是母公司首选的控制方式，同时也是应用最广泛的控制方式。从狭义的角度看，控制是管理的一项职能，人力资源控制是人力资源管理的一个具体方面，不包括人力资源的计划、组织、指挥和协调的过程或者工作。从广义控制论的角度来看，人力资源管理的各种活动和方式手段都可归属于控制范畴。人力资源管理中的很多实践活动，其本身就带有管理控制的含义，均能够采用控制的概念。斯内尔认为人力资源管理中的规划、招聘、培训、考核等功能，均可归属于人力资源控制的范畴。延伸来说，人力资源控制包括了人力资源管理的各种职能，集团企业人力资源管理更着重于母公司战略高度的管控。例如，母公司通过选聘、派遣经理层人员到子公司关键岗位去任职，掌握子公司关键职位的人员招聘、培训、考核、流动的权限。

2. 集团公司人力资源管理控制点的定义

为了提高管理效率、识别管理重点，一些学者试图研究集团公司人力资源管理的控制点问题。集团公司管理控制中的关键环节或关键点是控制工作的核心，可称之为控制点。集团公司人力资源管理中的关键环节或工作核心则可称为集团公司人力资源管理控制点。

母公司在管理子公司时，要衡量所有的活动是否现实或者必要。鉴于管理者知识和精力的有限性，集团公司并非监控子公司的所有活动，而是筛选出一些重要的控制点，并通过它们控制集团公司人力资源管理的全局。控制点存在的目的是限制运营管理过程中的不利因素，充分利用能使计划更好运行的有利因素；同时，控制点的关键性评价标准可参考该节点对于运作的整个过程及其结果的影响效果。

识别集团公司人力资源管理控制点，能在一定程度上解决集团公司"管什么"的问题，对控制点的重要性进行科学区分则有利于解决母公司"如何管"的问题。以往的研究结合专家访谈和半开放式问卷调查的方法，总结了集团公司人力资源管理主要环节的控制点，并根据重要性大小将其分为关键控制点、重要控制点、一般控制点，探析了不同集团公司人力资源管理模式下的控制点差异。另外，控制点还可以根据具体模块内容的差异性进行分类，分布在人力资源规划、招聘与配置、培训与开发、薪酬与福利和绩效考核方面，这些内容将在本书第 2 至 6 章中具体讨论。

其中，集团人力资源规划是总体工作的起点，具有内部和外部一致性。内部一致是指与后续工作相协调，外部一致是指与子公司和母公司总体规划相一致（即协同性，在下一节中讨论）。集团人力资源规划主要分为数量、结构和素质三个方面，集团人力资源规划过程中的控制点可总结为对子公司人力资源规划的审批或备案、对子公司规划流程的控制、不同层次岗位员工数量与质量、集团人力资源部门对子公司规划的服务和指导、子公司之间的规划工作交流。

集团招聘与配置是人力资源工作的核心，是集团获取优秀人才的保证，也是实现集团协同的重要过程。集团人力资源招聘的控制点可以归纳为招聘流程、招聘人员的层次、子公司招聘人数、集团内部关键岗位的任命、子公司之间高管流动。

集团对人力资源培训与开发进行控制与协同，有利于节约培训成本、提高培训效果，有利于实现价值观的传递和推动集团文化建设，有利于人才在集团中的交流、锻炼和成长。集团人力资源管理协同点涉及集团统一进行文化和制度方面的培训、核准子公司培训预算支出、对优秀子公司培训体系的学习和移植等。

薪酬与福利管理的目的是增加集团价值、形成人才激励。集团薪酬与福利管理既要考虑不同子公司之间的公平性，也要考虑不同层级之间的差异性；既要起到平衡与激励作用，又要保证透明与公平。母公司要对集团整体薪酬策略与子公司整体薪酬水平进行控制。在集权管理下，统一制定薪酬发放和激励标准；在分权管理下，则由子公司自主划定不同薪酬水平。

集团人力资源管理的绩效考核直接影响薪酬调整和职务晋升，因此应通过系统科学的方法和标准来进行考核。其主要包括集团对子公司的考核以及集团对高管的考核。对高管的考核意味着对母、子公司战略决策的评价，对子公司的考核则意味着对整体执行过程的评价，二者之间相互联系。母公司制定集团绩效考评的核心方法和标准，控制点包括考核方法（平衡计分法、360 度评价、岗位评价）、考核时间和方式、对不同层次和岗位员工的差异化考核、母公司对子公司关键人才的考核。

企业实践 1－4：精准管控：传统行业辟新路——鲁信天一

鲁信天一是鲁信集团众多子公司之一，在 2004 年时面临骨干员工流失、生产效率低、产品质量不稳定、市场萎缩、企业亏损的局面。十年以后，在人员和主设备没有增加的前提下，鲁信天一产量增加了 2.6 倍，销售额增长了 2.1 倍，利润总额则从亏损 34 万元转变为增长 3 426 万元。该公司董事长朱立和表示，鲁信天一的发展模式不是依靠投资扩张，而是以激励为主要手段，实现公司提出的管控目标，从而提升企业管理水平和竞争力。管控什么？如何管控？朱立和表示，就是以现代企业管理制度为指导，结合传统国企管理的精髓，从"严细实"入手，建立适合本企业发展的管控体系。首先是建立严格的管控制度，让员工按章办事。粗略计算，鲁信天一有制度文件 276 份、工艺文件 32 份、加工检验标准 32 份，岗位工作说明书 112 份，岗位操作指导书 117 份。截至 2014 年年底，经与印刷板块 22 家上市公司几个主要指标对比，鲁信天一净资产收益率（第 5 名）和总资产报酬率（第 6 名）均排名靠前，利润增长率（第 11 名）也处于中上游水平。

资料来源：访谈及鲁信官网二手资料。

3. 集团公司人力资源管理控制点的识别

在集团公司人力资源管理控制过程中，控制点管理是控制工作的高度浓缩和聚焦，控制母公司与子公司人力资源管理的所有环节是不可能也不必要的。控制了关键点也就控制了全局，同时增强了战略执行的灵活性。集团公司人力资源管理控制点识别依据为成本与效益、风险水平、对目标实现的影响程度以及集团公司管理中的协同程度。

首先，成本与效益是控制点存在的原因之一。母公司对集团公司整体所有人力资源活动亲力亲为将耗费巨大的成本，并且还会因为重点的缺失导致管理效率低下。考虑到成本效益原则，有必要以识别管理中的控制点来代替控制所有环节，用关键点的控制评价代替内部活动的有效性评价。其次，管理节点的风险水平也是判断控制点的依据。以风险为导向可提高控制点监督的有效性，识别监督无效的领域，从而提升内部控制水平。管理者对风险水平的判断是一个持续的过程，当风险发生变化时，相应的控制点也会产生变动。对于复杂或风险较高的控制点可认定为关键控制点，进行重点监控。再次，使用目标管理方法，评估事项对目标实现的影响程度，借此判断控制点和类别。目标、控制点和资源是系统控制的三维框架。例如，如果集团公司的目标是通过信息系统提高管理效率，那么信息系统软件的规划、建设和运营就是关键控制点。最后，集团公司发挥优势主要通过资源配置与协同，那么在集团公司管理中产生协同效应的环节也为控制点，尤其是产生重大协同效应的过程。例如，不同子公司分别对高管人员进行培训会浪费时间及资源，通过集团公司统一培训将产生协同效应，因此该环节可作为控制点。

4. 集团公司管理模式与控制点选择

集团公司管理模式一定程度上表明了集团公司的权责划分，控制点分类则有助于进一步详细地界定母子公司的管理权限和管理范围。在行政管理型、治理型和自主管理型三种管理模式下，集团公司需要相应匹配不同的控制点管理。越是集权的母公司，给予子公司的自主决策权越少，对子公司的管理和干预越多。这在控制点上表现为母公司试图控制更多方面。图 1-1 展示了具有不同重要性的控制点与集团公司管理模式的匹配，表 1-3 则表明了具有不同重要性的控制点的内容。

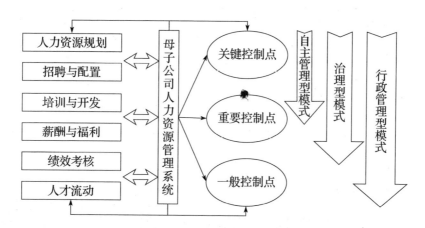

图 1-1　三种管理模式下集团公司人力资源管理控制

资料来源：陈志军，崔慧，赵月皎.母子公司人力资源管理控制点研究：基于问卷调查的定量分析.山东社会科学，2017（9）：114-120.

表 1 - 3　　　　　　　　　母子公司人力资源控制点重要性分类

维度	重要性	编号	控制点	维度	重要性	编号	控制点
人力资源规划控制点	关键控制点	A3	战略规划	培训与开发控制点	重要控制点	C4	培训计划管理
		A4	关键岗位分析			C17	培训内容设定
		A10	规划工作指导		一般控制点	C5	分类培训
	重要控制点	A1	规划流程			C7	培训课程
		A5	人才队伍建设			C11	新进人员培训
		A8	规划实施结果			C1	培训需求
		A2	现状、需求调查			C6	培训档案记录
		A6	员工数量			C2	培训对象
		A11	环境分析			C3	培训方式
	一般控制点	A9	规划体系	薪酬与福利控制点	关键控制点	D9	经理层薪酬
		A7	一般岗位设计			D8	薪酬政策因地制宜
招聘与配置控制点	关键控制点	B14	董事会成员、高管选聘			D16	激励机制
		B18	人才库建设			D1	薪酬总体水平
		B4	任命经理人员			D15	薪酬体系
		B5	关键岗选聘			D6	高管及关键岗薪酬信息
	重要控制点	B13	规范选聘制度			D10	关键岗薪酬设计
		B9	关键岗面试		重要控制点	D12	薪资增长区间
		B11	测评工具与标准			D13	绩效奖励区间
		B15	招聘需求			D7	关键岗位薪酬发放
		B12	拓展招聘渠道			D14	薪酬方案
		B17	招聘信息发布		一般控制点	D5	薪酬信息调查
		B1	招聘流程			D3	一般岗位薪酬发放
		B10	岗位最终面试			D11	一般人员薪酬管理
	一般控制点	B3	招聘条件			D4	具体项目管理实施
		B2	招聘数量	绩效考核控制点	关键控制点	E1	高管考核
		B16	招聘计划			E8	明确考核标准

续表

维度	重要性	编号	控制点	维度	重要性	编号	控制点
招聘与配置控制点	一般控制点	B7	招聘实施	绩效考核控制点	重要控制点	E9	考核方案
		B8	一般人员面试			E2	核心技术人员考核
		B6	一般岗位招聘			E7	考核流程
培训与开发控制点	关键控制点	C18	文化、制度培训		一般控制点	E4	考核指标
		C10	优秀培训体系移植			E6	考核方式
	重要控制点	C13	人事专员培训			E5	考核时间
		C19	统一入职培训			E3	一般人员考核
		C8	培训师管理	人才流动控制点	关键控制点	F5	经理层轮岗
		C16	培训预算			F4	人才互动信息
		C9	培训体系建设			F1	关键人才流动
		C14	专业技术培训			F2	高管调动
		C15	培训效果评估		重要控制点	F3	技术人才轮岗

资料来源：陈志军，崔慧，赵月皎.母子公司人力资源管理控制点研究：基于问卷调查的定量分析.山东社会科学，2017（9）：114-120.

　　具体来讲，行政管理型模式下，母公司在人力资源管理中相对集权，在人力资源实践活动控制点的选择上相对比较全面，倾向于掌控大部分或全部关键控制点、较多的重要控制点和较少的一般控制点；母公司往往统一负责集团内各子公司人力资源规划、招聘、培训、薪酬、绩效考核等模块中的控制环节、活动，制定和完善相关制度政策，并负责实施及结果评估，比如人力资源规划的统一制定、对各岗位的分析、招聘需求调查分析、招聘计划的制定、招聘的具体实施、培训的规划及流程管理、薪酬政策的制定与实施、绩效考核方案的提出与落实及子公司之间或子公司内部人才调动的管理等。同时，子公司人力资源部门更多的是按照母公司的要求配合执行或辅助参与。

　　自主管理型模式是集权与分权相结合的模式。母公司在人力资源管理中会适当放权于子公司。在人力资源管理实践的各个维度上，母公司对关键控制点必然会加以控制，比如集团人力资源战略规划，人力资源相关基础政策、制度的制定和完善，高级管理人员、关键岗位的职责分析、选聘、任命、绩效考核及薪酬管理，企业文化、制度的推广，子公司薪酬水平的控制，子公司间高管、关键人才的流动管理等。对于重要控制点，母公司选择性采用，比如对子公司员工总数的控制、对子公司人力资源规划的监督指导、对招聘实施的督导、招聘渠道的拓展、关键岗位的录用工作、对培训经费的控制、技术人才的考核标准等控制点。母公司较少采用一般控制点，大多放权于子公司管理，比如人力资源规划的拟定，岗位职责的设计，人力资源规划、招聘、培训、考核、薪酬管理发放的具体实施，子公司内部人才的流动等。

治理型模式下，母公司对子公司的管理常常通过子公司治理实现，子公司董事会对子公司的运营相对有更全面的决策与控制权，经理层掌握子公司的运营。母公司更多地放权于子公司，在人力资源管理实践活动中，母公司常常会只选择采用关键控制点，比如战略人力资源规划，董事会、高级管理人员的选聘录用、继任委派，相关制度的完善，经理层的薪酬、绩效考核、流动管理，子公司薪酬总体水平控制等。对于重要控制点，母公司较少采用，而一般控制点则极少采用。治理型模式下，子公司在人力资源管理控制点上有更多的自主权、决策权，其职责范围更广。

由图1-1可知，不同管理模式下，控制点的采用对应着集团公司权力与责任的分配。相对集权管理模式下，母公司直接管理子公司的人力资源，掌控的控制点较多，承担的职责较多，子公司仅保留较少的职责，因此甚至不必专设人力资源管理部门。相对分权管理模式下，子公司自主性增强，具有单体公司人力资源管理的大部分权责，因此母公司人力资源管理部门可设置少量人员。

通过访谈、问卷调查和数据计量，在母子公司人力资源管理中得到了关键控制点22项、重要控制点32项、一般控制点22项。同时对关键控制点特性进行分析后发现，母公司对人力资源管理不同模块的关键控制点的关注具有以下特征：第一，管理层次越高越关键，控制强度越大。母公司认为子公司高级管理人员的选派、任命、考核和薪酬管理应是母公司控制的重中之重，因为高级管理人员的管理不当会伴随较大的经营风险。母子公司管理中出现的博弈现象往往与子公司高管的选派有关，子公司能否充分理解并落实母公司的战略意图，对于子公司的发展意义重大。此外，子公司的关键人才，如关键技术岗位人员，也是母公司重点控制和管理的对象。第二，着重把控子公司薪酬管理与人才流动。表 1 - 3 中关键控制点占比最高的为薪酬与福利管理，占比 32%，表明母公司在人力资源管理过程中，应高度重视子公司高管和关键人才的薪酬发放、平衡和激励，不仅要考虑不同盈利能力子公司总体薪酬差异，而且要考虑子公司因地域消费水平产生的合理薪酬差异。随着企业集团规模的增大和人员的增多，集团内部不仅应发挥资本市场的作用，更应充分发挥人才市场的作用。集团内部通过提供再选择的内部人才市场平台，可以减少人才流失、降低招聘成本。第三，重点关注流程设计。母公司重点关注流程设计和制度制定，有效且适当的管理流程和机制不仅能够减少错误并降低成本，还可以在发生意外事件时借鉴参考；不仅能将母公司的有限精力放置在最能产生效益的环节，还能帮助集团降低风险。母公司控制了各子公司的相关制度和流程，就基本控制了整个集团的人力资源管理。

1.3.2　集团公司人力资源管理协同

1. 集团公司人力资源管理协同的定义

集团化经营有利于企业之间形成协同，以最大限度地利用资源、防范母子公司出现"孤岛现象"、降低交易成本和弥补市场及制度漏洞。集团公司协同定义为同一集团母子公司之间和子公司之间的协同，通过集团机制设计、技术平台共享和子公司之间的合作实现有形和无形的协同效应。集团公司人力资源管理的协同是指母子公司之间、子公司与子公司之间人力资源管理制度的一致性与匹配性。协同可分成有形协同、无形协同和竞争性协同。有形协同是由于企业的业务单元之间具有相同的客户、渠道和技术等，从而使相关单元活动实现共享；无形协同来自不同的价值链之间管理技巧的转移；竞争性协同来自与企业在多领域进行竞争的对手的存在。东亚范围内，许多创新型公司是企业集团的附属成员企业，如三星集团的成员企业三星电子公司、塔塔集团的成员企业塔塔汽车公司等，它们借助集团内部的资源、技术和管理技能等推动了本公司新技术和产品的开发。以三星为例，2008年金融危机爆发之前三星是一个内部组织非常紧密的集团，与外部联系较少，主要是内部附属企业彼此之间进行购买和销售。金融危机之后，三星在集团的协作制度中引入了市场竞争机制，使得集团的协作制度从合作转变为竞合。

组织内部的组织逻辑使得组织内各要素均趋向于一致、统一，且能够产生互补的效果。可以从四大类一致性考察关于集团公司人力资源管理的研究：（1）人力资源管理活动在母公司和各子公司层面上都相互匹配；（2）集团公司人力资源管理活动与各个子公司相匹配；（3）人力资源管理职能与组织特性相匹配；（4）人力资源管理活动与企业文化环境相匹配。只有当企业同时满足四种一致性时，集团公司才能通过人力资源管理获得竞争优势，推动企业进一步发展。

集团公司人力资源协同建立在组织学习和内部人才市场基础上，通过一系列手段推进集团公司内人力资源的交流、共享、匹配。构建学习型组织、建立内部人才市场、培养组织公平感、建立信任机制等是实现母子公司人力资源协同的有效措施。只有建立有效的人力资源协同，才能够建立特有的、不易被竞争对手模仿的竞争优势，从而构筑企业的核心竞争力。在集团公司内部，如何真正发挥人力资源管理部门作为变革推动者、战略伙伴、问题解决者和员工代言人等角色的作用，就成为母子公司制企业赢得市场竞争优势的关键所在。三星鼓励集团内部合作。业务单元间的合作项目会获得现金奖励，高管人员在不同业务单元间轮转，从而避免只关注某一业务单元的"隧道视野"效应。三星受欢迎的智能手机如 Galaxy 系列，就是三星集团各成员企业和三星电子内部各部门之间合作的产物。竞合制度带来快速反应和创新的收益，超过了内部竞争引起的成本和浪费。由此，两种似乎相互矛盾的力量——竞争和协作——的平衡和组合推动了三星创新的实现和利润的获取。

2. 集团公司人力资源管理协同点的定义

一个系统协同效应的实现，依靠的是各个相对独立的部分的分享、配合和协同形成的远超单个功能总和的新效用，简单而言就是实现 1+1>2 的效果。在集团管理中，能够实现协同和互补效应的环节即为协同点。基于此，在集团公司人力资源管理中，各成员单位之间相互分享、配合的一致性节点称为集团公司人力资源协同点。

关于跨国公司协同点的问题，在以往国外的研究中，Edwards 等在 1996 年通过对两家英国公司的案例研究得出结论，跨国公司协同和控制的机制包括人力资源会议、人力资源信息交流、内部标杆、特殊的人力资源管理程序、经理人轮换、中央决策制等，他们认为为了实现协同，适当的控制是必要的。如果要取得更大程度的协同和整合，理论上就要增加外派人员的数量。

在企业实践中，存在不同类型的协同。企业协同能力分为知识协同、资源协同、制度协同、流程协同及关系协同（见表 1-4），我们对其进行了对比分析（见表 1-5）。知识协同指企业中各种无形资源的协调管理，包括产品信息（需求、设计、制造、库存、销售等方面）、创新思想（设计中的新概念、生产中的技术革新、销售中的新策略等），创新思想的协同才是知识协同的关键所在。典型的如海尔集团的协同研发平台——HOPE。作为一个开放的平台，HOPE 集结了大量跨领域的专家和创新者，他们有的是以技术专家的身份参与产品的研发创新，有的是以渠道专家的身份推荐相关技术专家参与海尔的技术咨询项目、研发项目，但是他们都有一个共同的目标，那就是通过平台集聚全球资源，并通过知识共享、资源共享满足 HOPE 上的技术创新需求。资源协同指企业 ERP 系统所实现的状态，即企业从原材料的采购到成品销售、库存整个流程中涉及的有形资源（原材料、设备、员工、仓库等）的协调管理。制度协同指企业各类规章制度中有关协同思想的规定的集合，这里的规定既包括制度化的规范，也包括企业内各种不成文的"惯例"，即企业文化中有关协同的因素。流程协同指企业产品整个生命周期各个环节的协同，也就是产品设计流程、制造流程、销售流程和服务流程的协调管理。关系协同属于企业的外部协同，指企业与客户及合作伙伴充分、有效的沟通，这种沟通最终形成了以产品为核心包括企业、客户、合作伙伴在内的"虚拟企业"。

表 1-4   企业协同能力体系

协同要素	三级指标	
（二级指标）	指标名称	指标说明
知识协同	存储	各种产品信息和创新思想是否能够被完整、有序地保存
	应用	各种存储数据是否能够无差别地应用于不同管理系统
	访问	企业人员是否能够方便、快捷地参与企业数据的管理
	知识继承	企业中的各种经验和创意是否能够被新员工充分继承
资源协同	采购	企业在原材料采购环节能否根据生产计划及时调整
	企业设备	企业生产设备能否根据需求变化及时调整
	员工	企业各部分能否根据生产变化及时调整
	库存	企业产品的库存状况能否根据市场需求及时调整
	资金	企业的资金能否根据企业需要及时调整
制度协同	文化	企业员工是否具有良好的协作意识
	规章制度	企业的规章制度是否要求员工协同地工作
流程协同	设计	产品的设计环节是否与其他环节实现了信息交流
	制造	产品的制造环节是否与其他环节实现了信息交流
	销售	产品的销售环节是否与其他环节实现了信息交流
	服务	产品的服务环节是否与其他环节实现了信息交流
关系协同	客户	企业是否与客户始终保持良好的互动沟通
	合作伙伴	企业是否与合作伙伴建立了稳定的战略联盟

资料来源：毛克宇，杜纲. 基于协同产品商务的企业协同能力及其评价模型. 内蒙古农业大学学报（社会科学版），2006，8（2）：165-167.

表 1-5   企业协同要素区别

协同要素	协同内容	实现方式	协同效果	与协同产品商务的联系
知识协同	产品信息、创新思想	各协同的有机组成	提高整体创新能力	最终实现目标
资源协同	企业各种有形资源	先进的 ERP 系统	较低的生产成本	内部物质保证
制度协同	企业管理制度、文化	普遍的协同意识	较低的管理成本	内部制度保证
流程协同	产品生产各个环节	虚拟企业的构成	较低的时间成本	形式保证
关系协同	企业外部经济关系	战略联盟、CRM 等	较低的交易成本	外部保证

资料来源：毛克宇，杜纲. 基于协同产品商务的企业协同能力及其评价模型. 内蒙古农业大学学报（社会科学版），2006，8（2）：165-167.

另外，集团公司协同能力可划分为宏观、中观、微观三个层面，在各层面协同点各有不同。宏观在于战略协同和文化协同，中观在于资源协同、组织协同、制度协同和信息协同，微观在于流程协同、商务协同、创新协同及契约协同。每一层和每一点能力的建设都需要达到一定的战略目标，以便使协同效应得到充分发挥，促进企业集团实现更大的价值。

3. 集团公司人力资源管理协同点的识别

协同点的识别和设置应遵循互补性、利益共生性以及成本最小化原则：第一，所谓互补性原则是指集团公司进行协同时，要善于利用现有或潜在的资源要素，协调运作，在功能、优势相互补充的条件下，子公司发挥各自的优势以弥补不足，进而形成集团的整体优势。第二，利益共生性原则是指集团公司协同方通过资源共享、相互合作，充分利用集团组织实现互利共生。集团公司甚至可把各公司之间看似具有对抗性或竞争性的关系转化为利益共生关系。第三，协同效应在为企业创造新价值的同时，也会产生成本，即协同成本。波特把协同活动的有形关联成本分为协调成本、妥协成本、僵化成本；无形关联成本为传播成本。识别协同环节时，协同成本也是集团必须注意的问题。如果协同成本太高，超过了协同效应带来的价值，那么这种协同就没必要进行。因此必须本着协同成本最小化的原则开展，避免过度协同或为协同而协同（具体识别情况见表 1-6）。

表 1-6　　　　　　　　　　企业协同要素区别

维度	重要性	指标编号	指标内容	协同点
人力资源规划协同点	关键协同点	A1	母子公司共享一套人力资源规划体系，做好子公司人力资源规划工作的服务与指导	规划体系共享
		A3	母子公司人力资源规划的政策共享和执行	规划制度共享
		A11	母公司参与子公司人才队伍建设，掌握关键岗位人员情况	关键岗位情况
	重要协同点	A4	母子公司文化协同	文化协同
		A10	母公司参与子公司部门及岗位设计	岗位设计

续表

维度	重要性	指标编号	指标内容	协同点
人力资源规划协同点	重要协同点	A8	子公司各部门为母公司人力资源规划及时准确提供有效信息	规划信息反馈
		A5	母公司参与各子公司内外部环境分析	环境分析
		A2	母公司统一制定各子公司人力资源规划反馈机制	反馈机制
		A6	母公司对子公司进行人力资源需求预测	需求预测
	一般协同点	A12	子公司间人力资源规划信息共享和交流	子公司间信息交流
		A9	母公司对子公司人力资源规划实施结果进行共享	规划结果共享
		A7	母公司结合各子公司人力资源状况制定人才供求平衡计划	子公司间供求平衡
招聘与配置协同点	关键协同点	B2	母公司统一招聘子公司的经理层	经理层选聘
		B1	母子公司建立人才库，实现人才共享	人才库建设
		B13	母子公司招聘渠道共享	招聘渠道共享
		B6	母公司统一招聘子公司核心技术人员	核心技术人员招聘
	重要协同点	B9	新进人员与企业文化的匹配	新人文化匹配
		B10	母公司的职位空缺和招聘需求优先考虑内部选聘	优先内部选聘
		B5	母子公司间频繁地进行经理级人员的流动	中高管人才配置
		B7	核心技术人员要在母子公司间高效地流动以满足集团需求	专业人才配置
		B14	招聘及录用管理制度共享	招聘制度共享
		B15	子公司招聘人员录用情况反馈	招聘信息反馈
		B12	建立招聘系统，全面掌握子公司用工情况	用工情况共享
	一般协同点	B8	招聘过程中使用统一的方法和标准进行员工测评	招聘过程协同
		B3	母公司协同编制子公司招聘计划	招聘计划协同
		B4	母子公司间经常性地进行人才调动	人才配置
		B11	母公司直接招聘或选派各子公司的人力资源部门主管	人事主管配置

续表

维度	重要性	指标编号	指标内容	协同点
培训与开发协同点	关键协同点	C1	母公司定期培训和指导子公司的人力资源管理工作	人力资源培训
		C13	母公司对培训师资队伍的组织和管理	师资队伍管理
		C9	对新进人员，母公司统一进行企业文化、制度等方面的培训	文化培训
	重要协同点	C5	加强子公司之间优秀培训体系的移植	培训体系移植
		C7	母子公司统一建立规范的培训程序	培训程序
		C14	母公司对子公司培训预算进行协同管理	培训预算协同
		C10	对新进人员，母公司统一进行入职的各项培训	入职培训
		C6	母公司监督子公司培训计划的执行	培训执行
		C8	子公司培训成效反馈，母公司对子公司培训效果进行评估	成效反馈及评估
		C15	母公司根据子公司培训内容参与协调子公司间一定层级内培训对象的选择	培训对象
		C2	母子公司共同进行培训课程的开发，并且经常统一培训员工	课程开发
	一般协同点	C12	母公司参与并决定子公司培训内容及方式的选择	培训内容及方式
		C11	母公司协同子公司进行培训需求的调查	培训需求
		C4	母子公司共同进行员工素质培训	素质培训
		C3	母公司对各子公司人员的分类培训	分类培训
薪酬管理协同点	关键协同点	D1	母子公司形成一套统一的层次清晰的薪酬体系	薪酬体系
		D12	母公司对子公司薪酬总体水平的协调	薪酬协调
		D2	集团内部有一致的员工福利制度	福利制度
	重要协同点	D8	母公司审批子公司薪酬预算及绩效奖励的额度区间	绩效奖励区间
		D4	参与子公司高层及关键岗位人员薪酬信息的调查与管理	关键岗位薪酬

续表

维度	重要性	指标编号	指标内容	协同点
薪酬管理协同点	重要协同点	D9	子公司每年报备薪酬执行情况，加强薪酬反馈	薪酬反馈
		D6	母公司根据子公司薪酬执行情况、地域、发展阶段协助其设定明晰的晋升、激励体系	薪酬激励体制
		D7	母公司参与并审核子公司薪酬方案和薪酬制度	薪酬方案
		D5	母公司协助制定子公司每财年的薪资增长区间	薪资增长区间
	一般协同点	D10	母公司平衡各子公司薪酬标准，稳定各子公司人员队伍	薪酬平衡
		D3	母公司掌握子公司薪酬项目发放、社会保险缴纳的执行情况	具体项目管理实施
		D11	子公司一般岗位人员薪酬信息的调查与管理	一般岗位薪酬
绩效考核协同点	关键协同点	E8	子公司关键岗位考核结果反馈	关键岗位考核
		E9	母公司加强考核结果应用与公示	考核结果应用
		E5	母子公司共享一套明确、详细、公平的人员绩效考核标准	考核标准
	重要协同点	E1	高级管理人员的考核工作由母子公司协同完成	高管考核协同
		E7	母子公司加强内部考核及外部协同，即母子公司间、子公司间考核评价	内外考核评价
		E6	子公司以母公司绩效考核体系为基础制定绩效考核方案	考核方案
		E2	核心技术人员的考核工作由母子公司协同完成	核心人员考核协同
	一般协同点	E3	母子公司共享统一的绩效考核流程	考核流程
		E4	母子公司共享统一的考核时间、方式	考核时间、地点
		E10	子公司一般人员考核结果反馈	一般人员考核反馈

续表

维度	重要性	指标编号	指标内容	协同点
人才流动协同点	关键协同点	F1	建立集团内部人才互动信息库	人才互动信息
		F5	母公司掌握并审批子公司管理岗位及关键岗位人员流动	关键岗位人才流动
	重要协同点	F2	母公司对子公司管理岗位及关键技术岗位人员胜任力进行尽职调查	关键岗位工作调查
		F9	母子公司协同处理调动人员薪酬福利衔接	薪酬衔接
		F3	母公司制定统一规范的人才流动机制	人才流动机制
		F4	母公司侧重子公司间高层管理人员的调动	高管人员流动
		F7	母子公司协同处理调动单位人事调整衔接	人事调整衔接
	一般协同点	F6	母子公司协同完成人员调动手续	协同手续办理
		F8	母子公司协同处理调动人员心态调整	心理建设
员工关系管理协同点	关键协同点	G2	母子公司协同完成劳动争议处理	劳动争议
		G3	母子公司、子公司间协同处理个人及单位冲突	员工冲突管理
	重要协同点	G6	母子公司协同完成员工人事档案管理	人事档案管理
		G5	母子公司共同营造和谐的文化环境，丰富组织活动，凝聚人心	员工活动管理
		G4	母子公司协同完善员工沟通渠道，如满意度调查、申诉反馈、员工援助计划等	员工沟通
	一般协同点	G7	母子公司协同完成员工信息管理，加强企业对员工信息的掌握和动态管理	员工信息管理
		G1	母子公司协同完成员工合同签订及维护	合同管理

4. 集团公司人力资源管理模式与协同点选择

由于我国很多企业集团最初是由政府借助行政手段组建的，因此集团内部各企业之间缺乏默契的优势互补和合理的分工协作，"集而不团"的情况时有发生。在这种情况下，人力资源的协同就成了纸上谈兵。在不同的背景和管理模式之下，集团公司应选择适当的协同模式并识别掌控协同点。企业人力资源管理存在三种协同模式：被动协同——为战略打造适宜的人力资源管理方式；主动协同——企业战略必须和人力资源管理水平结合；融合性协同——通过人力资源管理塑造企业的核心竞争力，从根本上提高企业战略的水平。在行政管理型、治理型和自主管理型三种集团公司管理模式下，集团公司人力资源协同点管理配置各有不同。越是集权的母公司，给予子公司的自主决策权越少，对子公司的协同要求越多。

1.3.3　集团公司人力资源管理控制与协同的辩证关系

集团公司控制是纵向的管理，是为了战略的一致性；而协同是横向的管理，是为了产生互补和协同效应。控制与协同是集团公司管理中两个重要的方面，两者相辅相成、缺一不可。其辩证关系如下：第一，集团公司人力资源管理控制是协同的前提。集团公司人力资源管理需先做好控制才能实现协同，控制是协同的前提，协同需要控制。调查发现，以资源共享为基础的协同对企业价值的影响，在控制机制下才能更加显著。第二，协同是控制的目的。集团优势在于发挥整体大于部分之和的作用，即协同作用，成员企业据此获得比独立企业更丰富的竞争性资源。立足协同是集团公司控制的根本，在复杂市场中企业集团之间的竞争越来越多地表现为资源和部门之间协同运营程度的比拼。因此失去了子公司之间的人力资源管理协同性，集团公司也就失去了人力资源控制的意义。第三，控制有利于降低协同的成本，协同有利于控制的实施。集团公司协同可能产生协调成本和妥协成本，而集团公司能够通过控制有效监督并利用"看得见的手"促进合作、减少成本和降低风险。同时，一些关键或重要的协同环节需要增强集团公司的控制权力，协同平台建设、内部资源再配置也进一步增加了控制的手段和途径。由此可见，协同也是控制的有效补充。

本章小结

本章从集团公司人力资源管理的内涵出发，重点分析现代集团公司人力资源管理模式及其控制协同，讲述人力资源管理在集团公司管理过程中所发挥的作用。本书将集团公司人力资源管理模式划分成行政管理型模式、自主管理型模式和治理型模式。同时，影响集团公司人力资源管理模式选择的因素众多，如行业特征、组织生命周期、组织战略、组织文化、控股程度、信息化程度等。企业应在充分理解不同模式优缺点和适用性的基础上，正确识别及综合考虑以上因素，探寻合适自身实际的集团公司人力资源管理模式。

思维导图

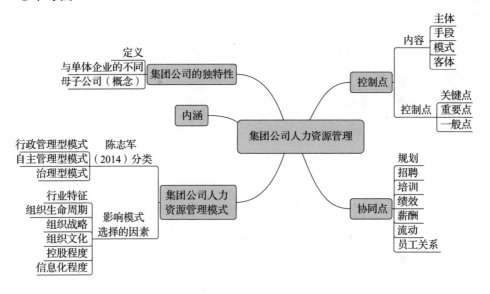

前沿进展：分离 HR 的时刻来了

是时候跟人力资源部说再见了。我指的不是撤销人力资源部门执行的任务，而是人力资源部本身。

——拉姆·查兰《分拆人力资源部！》

继托马斯·斯图沃特在《财富》杂志上扬言要"炸掉人力资源部"后，2014 年 7 月，享誉全球的管理咨询大师拉姆·查兰也在《哈佛商业评论》上发表文章《分拆人力资源部！》。

我与对人力资源人员失望的首席执行官（CEO）交谈过。他们希望首席人力资源官（CHRO）能像首席财务官（CFO）那样，成为决策咨询人和值得信任的伙伴，并依靠其掌控人力资源的能力和数字化的思维诊断组织的优劣势，寻找人和工作的最佳契合方式，为组织战略提供人才方面有价值的建议。

但是很少有CHRO可以在组织中发挥如此积极的作用。大多数CHRO都是具有过程导向的通才，他们在人员福利、薪酬和劳动关系方面具有专业知识，专注于企业内部事务，如参与、授权和文化管理。但是他们不能很好地将人力资源与现实业务需求联系起来。他们不知道关键决策是如何制定的，也很难分析出为什么员工或整个组织没有达到企业的绩效目标。

在为数不多的几个出色的CHRO中，我几乎总能找到一个共同的杰出特质：他们曾在直线运营部门工作，例如销售、服务、制造或金融部门。通用电气（GE）著名的前首席人力资源官比尔·科纳蒂（Bill Conaty），在被杰克·韦尔奇（Jack Welch）带到人力资源部之前只是一名工厂经理。在GE关键岗位的晋升和继任计划中，科纳蒂发挥了重要的作用，并在通用的全面改革中与韦尔奇密切合作。达信（Marsh）公司的首席人力资源官玛丽·安妮·埃利奥特（Mary Anne Elliott）曾在非人力资源部门内担任过一些管理类职务，她也因此努力将其他具有商业经验的人才吸引进人力资源管理部。桑特普特·米斯拉（Santrupt Misra）在1996年离开印度联合利华（Hindustan Unilever）加入了埃迪亚贝拉集团（Aditya Birla Group），成为董事长库马尔·曼加拉姆·伯拉（Kumar Mangalam Birla）的亲密伙伴。桑特普特·米斯拉致力于组织重组改革，注重发展损益，经营着一项价值20亿美元的业务，并在这家市值450亿美元的企业集团中担任人力资源主管。

这些问题使我萌发了一个虽然激进但富有实践意义的想法，即取消CHRO的职位，将HR分成两部分。一部分是面向管理的HR-A（HR Administration），主要负责管理薪酬和福利，并向首席财务官报告；这样首席财务官便能将薪酬视为人才吸引计划，而不仅仅是一项主要成本。另一部分是面向领导和组织的HR-LO（HR for leadership and organization），专注于提高员工的能力，并向首席执行官汇报。

HR-LO由来自运营或财务部门的高潜力者担任，他们具有业务专长和人员技能，从而使其有很大机会进入组织领导层。领导 HR-LO 将增加他们在诸多方面的经验，如识别和发展人才、评估公司的内部运作、将公司的社会系统与财务绩效相联系。他们还会将其他员工从业务部门吸引到 HR-LO。几年后，这些高潜力者将会流动到同层次或更高层次的管理岗位。无论哪种情况下，高潜力者都将在组织中继续晋升，其在 HR-LO 的工作将被视为个人发展的一部分。

　　这个提议目前仅是一个简单的提纲，或许它会招致大量的反对，但是以上提到的人力资源问题是真实存在的，因此无论如何，HR 都需具备商业敏感度，以帮助企业实现最佳绩效。

　　资料来源：Charan R. It's Time to Split HR. Harvard Business Review，2014（92）：33-34.

第 2 章

集团公司人力资源规划

引例：花开花又谢，花谢花又开——H 集团频繁换老板，规划跟得上？

某股份有限公司（下称"H 集团"）建于 1965 年，是一家占地 1 000 余亩，雇用员工 3 000 余人，拥有国家级农化服务中心和省级技术研发中心，具有全国领先的生产技术与生产能力的硫基复合肥大型制造业企业，是国家 520 户重点企业之一，主导产品多次被评为"中国化工行业十大影响力品牌"。

然而，盛极则易衰，花无百日红。2002 年，经国家外经贸部批准，L 市政府将市政府持有的 58% 的国有股全部转让给某外资公司。转让股权之后，H 集团的花季走向了凋谢期，农业界位列世界前三强的化肥公司仿佛就在这一刻开始走下坡路。虽然外资公司的人也为公司发展做出了极大努力，比如费力挖到了一个很有才能的总经理，比如斥巨资购置了大量化工设备以提高生产效率，但是未经改进的洋墨水却实在写不出来几笔好字。设备购置没有分析清楚市场形势，导致一次又一次的业务投资失败，这些慢慢消耗掉了 H 集团 1991 年来的巨大创收，也使得很多毕业就分配到 H 集团的老员工寒了心、没有了干劲。同时，外资不够信任他们聘来的职业经理人，事无巨细地严格过问每一件事情，使得 H 集团内部的利益小群体越来越复杂，办事左右掣肘，导致上层管理愈加混乱，优秀的中层管理人才、专业人才、一线市场人才也慢慢流失掉了。

21 世纪以来的十多年也见证了中国企业引进外企入股的水土不服现象。在这一从国企到外企的转变过程中，H 集团的人力资源管理缺乏科学完善的人力资源管理规划制度，未能帮助集团把控各子公司为实现经营目标所应匹配的人力资源成本和用工总量。到底是哪里出了问题？归根结底就是人的问题，就是规划的问题。此后，外资公司逐渐放弃了中国市场，也慢慢放弃了 H 集团。

2016 年，某香港上市集团控股有限公司受让外资公司持有的 H 集团全部股权。作为一家由香港集团控股的公司，H 集团一扫往日阴霾，逐渐开始重视人力资源管理规划，在集团不断发展的过程中积极引入新的管理思路。

H 集团下属多个生产厂，且在全国主要省份建立了销售与物流公司，基于整体的扁平化组织架构和自身管理能力与效率，H 集团采用了行政管理型人力资源管理模式。集团多个人力资源工作部门负责自母公司至子公司的各项人力资源管理工作，在各个子公司与分支机构中，只驻派少数几名人力资源专员对接集团人力资源部门，负责收集信息与落实执行集团人力资源部门的既定任务。可以看到，虽然外资控股给 H 集团留下了诸多问题，但是中国品牌的情怀正在让 H 集团逐步走向一个崭新的未来。

资料来源：根据访谈资料整理。

2.1　集团公司人力资源规划的内涵

2.1.1　集团公司人力资源规划的含义

集团公司人力资源管理规划是为实现经营目标而对人力资源管理活动进行分析、识别的过程。山东红日化工股份有限公司在由衰败转向复兴的过程中，重新确立了经营目标。其旗下诸多生产厂开始焕发活力且在全国主要省份建立了销售与物流公司。集团扁平化组织架构逐渐形成，自身管理能力和效率也逐渐提升。在此基础上，集团依照母子公司的管理能力对集团人力资源进行了规划调整。集团多个人力资源工作部门负责自集团公司至子公司各项人力资源管理工作，在各个子公司与分支机构中，只驻派少数几名人力资源专员对接集团人力资源部门，负责收集信息与落实执行集团人力资源部门的既定任务。该规划为集团重新焕发活力奠定了基础，实现了集团公司对集团人力资源管理的把控和母子公司之间的人力资源协调。因此，集团公司的整体发展战略构成了人力资源规划的基础。为实现整个集团人力资源的协同，集团公司可以通过对子公司的规划与控制实现对子公司的管控。同时集团公司人力资源规划也是实现其人力资源协同及联结组织其他活动的重要环节。

集团公司通过进行人力资源战略规划，促进企业集团母子公司间（垂直层面）和各子公司间（水平层面）的协同作业。集团公司的人力资源规划是宏观经营战略规划的重要组成部分。其根据集团公司组织战略与人力资源战略的目标，对集团公司在未来环境变化中人力资源的供给与需求状况进行科学预测，并制定组织内人力资源的获取、利用、保持和开发等方面应实施的策略，确保人力资源数量和质量上的供给，最终服务于为集团公司获取长远利益与竞争优势。通过人力资源规划，集团公司可以分析人力资源当前主要问题的成因并制定相应的解决措施，同时依据其战略目标与管理措施制定人力资源发展的远景目标、人员配置规划、人员开发规划、人力资源管理规划。

山东能源龙口矿业集团在国资委管控下，进行了公司制改革，进而减少了公司自身的管理层级。随着外部环境的变化，集团内部开始优化整个人力资源的结构。具体体现在如下几方面：创新用人理念，倡导"人人是才，人尽其才，才尽其用"的观念，设立管理、专业技术并行的多元人才晋升通道，形成了利于人才成长的良好环境氛围；完善工作机制，建立人才工作述职制度，每年年底，由基层单位的党组织就人才工作进行专项述职，列入党委工作考评；优化人才结构，建立研发中心、搭建人才创业发展的平台，"引人"与"引智"相结合，致力于高端人才的引进；健全人才梯队，先后建立了管理、专业技术与技能人才专家库和后备人才库等。正是集团公司前期战略性人力资源规划的制定，提高了"人"这种资源的边际效益，集团竞争力显著提高。由此可见，集团人力资源规划从实施原则、组织保障、资源保障、激励保障措施、实施阶段等方面达成共识，才能确保人力资源规划的有效实施。而有效的人力资源规划必须符合内部一致性和外部一致性的要求。其中，内部一致性是指人力资源规划要与招聘、选拔、培训、考评等各项工作相协调；外部一致性是指人力资源规划要与集团公司总体规划相一致，成为企业整体规划的一部分。

2.1.2　集团公司人力资源规划的内容

人力资源规划包括对组织中人力资源现状的分析、人力资源需求预测、人力资源供给预测与人力资源规划方案的制定等内容。在集团公司研究视角中，人力资源规划是集团公司人力资源管理活动的起点。为了实现集团公司的人力资源管理协同，人力资源规划需要从人力资源数量、结构和素质三个方面入手，并注重员工数量、结构、素质三位一体的规划（见图 2-1）。谷歌（Google）总部的人力资源经理首先使用趋势和情景分析并结合定量和定性技术来预测人力资源需求，确定所需人才的数量。对于生产流程中的人员数量问题，相关部门通过预测技术识别可能的冗余和短缺，从而确定合理的员工结构，便于招聘和人员调度，因此在人力资源供需平衡方面，Google的人力资源管理面临的问题很少。Google 公司对不同的职位有详尽的描述并设定了不同的任职资格。产品开发职位的工作说明和任职资格与人力资源管理职位的工作说明和任职资格有很大不同。尽管如此，Google 强调所有员工应具备某些共同的特质，如智能化，以及在整个组织的所有工作岗位上追求卓越等。Google 的人力资源管理方法结合预测，识别员工冗余和短缺问题，并考察人员的任职资格，从而使人才结构更加合理，有利于实现人力资源供需平衡，更好地服务企业的发展。

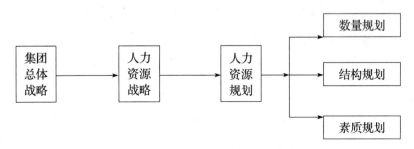

图 2-1　集团公司人力资源规划内容图

资料来源：根据彭剑锋和饶征的《基于能力的人力资源管理》（中国人民大学出版社，2003）整理。

　　在集团公司中，母公司处于金字塔顶端，通常在集团公司的管理体系中处于主体核心地位。与单一企业制定人力资源规划不同，集团公司制定自身人力资源规划会包括两个层次：一是集团母公司层次的人力资源规划；二是子公司层次的人力资源规划。而集团公司独特的管理模式决定了集团公司人力资源规划是由集团母公司和子公司多个层次的人力资源规划组成的，各层次具有不同的特点和内容。

1. 层次一：母公司人力资源规划

（1）制定集团公司人力资源整体的发展目标，需要从总体发展战略入手，提出配套的人力资源管理战略。在拟定集团公司总体的人力资源战略时，要充分统筹集团公司整体的经营环境，发挥集团母公司的主体核心及全局性作用，避免各子公司的人力资源规划偏离集团公司总体经营战略。

（2）注重对国家人事相关政策法规和劳动力市场的宏观研究。集团公司的人力资源规划是组织发展过程中的中长期战略部署，需要就国家宏观政策、本行业的市场竞争环境及集团公司面临的宏观风险进行研究分析，为集团公司制定人力资源管理政策提供依据。

（3）关注集团内各子公司人力资源的微观层面。集团公司在进行人力资源规划时应结合宏观因素，从数量、结构、素质等微观层面细致地分析集团各层级子公司的人力资源存量，发现集团人力资源方面的问题，并以此为依据在集团公司整体人力资源规划的过程中予以调整。

（4）控制集团公司人力资源总体数量规模，协调集团公司员工的分布结构。集团公司需要审核批准各子公司的人力资源规划方案，对集团公司及各子公司的人员数量和结构分布进行统筹与协调，全面预测集团公司人力资源总体的发展规模，最终形成整体的人力资源规划。

（5）为集团公司人力资源管理政策、制度规划提供建议与参考。为实现集团公司人力资源的发展战略，保障整体人力资源的有效供给，确保人力资源规划方案的有效实施，在制定规划时还须考量人力资源管理方面的相关政策与制度因素，并为集团公司人力资源管理的其他模块提供参考。

（6）建立集团公司人力资源规划的有效评估机制，重点把控关键岗位与核心人才。集团公司对人才的识别，尤其是对核心人才的甄选、培养和运用是至关重要的。根据集团公司的外部环境与战略变化，及时对集团公司与子公司每年的生产经营情况和人员情况进行评估，同时明确核心人才的选拔标准，进而及时更新人力资源规划体系，根据集团公司的发展情况配置核心人才。

2. 层次二：子公司人力资源规划

（1）依照集团公司的发展规划，在集团公司的统一部署下对子公司自身进行人员需求的详细预测。通过对子公司各部门的分析，按照集团公司对子公司岗位管理制度的要求，预测未来经营岗位需求与基于岗位需求的人员配置。子公司人力资源部对本单位各部门的人员需求与配置预测进行分析，并对子公司内部各部门的人员需求进行平衡。

（2）分析子公司自身人力资源存量状况，进行人员供给预测。子公司人力资源部结合内外部人力资源现状进行分析，根据历史数据结合专家意见，科学合理地对后续人力资源供给规模和趋势进行预测。

（3）通过子公司人力资源的供求平衡分析，提出供求平衡保障措施。分析子公司人力资源现状，发现存在的问题与不足，提出人力资源规划方案并报送集团母公司，同时进一步结合集团公司发展战略规划，制定实现集团公司人力资源的供求平衡的保障措施，向集团公司总部提供所需的支持建议和方案。

2.2　集团公司人力资源规划的控制与协同

2.2.1　集团公司人力资源规划的控制点

集团公司是我国现阶段促进经济发展的一支主体力量。随着其规模的增大，集团公司人数也越来越多，因此集团公司在精力有限的情况下需要把控人力资源管理重点。集团公司人力资源规划的关键点主要体现在以下三个方面：

1. 规划流程

集团公司通过制定整体的人力资源规划流程，对子公司的人力资源规划进行控制。各子公司必须按照集团公司规定的流程制定人力资源规划。例如，海信集团会在上一财年末由集团公司人力资源部发放相关人力资源规划表格。各子公司填写表格并形成人力资源规划方案，报集团公司审批后，子公司严格执行审批后的人力资源规划方案。在人员编制方面，各个子公司需要做好人员的编制计划；确定子公司在财年内的人员编制计划时，要根据集团公司整体的战略规划与财年计划，制定合理的人员编制；在人力资源规划过程中要提高对人均产能的认识，从人均产能的角度调整并优化人员结构，本财年规划中人员编制的上限应使预计人均产能高于上一财年人均产能（毛利／人数）。中车集团公司通过与子公司共同制定人力资源规划实现了对集团人力资源管理的控制。同时，集团也在不断完善人力资源制度，以实现集团公司对子公司的控制，如对子公司主要领导班子成员的考核、选任，子公司人工成本总量管理制度，子公司人均劳产率考核制度，子公司年度经营情况绩效考核打分等。总之，集团公司对子公司的相关实施流程进行监控，以确保子公司的人力资源规划按照集团公司的规定进行，保证规划的质量与有效性。

2. 规划内容

子公司依据自身对人力资源需求和供给的分析与预测形成人力资源规划方案，上报集团公司。之后，集团公司对子公司上报的人力资源规划文档进行审批或备案，这一流程实现了集团公司对子公司人力资源规划的控制。集权型管理模式下的集团公司会对子公司人力资源规划方案进行审批，审批通过后子公司的人力资源规划才获得许可，最终的控制权在集团公司。例如，海信集团的各项年度经营计划中，人力资源规划是最为重要的一环。各子公司除了需要制订产品经营计划外，还需要以公司业务增长为依据，制定岗位与人员需求、奖励薪酬与员工福利以及离退休状况等人力资源领域的规划。

3. 实施结果

不论是集团公司统一制定人力资源规划还是子公司自主履行这一项职能，都要及时对规划方案进行评估，可以聘请外部专家对集团公司的人力资源规划工作进行评估，以及时发现集团公司人力资源所存在的问题并进行改正。

2.2.2　集团公司人力资源规划的协同点

除人力资源规划控制外，协同也是集团公司实现总体战略规划的重要手段和实现整体战略的前提。通过规划指导，加强集团公司与子公司之间以及子公司与子公司之间的沟通与协调，实现集团内人才、管理制度、知识技术的转移与共享，建立竞争与协作共存的机制及和谐有序的网络关系，推动集团公司人力资源高效管理。

"十三五"期间，山东能源集团资产总额、销售收入双双突破 3 000 亿元。那么集团是如何通过人力资源管理制度与方法实现人力资源协同和集团整体高效运转的呢？主要是通过规划来把控人力资源管理全局。集团公司直接制定人力资源管理各模块工作的工作要求和决策程序，负责关键事项的决策；子公司负责具体操作。其中，子公司每年编制本企业下年度的业绩目标及费用预算，提交集团审核，确认后与集团人力资源部门协商确定年度人力资源计划，即人工成本、岗位编制计划、招聘计划、培训计划等，每半年根据业务进展及目标达成情况调整人力资源计划。每年公司都会制定年度人力资源发展规划，综合考量成本投入以及业绩和产出情况，集团公司人力资源部配比相关的人力资源成本及人员总量。中车集团山东公司在集团整体的人力资源管理协同和管控上，主要从人力资源规划与人才引聘两大模块出发，进而实现自主模式下的合理授权。其中，每年公司都会制定年度人力资源发展规划和三年滚动规划目标，综合考量成本投入以及业绩和产出情况，总公司人力资源部配比相关的人力资源成本及人员总量。在集团人力资源规划方面，子公司通过年度规划将自己的年度业绩日标提交集团审核，确认后与总公司人力资源部门协商为实现经营目标所应匹配的人力资源成本和用工总量，然后整合各方数据，并以此为依据制定集团公司的人力资源的整体规划。集团公司按照人力资源规划，在全年统一开展招聘活动，再分至各子公司，在为集团节约招聘成本的同时，提升员工对集团的文化认同感与价值观一致性。

2.3   集团公司人力资源规划的职责划分

对于单体企业来说，人力资源部门主管及下属人力资源领域专业人士对企业的人力资源规划负有主要责任。他们要根据环境的变化，参与企业整体战略的规划过程，制定人力资源战略。在集团公司内部，一般由集团公司承担集团公司内部人力资源规划的职责，负责集团公司由上至下各个层级的人力资源规划。当然，由于集团公司管控力度的需求程度不同，集团公司对子公司人力资源规划方面的实施流程有所区别。

本书借鉴已有研究成果，同时根据陈志军的观点，结合对母子公司管理实践的认识，把管理模式从子公司治理角度划分为三种：行政管理型模式、治理型模式和自主管理型模式。根据集团公司控制模式的不同，集团公司对子公司人力资源规划的干预程度会有所区别，各自职责也有所区别。

（1）对于实施行政管理型模式的集团公司，集团公司会统一做好集团公司内部各个子公司的人力资源规划工作，子公司的人员需求由集团公司统一制定，子公司只负责执行。例如，海信集团总裁办公会领导下的人力资源部负责制定整个集团公司的人力资源方针、政策，各子公司（分支机构）参照执行。或更确切地说，集团公司人力资源部是政策的制定者、方法的引进者、平台的搭建者，集团直属公司的人力资源部是具体的管理者和业务部门的支持者。

（2）对于实施治理型模式的母子公司，集团公司会适当放权给子公司。中车集团山东公司在对人力资源拥有一定的自主权的同时，又与集团公司进行合作，接受集团公司的统一管控、协调与监督。子公司作为独立的一级运营单位，在日常经营的过程中具有较大的经营自主权，总公司对子公司的正常运营工作一般不会直接参与（类似行政指令的动作)，但在年初会下达全年经营指标，年中督办，年底考核或兑现奖励，最大限度地调动子公司的工作积极性，促使其实现自身的业务发展目标；年度投资计划、产业结构调整等重大问题需通过总公司董事会研究决定。在人力资源规划上，集团公司会采纳子公司的意见和建议，集团公司和子公司共同制定子公司的人力资源规划；或者由子公司根据实际情况制定出自己的人力资源规划，然后报集团公司批准。

（3）对于实施自主管理型模式的母子公司，集团公司完全放权给子公司，子公司有权自主做出人力资源规划，只是需在集团公司备案存档。同时集团公司对子公司的人力资源规划提供指导和服务。

母子公司人力资源规划职责分配如表 2－1 所示。

表 2－1　　　三种集团母子公司管理模式下的人力资源规划职责分配

职责分配	行政管理型模式	治理型模式	自主管理型模式
集团公司人力资源规划职责	1. 根据集团人力资源战略与各子公司情况，拟定各子公司人力资源规划 2. 修订、执行集团人力资源规划	1. 督导、审核子公司人力资源规划 2. 检查子公司人力资源规划的执行情况	1. 对子公司人力资源规划提供指导和服务 2. 对子公司人力资源规划备案并检查
子公司人力资源规划职责	1. 协助集团公司制定人力资源规划 2. 执行集团公司人力资源规划	1. 拟定本公司人力资源规划，并报总部审批 2. 执行审批通过的人力资源规划	1. 拟定本公司人力资源规划，并报集团公司 2. 执行拟定的本公司人力资源规划

资料来源：根据以往研究整理。

企业实践 2－1：海信集团，为子公司搭建人力资源规划平台

海信集团 [1] 的人力资源管理采用的是在集团公司领导下各子公司相对独立运作的体制。整体而言，集团公司通过具体的人力资源政策、大型招聘活动的统一组织安排、对子公司一把手的直接管辖等手段实现对子公司的有效控制，同时又将具体的管理职能与权限下放，充分发挥子公司的能动性。

在海信集团的各项年度经营计划中，人力资源规划是最为重要的一环。各子公司除了需要制订产品经营计划外，还需要以公司业务增长为依据，制定岗位与人员需求、奖励薪酬与员工福利以及离退休状况等人力资源领域的规划。子公司所制定的人力资源规划将上报至产业模块经营计划会议，各产业模块也将紧密依托年度经营计划，针对产业整体的发展需求制定人力资源

---

① 关于海信集团的背景信息见第一章"企业实践 1－1"。

规划，并最终将产业模块的人力资源规划上报集团办公会。集团办公会依照海信当年整体战略目标予以审核、批复，最终按计划实施（见图2-2）。

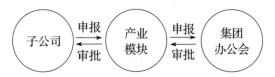

图2-2　母子公司人力资源规划流程

人力资源规划的制定过程，并非承担人力资源职能的人员闭门造车。系统、全面的人力资源规划是人力资源职能与各层级内财务、生产、研发、销售职能密切合作，参考历史与市场多方数据，通过共同商议、协调制定的。海信集团人力资源规划具体的控制点如表2-2所示。

表2-2　　　　　　　　　　海信集团人力资源规划控制点

控制点	集团公司	子公司
人员规划流程	制定人员规划流程	执行集团公司流程
人员规划实施	出台指导意见并根据指导意见审批	根据集团公司指导意见编制本单位相关文档，并执行审批后的规划

可以看出，海信集团人力资源规划的流程控制及实施控制已得到良好的执行，并且在每财年初集团公司进行规划时，海信的集团公司人力资源部会提供一套模板。不足在于集团公司对子公司人力资源规划的实施结果未能进行有效的评估，集团公司整体上也未能建立一个良好的平台对子公司进行人力资源规划领域的指导和服务，同时各子公司之间的相互交流和学习也较少。

为更好地实现人力资源规划的职能效果，建议集团建立规划实施结果评估机制，并以半年或一年为周期进行评定。在评定中，集团公司人力资源部根据外部环境变化及内部实际需求等因素对各子公司人力资源规划实施的情况进行具体评估，同时提出下一步改进建议，及时进行调整；集团也需要定期组织会议促进子公司与集团公司间及子公司间的交流，分享各子公司人力资源规划的成功经验，并不断完善实施。

资料来源：据访谈及调研资料整理。

2.4　集团公司人力资源规划流程

　　集团公司需根据企业的整体发展战略目标和任务来制定其本身的人力资源规划。集团公司人力资源规划的编制都要经过以下五个步骤：集团公司内外部环境分析、集团公司人力资源需求与供给预测、制定集团公司人力资源规划、集团公司人力资源规划的实施与集团公司人力资源规划的评估。

2.4.1　集团公司内外部环境分析

　　集团公司赖以生存的环境大多处于不断变化中，如不确定性普遍较高、集团化的时间较短、规模扩张的压力较大和冲动较强等。例如，随着行业技术更新的加快和竞争的加剧，A 集团高层领导者开始意识到，企业必须向产品多元化方向发展。其中一个重要的决策是转产与原生产工艺较为接近、市场前景较好的电信产品。恰逢某国有电子设备厂濒临倒闭，于是 A 集团并购了该厂，在对其进行技术和设备改造的基础上，组建了电信产品子公司。然而，各种人力资源管理问题日益显现出来。企业只对组织结构进行了调整，却忽视了集团人力资源管理的基础工作，没有调整不合理的人员结构、裁减冗余的员工，没有改变企业人力资源管理与集团发展不相匹配的局面，最终使公司的发展陷入了困境。环境变化会对人力资源规划提出新的要求，因此制定人力资源规划前应先对集团公司的内外部环境进行分析。

1. 外部环境

　　集团公司外部环境是集团在开展经营活动的过程中面临的各种外部因素。具体而言，影响集团公司人力资源规划的外部因素主要有经济因素、人口因素、政治因素、社会文化因素。

　　经济因素作为当前环境下的首要因素，对集团公司人力资源规划的影响是全方面的。经济形势的变化对人力资源规划有着明显的影响：当经济处于萧条阶段时，人力资源成本低，但集团公司受经济形势的影响，对人力资源的需求也减少；当经济处于繁荣阶段时，劳动力的成本上升，而集团公司对人力资源的需求也会上升。同时，劳动力市场的供求关系、消费者的收入水平也会对人力资源管理产生一定的影响。

人口因素主要通过影响集团公司人力资源的供给影响人力资源的规划。不同地区在人口规模及年龄结构、劳动力质量上都有所不同，会对人力资源规划提出不同的要求。对于集团公司而言，需要综合考虑各个子公司所面临的具体的人口环境，做出统筹规划。

集团公司处于特定的政治环境和法律环境中，不可避免地受其影响。影响人力资源规划的政治法律因素主要体现在政治制度、经济管理体制、政府与企业集团的政治纽带、人才流动的法律法规及其他与雇佣关系相关的方针政策等方面。如政府有关人员招聘、工时制、最低工资的强制性规定，必须遵守的户籍制度、住房制度、人事制度和社会保障制度，这些因素都会对人力资源规划产生重要的影响。

文化是影响人们欲望、行为的基本因素，社会文化反映了个人的信念与认知、价值观以及行为规范与准则的变动，而不同国家都有自己传统的文化。对于集团公司尤其是进行国际化经营的集团公司而言，如何在习惯各异的文化背景下对跨国子公司实行因地制宜的策略成为其必须面对的挑战。

2. 内部环境

集团公司的内部环境包括集团公司实施的经营战略、组织环境、组织氛围以及人力资源结构。集团公司的经营战略是运行的整体规划、路径与目标，它对集团公司以及各个子公司都具有指导作用，包含集团公司的目标与发展方向、产品组合、经营范围、生产技术水平、竞争与合作、财务利润目标等。不同的公司战略以及业务战略都会影响集团对人力资源的规划。集团公司的组织环境包括现有的组织架构、管理模式、薪酬体系、企业文化等。集团公司的人力资源结构反映了集团公司及各个子公司的人力资源现状，包括现有人力资源的数量、素质、能力、年龄、职位，员工价值观和员工成长潜力等。只有对集团公司内部现有人力资源进行充分了解与有效利用，人力资源规划才有意义。

2.4.2　集团公司人力资源需求与供给预测

在分析集团公司内外部环境及收集有关信息资料的基础上，集团公司人力资源规划的第二个步骤是人力资源需求与供给预测。人力资源供给与需求的平衡，是集团稳健发展的关键。如乐视集团"减员增效"（指通过持续重组和深化用工制度改革，使员工总量逐年减少，员工队伍素质逐年提高，员工队伍结构逐步趋于合理，人工总成本得到有效控制，劳动效率有较大幅度提高）只是一个具体的行动措施，其背后的原因是人力资源的供给和需求失调，即人力资源供给超过了公司战略发展对人力资源的需求。采取"减员增效"的根本原因是公司无法合理预测、规划和控制职能人力资源的"合理"规模。因此，公司真正的目的不是仅仅"减员增效"，而是"确定与企业战略发展相匹配的、合理的职能人力资源规模"。而该阶段是人力资源规划中较具技术性的关键部分。一般而言，人力资源的预测会在所收集的集团公司人力资源管理系统案例信息的基础上，采用主观经验判断和各种统计方法及预测模型，并与所实施或假定的人事政策相关，往往会对组织的管理风格与传统产生重大影响（具体的人力资源需求与供给预测方法详见人力资源管理的专业教材，如唐贵瑶、魏立群的《战略性人力资源管理》）。

2.4.3　制定集团公司人力资源规划

人力资源规划的制定是指编制人力资源开发与管理过程中的总体规划，集团公司以此为依据，制定各项具体业务人员计划及相应的人事政策、各项相互关联的业务计划。在集团公司人力资源规划的过程中，不能分散地做个别单一的计划，要全面考虑各个子公司的情况。集团公司的人力资源规划应以人力资源的客观需求为导向，结合集团公司及其所属企业人力资源管理现状调研诊断结论，运用现代人力资源管理思想和成熟的人力资源管理技术，对集团公司的人力资源管理进行科学的、系统的、务实的发展战略规划。

2.4.4　集团公司人力资源规划的实施与评估

人力资源规划方案一旦完成，就需要集团决策层、人力资源职能层、直线部门职能层、员工充分参与，且必须坚持按计划不折不扣地实施。同时在规划实施和执行过程中更需要子公司与集团公司的密切配合。集团公司应密切注意子公司人力资源的执行情况，在过程中给予必要的指导和建议，子公司也应注重向集团公司反馈。良好的人力资源规划是集团公司内母子公司相关人员通力合作的结果。

人力资源规划的评估包括实施前的结果预期及实施后的效果评价。虽然集团公司人力资源需求的结果只有通过预测期限才能得到最终检验，但为了给集团公司人力资源规划提供正确决策的可靠依据，对预测结果进行初步评估是十分必要的。通常由专家及母子公司有关部门的主管人员组成评估组以实现的预测为评估依据来完成评估工作。评估时应对人力资源规划的效果、成本效益、可行性、不足以及可改进的方面进行评价。

2.4.5 不同集团公司管理模式下的人力资源规划流程

人力资源规划分为集团公司内外部环境分析、集团公司人力资源需求与供给预测、制定集团公司人力资源规划、集团公司人力资源规划的实施、集团公司人力资源规划的评估五个步骤，但在不同的管理模式下，人力资源规划的流程也有所差异。

1. 行政管理型模式

行政管理型模式下的母子公司人力资源规划由集团公司人力资源部统一制定。集团公司通过与子公司充分沟通，准确掌握各子公司情况，综合考虑各子公司人力资源的供给和需求，从集团战略高度对计划期内人力资源管理总体目标、政策、步骤和预算做出安排，制定出与集团总体战略相匹配的人力资源规划，以实现集团公司对各子公司的控制和协同。具体流程如图 2-3 所示。

2. 治理型模式

在治理型模式下，集团公司与子公司共同完成人力资源规划工作。子公司人力资源部主导完成一般岗位人员的人力资源规划工作。集团公司主导子公司关键岗位员工的人力资源规划工作，以实现对集团关键人力资源的数量与类别的控制，达到对子公司人力资源进行管控的目的。具体流程如图 2-4 所示。

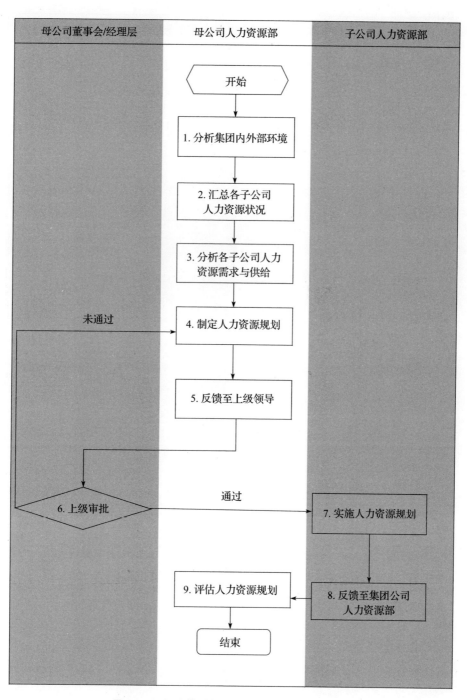

图 2-3　行政管理型模式下人力资源规划流程

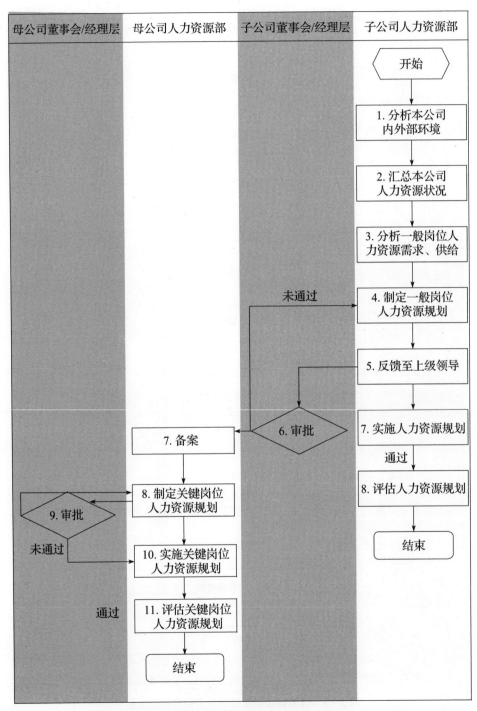

图 2-4　治理型模式下人力资源规划流程

3. 自主管理型模式

在自主管理型模式下，子公司人力资源规划工作由各子公司人力资源部进行。子公司根据自身的实际情况，分析供给与需求，制定人力资源规划方案并向集团公司备案。方案审批通过后由子公司主导实施，集团公司参与实施效果评估，并将结果上报集团公司备案。

本章小结

人力资源规划是依据集团所处行业特点、集团规模、未来战略重点发展的业务及业务模式，对企业集团人力资源进行分层分类，建立合理的人力资源结构。通过人力资源规划，集团可以对人力资源存在的主要问题进行原因分析，并制定详细的解决措施，根据集团的战略目标提出人力资源的远景目标、人员配置规划、人员开发规划、人力资源管理规划，在实施原则、组织保障、资源保障、激励保障措施、实施阶段等方面达成共识，确保人力资源规划的有效实施。

思维导图

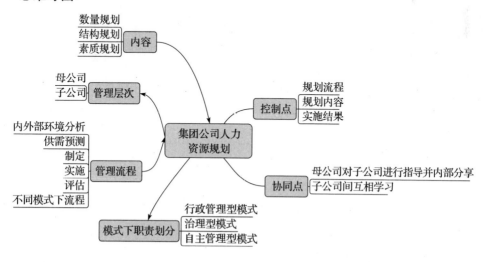

前沿进展：使用情景规划重塑策略

组织不用预见未来，但需要增强应对不确定性因素的能力。情景规划可以帮助企业重塑长期战略，在进行人力资源规划调整时可以参考使用。情景规划具有以下五个特征：

第一，情景规划会明确规定设定战略时的框架内容。重要的不是组织战略，而是在相应情境下做出的战略规划，战略建立在框架之上。框架由假设组成，隐含着战略如何组合。例如，一个框架可能包括：制定战略时正在考虑的时间段；需要涉及的因素的广度；情景规划过程是竞争性的还是合作性的；是否作为年度规划周期；战略是应该分享还是保密。

第二，通过设想有限数量的情景，使得组织能够感知到当前或未来可能出现的环境，以便适当规划。

第三，情景规划依赖多次重构，战略家们在不同情景环境中扮演不同角色，一个场景中的供应商可能是另一场景中的合作伙伴。因此，新的问题需要考虑当下的战略角色配置。

第四，参与和影响公司战略过程的每个人都应被视为学习者，这意味着参与情景规划的人必须是公司一员。配置外部指导者或专家能够帮助员工在这个过程中的学习。

第五，情景规划的目的是探索不同类型战略的弱点。要么是因为比较新兴（情景规划时考虑与强者进行比较似乎不占优势）；要么与占主导地位的文化、战略或专业框架之间的关系比较薄弱。为了探索不同类型战略的弱点，情景规划需要集中于似是而非的内容，而不是可能出现的内容。

资料来源：Ramirez Rafael, et al. Using Scenario Planning to Reshape Strategy. MIT Sloan Management Review, 2017, 58 (4).

第 3 章

集团公司人力资源
招聘与配置管理

引例：揭秘微软招聘机制——微软获取顶尖人才的秘诀

微软公司的招聘部门也是神话般的存在，有一个关于某大学毕业生求职的故事：他在一次工作面试中被问到如何估计天空中有多少架飞机。这其实是一个脑筋急转弯，考察的是临场的创造性思维。

为了获得最好的人才，位于华盛顿州雷德蒙德市的微软公司会通过电脑搜索关键字对简历进行筛选，此后应聘者还需通过严格的招聘程序才能进入面试。管理这一切的人是戴维·普里查德，他是招聘主管，没有人力资源教育背景。普里查德在微软曾担任过公关人员、程序员，以及执行副总裁迈克的办公室主任和业务经理。最近，他与《财富》杂志的罗恩·利伯讨论了微软是如何运作其明星业务的，即微软公司招聘的成功秘诀：员工参与招聘，富有特色的寻找候选人的过程，以及别具一格的创新技术团队担任面试官。从采访实录里可见一斑。

你如何让忙碌的微软员工认真对待招聘？

一方面，直到今天，比尔·盖茨也可能会亲自对少数大学生说："嘿，我们对你是否能在微软工作十分感兴趣，我们想让你知道，我们懂你的技能，同时认为你会对我们公司有一些积极的影响。"这看起来不像是 CEO 应该花时间去做的事情，但是如果比尔和副总裁没有参与，员工们就可能会认为他们不在乎。如果高管们都不关心，那么身为员工为什么还要这样做呢？另一方面，要让员工明白，我们能为我们的竞争对手所做的最好的事情就是招聘很差的人。试想如果我们雇了一群头脑简单、四肢发达的大汉，那么这对公司来说就是一场灾难，这将会严重损害公司的利益，因为我们需要时间来摆脱他们，防止他们渗透到组织中，从而参与招聘雇用低质量的人。在微软，我们总是希望雇用比我们优秀的人。

那么你们如何帮助公司避免雇用不合适的人？

招聘人员需要清楚地了解正在招聘的部门的需求。虽然他们可能会需要向我报告，但他们确实才是这些部门重要的合作伙伴。招聘人员参加该部门的一些商务会议，从现有员工那里得到反馈，因此他们了解该部门的短期和长期业务目标，明白该部门需要哪些合适的人才，他们在招聘的时候变得格外挑剔，我们要做的就是满足他们的招聘需求。

你是如何寻找并吸引最优秀的人才的？

我们每个月能收到 12 000 份简历，每个人都能在收到信息的时候登录电脑查看，当看到这些信息时我们需要思考些什么，在什么时间给予答复呢？当然我们有计算机程序在简历中搜索关键字，例如，会显示候选人是否知道 C++ 的计算机语言。这很有帮助，但技术并不是完美无缺的。所以我们最近花了更多的时间让招聘人员看简历，甚至打电话给求职者，看看他们是什么样的人，而不是简单地决定是否把他们淘汰掉。

在面试中，你会问很多脑筋急转弯，你喜欢看别人紧张得出汗吗？

你所描述的观点是"我经历了地狱，所以其他人也都应该去地狱走一遭"，这是令人讨厌的事情，我不同意这个观点。其实无论我们做什么，面试过程都会给求职者带来压力。我认为给人们一个让他们成功的过程是很重要的，在这个过程中可以看到他们的创新和技术。我想这就是脑筋急转弯能够带来的吧。不管他们最终能否得到这份工作，我们都需要给他们一个成功的机会。

那么你会问什么样的脑筋急转弯呢？

哦，有一个列表，但它肯定不是我们发布的东西（我们不会问高级人员那些问题，只有大学生才会被问到）。我经常在报纸上看到我们问的一些问题，比如为什么井盖是圆的（这样它们不会掉在下水道里），或者如何计算每天有多少水通过密西西比河。其实我们不是在寻找正确的答案，而是在寻找一种方法，希望他们能在思考谈论它的时候，会要求我们提供些信息，比如河流的长度或者某些监测点的流速，这恰恰是一个学习的过程。一方面，我们寻找聪明和有经验的人；另一方面，我们也想知道从长远来看他们会带来些什么：他们灵活吗？他们能学到新的概念吗？在这个行业里，事情每天都在变化，如果你没有学习新东西的能力，你就不会成功。我们甚至可以在早上的面试中教他们一个算法，然后在下午问他们，看看他们学了多少。

所以面试官 2 号可以通知面试官 5 号和 6 号，告诉他们要问什么？

完全正确。我们试着把面试流程安排得很好，这样在一天中，人们就会知道被问者对技术问题的掌握程度，并了解他的学习能力。

什么样的回答不会让你印象深刻？

如果有人对我说"这是一个非常愚蠢的问题"，那么我可能会担心。当然这并不是一个错误的答案，但我肯定想要讨论一下为什么会这样。不过，在我看来，回答问题的最糟糕的方式是"我不知道，我也不知道该怎么解决"。

你还记得自己 15 年前是如何被面试的吗？

我当时见过很多面试官，但令我印象最深刻的是（执行副总裁）史蒂夫·鲍尔默直截了当地问我："什么最令你兴奋？"这也是后来我经常使用的一个问题。如果我能让你开始谈论你的业务，就可以针对业务问一大堆问题，让面试成为我的教育经历，因为这是对面试者的面试。这会让我知道他对这个行业的了解有多深，他这个人是怎样的，他是如何做到这一点的，他的想法可能是与商业的未来有关。

对于这个问题，有更好的答案吗？如果有人谈论海上皮划艇而不是软件创作，那么怎么办？

不，我只是想听一些让他们兴奋的事情。如果你是一个营销人员，那么你可能对软件一无所知却熟知汽车或果冻。史蒂夫·鲍尔默在宝洁公司做了一款名为 Coldsnap 的甜点。直到今天，他对这件事依然充满了热情，事实上，他的办公室里仍然有一套这样的东西，他可以告诉你为什么它失败了，并把它与他现在正在做的事情联系起来。

我听说盖茨面试过一些人，认为他们的回答很愚蠢？

他可能会开玩笑说"这对我来说太愚蠢了"，或者他可以说"我不明白怎么会这样"。这并不一定是一种贬低，而是比尔的学习过程。他试着去理解那个人是怎么想的。或者，如果比尔正在面试一个资深的人，那么他可能想看看这个人如何处理一个棘手的问题："你为什么想在这里工作，毕竟你在媒体上对我们说了那么多坏话！"

你们的测试方法怎么样？很多公司都进行心理测试。你感兴趣吗？

我并不怎么感兴趣。因为通过心理测试你会得到一群正确回答问题的人，而这并不总是你想要的。多项选择测试如何判断一个人是否有创造力？这很难。

你会怎样去争取最好的候选人？

你必须说服他们，这是一个创新的工作场所。尽管我们比五年前大得多，但人们仍然有这样一种看法，即我们只是不断地生产同一种产品的下一个版本。他们并没有意识到我们在这里所做的所有创新的事情，因为我们不经常在媒体上谈论这些事情。人们能理解我们的最好方式就是花点时间在这里，看看我们的组织方式，你可以看到带有你的标记的产品会在世界各地被人们使用，这就是让人兴奋的原因。

微软的招聘方法有没有失败过？

我总是在有人离开的时候思考这个问题，如果谁在头 12 个月内离开，我当然想知道为什么，看看哪里出了问题，但很多时候都没什么问题，我们没有做错什么，他们也没有做错。在面试中他们像神一样存在，但你可能永远没办法知道。如果招聘像调低或者调高音量那么容易控制的话，那就太好了，事实上我们正在和一家公司打交道，最好的资产是我们的智力，但我们却很难一直用正确的方法测量它。

资料来源：Lieber R. & Davies E M. Wired for Hiring: Microsoft's Slick Recruiting Machine. Fortune, 1996 (5).

3.1　集团公司人力资源招聘管理内涵

3.1.1　集团公司人力资源招聘的含义

企业集团管理结构复杂，由集团母公司与若干子公司组成复式的信息交互网络，母子公司在网络中扮演着不同的角色。集团母公司不仅要代表整个集团进行统一管理和人力资源管控，还要兼顾各子公司迥异的管理情境，其管理难度和管理关系不同于一般的单体企业。集团母公司通过选拔与招聘、调派集团公司管理人员到子公司的关键岗位任职，对子公司关键职位人员招聘、考核、培训、薪酬及人员交流情况实施控制，从而实现对子公司的控制。随着母子公司关系问题日益复杂化，母子公司人员的选配、激励与考核将成为影响集团公司发展的重要因素。如果母公司管理过细过多，则可能会发生"一统就死"的状况，导致子公司不仅失去在人才队伍建设方面的积极性，而且无法对快速发展的业务和市场进行反应。同时由于集团母公司对各子公司具体业务操作、人才岗位的适用性选择等方面的认知可能存在一定局限性，致使企业无法招聘到所需的人才，不能及时匹配岗位与员工，从而使企业发展陷入被动。反之，集团母公司管得过粗过少，则可能出现"一放就乱"的状况。子公司可能着眼短期利益，根据当前业务需要配置岗位与人员，无法结合集团公司长远战略，而集团战略往往需要前瞻性地选用和储备人才。

招聘与选拔作为人力资源管理工作的重要环节包括两方面的内涵：第一，从集团整体的视角出发，用战略观念、纵深维度、长远目光规划人力资源招聘工作，促进形成科学、先进的招聘管理思维；第二，把控整个集团人力资源的总体概况，致力于改进招聘进程和完善人才获取细节，为集团的发展配置合适的人才，实现人尽其才、才尽其用，并建立起完善的人才储备库。招聘与选拔应建立在集团公司战略发展目标的基础上，确保对集团公司及子公司某些特定岗位进行合理的配置，以保障企业各方面工作正常进行。集团公司人力资源招聘与选拔，目的就在于在适当的地点、适当的时间为母子公司匹配到适当数量且符合企业战略发展目标要求的人员。成功的招聘不仅会在资源有限的条件下吸引、保留表现突出的人员，还会为集团公司后期发展带来超额回报。在招聘管理上，由于母子公司关系的特殊性（子公司有经营自主权，但受母公司控制），母公司需对子公司制定统一的人才招聘计划和规划，如调配子公司的董事长和董事。

3.1.2   集团公司人力资源招聘的内容

集团公司有效的招聘益处多多：现有员工人尽其才，事得其人；提高组织队伍的稳定性，减少人员流动；形成合理的员工队伍结构，配置满足集团发展需要的数量和质量的人才。集团公司人力资源招聘管控体系的搭建，有助于强化集团公司总部对母子公司核心人力资源的配置、协调及管理能力，有效储备和支持集团公司战略发展所需要的人力资源核心能力。具体来说，集团公司人力资源招聘的内容如下。

1. 建立集团人才根基

有效的招聘为企业集团带来源源不断的优质新生力量，确保员工个体的素质优良，从数量和质量上保证企业一系列人力资源管理活动的正常进行，即"人选对了，其他就几乎都对了"。由此可见，有效的集团招聘不仅可以不断为母子公司提供人力资源支持，而且是其他人力资源管理活动的基础。

2. 优化集团人力资源配置

通过集团层面与子公司层面在招聘工作中的广泛协调，形成员工队伍的合理结构，进而提高组织人员的稳定性。在选用员工时，人力资源部门在着眼于甄选对象的个体素质的同时，也应注意考虑优化员工群体结构的需要。在戴尔集团，遵循的是"最合适的原则"。这样的战略使其不仅能够从应聘者中选出优秀者，或者从竞争者手中挖走有经验的人才，还鼓励企业内部的员工通过私人关系推荐合适人才。在招聘员工时，需要关注员工之间性格、年龄、能力等不同方面的匹配程度，组合录用多元化人才，避免人力资源的同质化。

3. 降低人力资源成本

招聘是一个双向选择的过程，集团公司人力资源部严格按照岗位要求的资格条件选聘员工，根据任职要求、员工能力和意愿安排合适的岗位，既要保证空缺岗位获得称职的工作者，又要保证员工的能力和兴趣最大限度地发挥，间接降低员工的流失率，提高效率，从而节约招募、甄选及岗前培训的费用。

3.2 　集团公司人力资源招聘的控制与协同

3.2.1 　集团公司人力资源招聘的控制点

Snell S. A.（1992）认为人员的选聘与培训是人力资源控制中非常重要的一部分，这种控制方式可以使子公司经理人员对组织的文化、价值观有高度的认同。在招聘甄选工作中，集团公司一般可选择使用下列控制点：

1. 对招聘流程的控制

明确子公司的招聘流程，确保所招聘人员符合数量和质量要求的前提，例如可以形成书面的文字规范等。

2. 对招聘人数的控制

严格限制子公司招聘人员的数量是集团公司实现对子公司控制的一个重要手段。

3. 对招聘人员素质的控制

为寻求符合企业需求的人才，集团公司在招聘过程中会对招聘人员的学历、专业、工作经验、价值观等方面进行规定，从而对集团公司整体人力资源素质进行控制。在微软的招聘中，甚至会问到类似"脑筋急转弯"的问题，这些问题并不是没有意义的，它们能在某种程度上反映应聘者的思考方式以及创新学习能力，所以集团公司的招聘过程往往是十分丰富且全面的，并不是单纯地考察应聘者某一方面的能力。

4. 对招聘层次的控制

为了实现更好的控制，集团公司可以对子公司不同层次的员工制定不同的招聘政策。对于子公司关键岗位人员，可以由集团公司统一进行招聘，而对一般岗位的员工则由子公司自主进行招聘。正所谓"抓大放小"，关键岗位的人员往往代表着企业的战略与价值观的发展，例如子公司总经理、人力资源总监等职务，需要集团公司统一进行规划，而一、二线员工的招聘则可以根据子公司的生产计划进行。

5. 招聘价值观与企业文化一致的人才

为了建立统一的企业文化体系，集团公司要求各子公司的文化与集团公司的整体文化相融合，子公司员工的价值观要与集团公司整体的文化相一致。在招聘过程中，遵循统一的标准筛选人才，可以选拔出观念或价值取向与本集团公司文化和价值观相一致的人才。新进人员认同企业的价值观念也有助于其更快更好地适应新的工作，为日后的培训奠定良好的基础，有助于集团文化建设，同时也是集团公司提升对子公司的控制力的一种途径与手段。在华为，在我们所熟知的"狼文化"背景下，招聘的人员往往需要充满活力，不惧怕竞争与淘汰，而且还必须有追求上进的心。而在海尔，随着平台型创业模式的兴起，其可能更倾向于聘用那些具有创新力、有个性的员工。

3.2.2　集团公司人力资源招聘的协同点

人力资源协同作为母子公司战略协同要素之一，是母子公司实现协同效应的重要内容，包括母子公司员工的协同和母子公司经理层的协同，母子公司的人力资源协同又体现为人才协同和人力资源制度协同。这种母子公司之间人力资源的共享和流动需通过具有一致性的集团公司人力资源招聘体系来实现。其中，集团公司发挥其管理职能，通过内部选拔，合理利用和调遣内部的人力资源，进行有效的分配与协调，在人力资源管理上达成相互配合、协作，形成人力资源的协同效应；通过外部招聘来填补母子公司的职位和人才空缺。

在招聘过程中，集团公司可以通过关注以下协同点形成协同效应：

1. 人才测评系统及评价体系

通过征求子公司意见，采购人才测评系统，并制定统一的岗位评价体系，可以避免尺度不一的问题，保证招聘的透明性与公平性。通过对浪潮集团的调研和访谈，我们发现浪潮集团招聘与甄选工作的协同点主要体现在三方面：校园招聘方面，由集团公司牵头，统一组织，子公司参与招聘过程；招聘渠道方面，集团公司采用统一的招聘平台并进行信息管理，子公司有使用权，并提供适当的反馈意见；测评系统方面，由集团公司汇总集团测评需求，统一采购，子公司同样有使用权并反馈使用意见（见表3-1）。

表3-1　　　　　　　　　　浪潮集团招聘与甄选工作的协同点

协同点	集团公司	子公司
校园招聘	以集团名义统一组织	参与
招聘渠道	采用统一的招聘平台并进行管理	使用，反馈使用意见
测评系统	汇总需求，统一采购	使用，反馈使用意见

资料来源：根据访谈整理，并参考了《集团公司管理》（陈志军，中国人民大学出版社，2014）一书。

2. 招聘系统

招聘工作建立在职务分析和人力资源规划两项工作之上，职务分析对企业各职位所需素质和责任进行分析判断，人力资源规划确定招聘职位的类型和数量。集团公司人力资源部门的统一招聘，是根据子公司各部门因职位空缺而提出的用人需求制定符合企业战略发展规划的招聘计划，不同部门协调配合，充分利用资源统一实施招聘的过程。集团公司通过就内部正式员工的任职资格、能力素质等制定统一的规章制度来实现对子公司一般员工的选拔和招聘。由子公司人力资源部根据需求编制招聘计划，集团公司根据不同子公司的招聘需求来进行统一的规划，并对不同控制程度的子公司采取不同措施。管理程度较高的集团公司，会对子公司较基层的员工也进行统一的招聘和选拔。

基于企业战略制订的统一招聘计划，可以使集团公司更加全面地掌握企业的用工现状，避免计划制订的随意性，增强人力资源部与用人部门的协作，从而使招聘与选拔有机结合，避免招聘的盲目性，使用人部门获得更符合具体要求的员工，使各用人部门共享企业的资源，实现招聘人才的流动共享，有效地减少招聘费用，降低企业运营成本。

此外，各部门的积极参与，使得招聘评估比较容易完成。这更有利于企业根据评估结果科学地调整招聘计划，吸引人才，提高招聘工作效率，大幅提高企业人才储备能力。

3. 集团公司人才储备库

随着市场竞争日趋激烈，人才储备越来越受到企业管理层的重视。例如 M 集团，对于进入后备人才库的员工，集团将根据其所在后备人才库的级别、职业发展规划及能力开发需求等因素，制定个性化培养方案。培养方式包括理论知识培训、岗位 A/B 角管理、轮岗、导师带训、职业生涯规划指导等。通过严格考核和评估后，对人才进行择优任用安置，逐步使集团人力资源数量、质量、结构等达到满足集团长远发展的要求的水平。许多企业集团都建有自己的人才储备库，对新进人才的能力和行为进行综合考量，以备将来使用。在招聘过程中，无论是外部招聘还是内部招聘，在进行人员筛选时，都要将集团公司需要的人才录入集团公司人才库。一些关键性岗位的人才储备，特别是为领导岗位制订的接班计划，可为集团公司的正常发展提供有力保障。集团公司人力资源部作为集团公司人才库的归口建设和管理部门，其主要职责是：牵头规划和建设集团公司的人才库；核准集团公司本部各部门的建库申请；使用和培养各类专业人才。人才库的建立主要来自外部招聘平台信息及集团内部人才数据。此外，应该从国际人才库的角度思考如何建立人才库，除了各区域要统一招聘流程之外，还必须考虑多语言问题以及不同区域使用外部招聘平台的偏好问题。

3.3　集团公司人力资源招聘职责划分

企业实践 3-1：万科招聘——细分责任

万科企业股份有限公司，简称万科或万科集团，成立于 1984 年，1988

年进入房地产行业，经过三十余年的发展，已成为国内领先的城市配套服务商，公司业务聚焦全国经济最具活力的三大经济圈及中西部重点城市。2016 年公司首次跻身《财富》"世界 500 强"，位列榜单第 356 位，在这之后又多次上榜。万科是目前中国最大的专业住宅开发企业之一，连续五年入选"中国最受尊敬企业"，连续第四年获得"中国最佳企业公民"称号。

公司定位于城市配套服务商，坚持"为普通人盖好房子，盖有人用的房子"，坚持与城市同步发展、与客户同步发展两条主线。公司核心业务包括住宅开发和物业服务。近年来，在巩固核心业务优势的基础上，公司围绕城市配套服务商的定位，积极拓展业务版图，进入了商业开发和运营、物流仓储、冰雪度假、集中式长租公寓、养老、教育、"轨道＋物业"等领域，同时积极参与混合所有制改革。表 3-2 较详细地介绍了万科集团招聘中母子公司各自扮演的角色，表 3-3 介绍了万科集团招聘中部门的职责分工。

表 3-2　　　　　　　　　　　万科招聘母子公司的职责分工

层级	职责分工
集团公司人力资源部	（1）制定集团长期人力资源规划；（2）制定、完善集团招聘管理制度，规范招聘流程；（3）核定母子公司提报的年度人力需求，制订周期性招聘计划，并进行动态管理；（4）分析母公司各岗位职责及任职资格，与母公司用人部门一起制定并完善职位说明书；（5）决定获取母公司岗位候选人的渠道；（6）设计母子公司人力资源选拔测评，主持实施母公司选聘流程，为母子公司用人部门提供录用建议；（7）提供各类招聘数据统计及分析
子公司人力资源部	（1）制定本公司中长期人力资源规划并上报集团人力资源部审批；（2）为集团完善招聘管理制度提出建设性意见，视子公司实际情况规范招聘流程；（3）核定子公司年度人力需求，制订年度招聘计划，并进行动态管理；（4）分析子公司各岗位职责及任职资格，与子公司用人部门一起制定并完善职位说明书；（5）视子公司实际情况决定获取子公司岗位候选人的形式和渠道，重要管理岗位选聘需在集团管控下进行；（6）主持实施子公司选聘流程，为子公司用人部门提供录用建议；（7）提供各类招聘数据统计及分析
用人部门	（1）编制并提报本部门年度人力需求计划；（2）协助人力资源部做好本部门岗位职责和任职资格的梳理；（3）参与审查候选人的专业技术水平

资料来源：万科制度手册。

表 3 - 3　　　　　　　　　　　　万科招聘部门职责分工

招聘阶段	人力资源			业务部门		总裁
	招聘主管	经理	分管领导	经理	分管领导	
招聘信息发布	执行			配合		
简历初筛	执行					
电话面试	执行					
简历复筛				执行		
初次面试	主持	参与		参与		
笔试	执行					
复试		主持	参与		参与	参与
背景调查	执行					
体检	执行					
录用审批	起草					批准
OFFER 发放	执行					

资料来源：万科制度手册。

　　市场竞争日益激烈，分工合作、分散经营风险成为一种必然趋势，但其中也蕴含着母子公司管理风险。随着集团公司组织结构的扁平化，大部分大型企业母子公司之间管理紧密度有所上升，人才管理模式也趋于集中化、协调化。其中，用人部门需根据本年度发展状况和下一年度的规划，拟订人力资源需求计划，周期性地报所属人力资源部，汇总至集团公司人力资源部。集团公司人力资源部则根据公司年度发展规划、人员编制情况及人力资源需求计划，制订年度招聘计划及费用预算，报集团公司主管领导审批。另外，在这一过程中，子公司在上报集团总部之前，人力资源需求计划的拟订也需经过发展规划、预算制定、分管领导审批等过程。

　　招聘成为集团公司控制子公司的一种事前控制手段，集团公司根据不同控制程度，对子公司招聘采取不同的措施。具体来看，不同管理模式下的集团公司，母子公司在职责分配方面有不同的侧重点（如表 3 - 4 所示）。

表 3-4		不同模式下母子公司人力资源招聘职责划分	
职责分配	行政管理型模式	治理型模式	自主管理型模式
母公司招聘职责	1. 员工招聘与录用的管理、相关制度与规范建设； 2. 对各子公司招聘的需求调查、分析、汇总及制订招聘计划； 3. 招聘的组织实施； 4. 人员的甄选、录用； 5. 招聘渠道拓展管理； 6. 测评工具设计完善	1. 员工招聘与录用的管理、政策拟订、相关制度与规范建设； 2. 对子公司董事会成员、经理层及关键岗位员工组织实施招聘； 3. 招聘渠道的拓展与管理； 4. 对子公司员工招聘与录用工作进行督导	1. 员工招聘与录用的管理政策的提议、相关制度与规范建设； 2. 子公司董事会成员和主要高管的选聘； 3. 对子公司员工招聘与录用工作进行备案、督导
子公司招聘职责	1. 制订本公司人力资源招聘计划，上报总部审批； 2. 参与集团公司组织的招聘工作	1. 制订本公司人力资源招聘计划，上报总部审批； 2. 对一般员工组织实施招聘拥有部分决策权； 3. 测评工具设计完善	1. 制订本公司人力资源招聘计划，报总部备案； 2. 招聘的组织实施； 3. 人员甄选、录用； 4. 招聘渠道拓展管理； 5. 测评工具设计完善

资料来源：根据访谈及调研资料整理。

（1）采用行政管理型模式，对人力资源招聘控制的层次最多，集团公司可能会控制到子公司的普通员工这一层次，会控制子公司普通员工的总量、增长速度、平均绩效产出等方面。例如，岗位空缺时，山东电力的招聘渠道以"内部竞聘，外部校招"为主，极少采用社会招聘填补岗位空缺，也存在基层员工劳务派遣和劳务外包的方式。一方面，内部竞聘通过发布公告的方式在集团公司整体范围内进行公开选拔，山东电力总部人力资源部门拥有主要的管控权力，省/市/县分公司是特殊的法人，可代省公司签署基层员工的用工协议；另一方面，校园招聘通过引进高校人才后期培养的模式为组织输送源源不断的人才，校园招聘则需要向国家电网进行报备。在校园招聘过程中，山东电力作为国家电网子公司，首先需报备所拟招聘数量、岗位类别等信息，经由国家电网统一调配后，决定最后的招聘方案；山东电力作为用人单位协助国家电网进行校园招聘等工作，经过笔试面试等一系列集团统一的流程后，最后筛选出所需人才；之后签订劳动合同等工作则大多由山东电力主持负责。山东电力总部牢牢掌控整个集团公司所有的人事任命权，并在领导班子的选拔和任命上，基本也拥有相对完全的决定权。

（2）采用自主管理型模式，集团公司可能控制子公司董事会成员等关键管理岗位的选聘工作。集团公司选派维护自身利益的专业人员或者经理人员进入子公司的管理高层。子公司的中层管理者与一般员工则由子公司自主招聘。

（3）介于上述两种模式之间的是采用治理型模式的母子公司。集团公司对子公司招聘工作的控制层次以经理人员与关键岗位员工为限，对一般员工的招聘通常不加干预。在浪潮集团，母子公司各有各的分工。集团公司往往只负责战略方向的决定，包括：1）制定集团长期人力资源规划；2）制定、完善集团招聘管理制度，规范招聘流程；3）核定母子公司提报的年度人力需求，制订周期性招聘计划，并进行动态管理；4）分析集团公司各岗位职责及任职资格，与集团公司用人部门一起制定并完善职位说明书；5）决定获取集团公司岗位候选人的渠道；6）设计母子公司人力资源选拔测评，主持实施集团公司选聘流程，为母子公司用人部门提供录用建议；7）提供各类招聘数据统计及分析；等等。在这些战略的基础之上，子公司要根据自己的实际情况对自己所需员工进行招聘并上报最终结果。

3.4　集团公司人力资源招聘与选拔的流程

有效的集团公司招聘管理是多模块综合作用的结果，概括地描述就是：在管理部门（人力资源部门及业务部门）的组织与协调下，以人力资源的管理制度为保障，通过确定人员需求、制订招聘计划、人员甄选评估、录用、试用等几个阶段实现高效招聘。其大致程序如图 3-1 所示。但不同集团管理模式下招聘流程也存在一定差别。

3.4.1　行政管理型模式

行政管理型模式下人力资源招聘工作主要由集团公司人力资源部进行。各子公司相关部门提出招聘需求计划，汇总到子公司人力资源部后报子公司总经理审批，审批通过后统一上报给集团公司人力资源部。集团公司汇总各子公司人员需求计划后，统一组织人员的招聘工作，包括发布招聘信息、收集汇总应聘资料、进行人员筛选、确定面试合格人员名单、报主管领导审批、对通过人员发放录用通知、办理录用手续等一系列工作。在招聘过程中，要对优秀候选人进行筛选，纳入集团人才库建设。流程如图 3－2 所示。

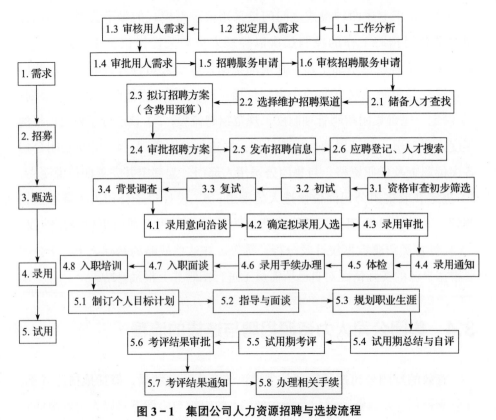

图 3－1　集团公司人力资源招聘与选拔流程

资料来源：根据访谈及调研资料整理。

3.4.2　治理型模式

在治理型模式下，集团公司一般只负责经理层成员和关键岗位员工的选拔与筛选，对一般员工的招聘，则将权力下放到子公司，由子公司自主进行。在招聘过程中，集团公司人力资源部与子公司人力资源部都应注意对集团人才库的补充建设与完善工作。流程如图 3－3 所示，细节见表 3－5。

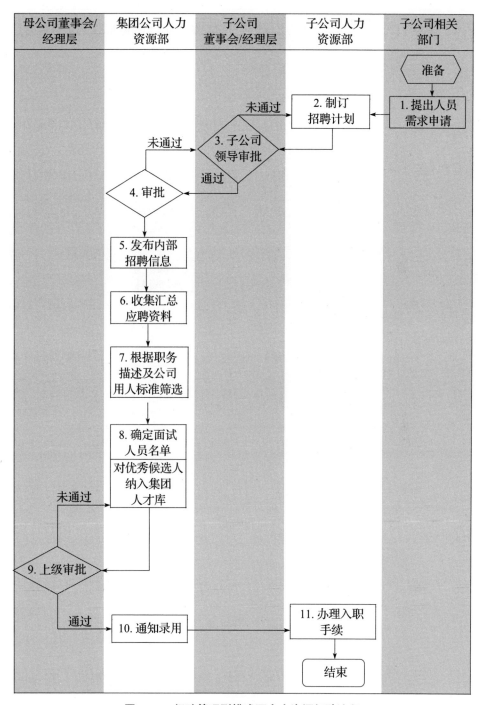

图 3-2　行政管理型模式下人力资源招聘流程

资料来源：根据访谈及调研资料整理。

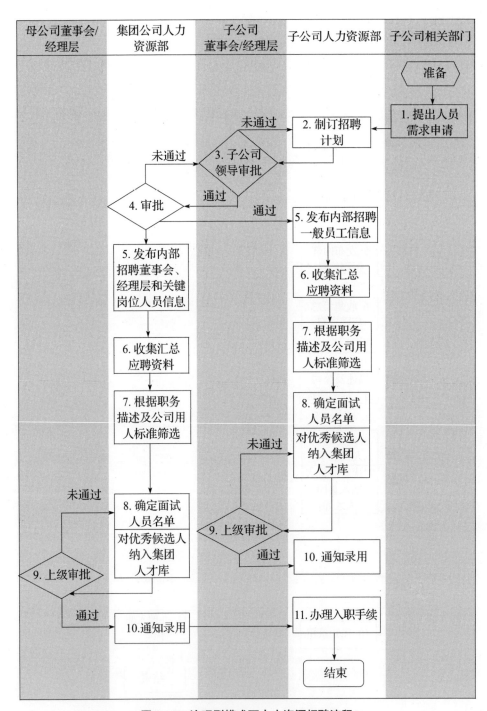

图 3-3　治理型模式下人力资源招聘流程

资料来源：根据访谈及调研资料整理。

表3-5　治理型模式下人力资源招聘流程细节

	流程环节	部门、岗位	工作内容	工作依据和要求
1.需求	1.1 工作分析	用人部门负责人	对部门工作进行分析，确定所需岗位、人数、工作内容、任职要求等	(1) 公司与部门目标、部门职责；(2) 人力资源规划/计划、部门人力资源现状
	1.2 拟定用人需求	用人部门负责人	(1) 根据工作分析填写用人需求申请表，交人力资源部门；(2) 一般岗位提前1个月，重要岗位提前2个月，员工异动后补充员工及时提出	(1) 工作分析结果；(2) 薪酬福利制度
	1.3 审核用人需求	单位人力资源部门负责人	(1) 用人需求的必要性；(2) 需求表描述的准确性、合理性；(3) 需求表填写的规范性	(1) 人力资源规划、计划；(2) 定岗、定编、工作分析；(3) 薪酬福利制度
		单位负责人或授权人	按上栏内容审核部门负责人以上人员的用人需求	(1) 人力资源规划、计划；(2) 工作分析结果
	集团人力资源部门	集团人力资源负责人	审查本单位部门负责人以下员工用人需求的必要性，报批程序的规范性，并批示	
		集团负责人或授权人	审查各单位部门负责人及以上负责人用人需求的必要性、报批程序的规范性，并批示	
	集团/单位负责人或其授权人	单位人力资源部门招聘人员	单位人力资源部门根据集团总部与各单位招聘职责分工，向集团人力资源部门提交招聘服务申请	集团人力资源部门组织招聘的范围：(1) 总部员工、各单位部门及以上负责人；(2) 集团内招聘；(3) 各单位申请招聘服务并经集团人力资源部门同意的；(4) 应由集团组织招聘的其他情形
	董事局主席或其授权人	集团人力资源部门招聘人员及负责人	审查各单位申报的服务申请是否符合制度规定	

续表

流程环节	部门、岗位	工作内容	工作依据和要求
2. 招聘	2.1 储备人才查找	集团/单位人力资源部门招聘人员	从内、外部人才储备库查找适合需求岗位的人选	用人需求申请表
	2.2 分析招募渠道与方式	集团/单位人力资源部门招聘人员	分析各种渠道与方式的优势劣势，择优选择一种或多种招聘渠道和方式	(1) 对各种招聘渠道的了解、调查情况；(2) 用人需求申请表
	2.3 拟订招聘方案（含费用预算）| 集团/单位人力资源部门招聘人员	需发生一次性招聘费用的招聘需制定招聘方案	(1) 用人需求申请表；(2) 拟定的招聘渠道与方式
	2.4 审批招聘方案	集团/单位负责人或其授权人	审查专场招聘会或费用超年度预算的招聘方案的合理性，并批示	(1) 人力资源规划、计划；(2) 用人需求或人才储备的必要性
		集团/单位负责人	审查非专场招聘会或费用超年度预算的招聘方案的合理性，并批示	
	2.5 发布招聘信息	集团/单位人力资源部门招聘人员	通过既定渠道发布招聘信息	用人需求申请表
	2.6 应聘登记、人才搜索	集团/单位人力资源部门招聘人员	(1) 通过邮件、传真、人才网络、电话、现场填写应聘登记表等形式接受应聘者报名；(2) 对市场稀缺的人才采取寻聘的方式，通过网上搜寻、熟人推荐等方式多方寻找人才	(1) 用人需求申请表；(2) 招聘方案
3. 甄选	3.1 资格审查、初步筛选	集团/单位人力资源部门招聘人员	审查简历内容，筛选出符合基本任职资格和硬性要求的人员	(1) 工作说明书；(2) 用人需求申请表

续表

流程环节		部门、岗位	工作内容	工作依据和要求
3. 甄选	3.2 初试	集团/单位人力资源部门负责人、用人部门相关人员	（1）人力资源部门组织并负责综合素质测评；（2）用人部门负责专业素质测评	（1）工作说明书；（2）用人需求申请表
	3.3 复试	集团/单位人力资源部门负责人、用人部门/单位负责人或主管领导	人力资源部门组织，主要采取面试的方式对初试合格者进行测评，并确定重点候选对象	（1）用人需求申请表；（2）初试评价意见；（3）集团用人标准
	3.4 背景调查	集团/单位人力资源部门招聘人员	（1）主要对部门负责人及以上、营销、技术、财务等涉及企业核心能力、商业机密的岗位的录用候选人进行背景调查，集团内调动且熟悉其相关背景的，可免；（2）背景调查不合格者淘汰	调查内容及合格标准：（1）证件与资料真实、有效；（2）工作经验、技能和业绩真实；（3）执业记录良好，无重大不良执业记录与违法犯罪行为；（4）根据岗位需要调查的其他内容
4. 录用	4.1 录用意向洽谈	集团/单位人力资源部门招聘人员	与录用候选人以电话或面对面的形式进行录用意向洽谈	洽谈内容：岗位、薪酬福利、合同期限、试用期限与试用期薪酬、工作环境、需要洽谈的其他内容
	4.2 确定拟录用人选	集团/单位人力资源部门负责人、用人部门负责人	（1）确定拟聘用人员，并拟定其岗位、合同期限、试用期限、试用期薪酬，集团内调动一般不再约定试用期；（2）录用批示	
	4.3 录用审批	单位负责人或授权人；董事局主席或其授权人	主要审查一般员工拟聘用人员甄选的准确性，并批示；主要审查部门及以上负责人拟聘人员甄选的准确性、程序的规范性，并批示	（1）甄选结果、用人部门提名、背景调查与录用意向洽谈结果；（2）薪酬福利、合同管理制度

续表

流程环节		部门、岗位	工作内容	工作依据和要求
4. 录用	4.4 录用通知	集团/单位人力资源部门招聘人员	发放录用通知单或电话通知录用	录用审批结果
	4.5 体检	集团/单位人力资源部门招聘人员	(1) 通知拟聘人选到指定医院体检，体检不合格者淘汰； (2) 集团内调动且能提供与新岗位要求相应体检项目合格证明的，可不再体检	(1) 指定医院：×××； (2) 体检项目：肝功能、乙肝两对半、胸透、内外科常规检查以及岗位需要的其他检查； (3) 体检合格标准：无严重的传染疾病，身体素质符合岗位要求； (4) 体检费由各单位承担
	4.6 录用手续办理	集团/单位人力资源部门招聘人员、用人部门相关人员	(1) 新员工提交相关资料，填写员工基本情况登记表； (2) 入职指引； (3) 签订劳动合同	体检结果
	4.7 入职面谈	集团/单位人力资源部门负责人、用人部门负责人	(1) 介绍单位、部门、岗位情况，传播集团企业文化； (2) 提出相关要求与希望； (3) 解释新员工的疑惑，回答其提出的一些问题	集团基本制度与企业文化
	4.8 入职培训	集团/单位人力资源部门、用人部门	人力资源部门负责组织企业文化、基本礼仪、基本制度、职业道德等综合素质培训，用人部门负责组织业务制度、流程及上岗技能的培训	(1) 企业文化、职业礼仪、职业道德； (2) 基本制度、业务制度与流程； (3) 岗前业务知识与技能培训； (4) 安全质量基本知识（生产类）

续表

流程环节	部门、岗位	工作内容	工作依据和要求
5.1 制订岗位试用目标计划	集团/单位人力资源部门、用人部门	根据试用员工的工作内容，拟订岗位试用目标计划，与试用员工一起沟通，修正后确定试用目标计划	(1) 岗位说明书；(2) 目标计划必须具体、可考核
5.2 指导与面谈	用人部门负责人或指定用员工的指定指导人	(1) 经常对试用员工的业务进行指导；(2) 每星期至少与试用员工进行一次正式沟通，听取其对工作的意见与建议。员工帮助其解决工作、生活中的困难，有重大思想波动或重大困难时，及时向上级或者人力资源部门反映	(1) 岗位目标计划书；(2) 试用期员工在工作中的表现
5.3 规划职业生涯	用人部门、人力资源部门、试用员工	人力资源部门、用人部门指导员工制定或修正员工职业生涯规划	(1) 员工职业生涯规划符合集团文化、单位发展需求；(2) 职业目标定位准确、措施具体、可操作性强
5.4 试用期总结与自评	试用员工	试用期满前8日前（申请提前转正时提出）提交自评与总结给用人部门负责人	(1) 根据职业化素质与能力模型、对员工工作试用期的表现及业绩实施考评
5.5 试用期考评	集团/单位负责人、用人部门负责人	用人部门进行评价，试用期满前6日提交（提前转正的，适时提交）人力资源部门，人力资源部门进行调查核实，并复核签字	(2) 考评结果分为以下几种：提前转正、按时转正、延期转正、辞退
5.6 考评结果审批	董事局主席或其授权人	审查部门及以上负责人考评结果的客观性，并批示	(1) 考评结果，员工表现；(2) 考评结果分为以下几种：提前转正、按时转正、延期转正、辞退
	单位负责人或其授权人	审查一般员工考评结果的客观性，并批示	
5.7 考评结果通知	集团/单位招聘人员	在员工试用期满前将试用期考评结果告知用人部门与员工本人	考评结果
5.8 相关手续办理	集团/单位人力资源部门人事信息管理人员	办理转正、延期转正或者辞退手续，薪酬调整等手续	(1) 考评结果；(2) 薪酬管理制度

（注：以上各行均属于"5. 试用"环节）

资料来源：根据访谈及调研资料整理。

3.4.3 自主管理型模式

在自主管理型模式下，子公司可以根据自身情况制订招聘计划，发布招聘信息，进行人员选拔。招聘人员经面试后确定拟录用人员名单，上报主管领导审批后通知录用，办理相关入职手续。子公司人员招聘结束后在集团公司备案即可。山东电信集团人力资源管理模式是典型的自主管理型模式，子公司每年将自己的年度业绩目标提交集团审核，与集团人力资源部门协商为实现经营目标所应匹配的人力资源成本和用工总量。集团的战略单元在正常核算人工成本的基础上，会额外匹配一部分人工成本，作为引进特殊人才的专项费用。子公司作为独立的一级运营单位，在日常经营的过程中具有较大的经营自主权，集团公司一般不会直接参与子公司的正常运营工作（类似行政指令的动作），以最大限度地调动子公司的工作积极性，促使其实现自身的业务发展目标。但集团公司作为主要的投资人，对子公司年度发展的短期目标和长期目标是有明确要求的，在每年的年末都会对子公司的整体经营状况进行考核打分，这样就确保了子公司的整体运营工作在集团的宏观控制之下，同时集团掌握着公司领导班子成员的考核任命权力，运用人工成本和用工总量控制，最大限度地降低子公司的运营风险。

同时，社会招聘与校园招聘在招聘过程中具有明显的不同之处，除了对象的差异外，其处理流程也有较大的差异。以浪潮集团为例，具体情况请见图 3-4、图 3-5。

3.5 集团公司人力资源招聘的方法和技术

3.5.1 集团公司招聘渠道的建立

按人才来源可以将招聘划分为两类：一是内部招聘；另一类是外部招聘。通用电气（General Electric）80% 的高层职位由内部选拔产生，这些高层人士在通用度过了他们几乎全部职业生涯。内部招聘通过合理的内部选拔机制，采用岗位竞聘等方式甄选组织内部员工。其优点在于，内部人员明

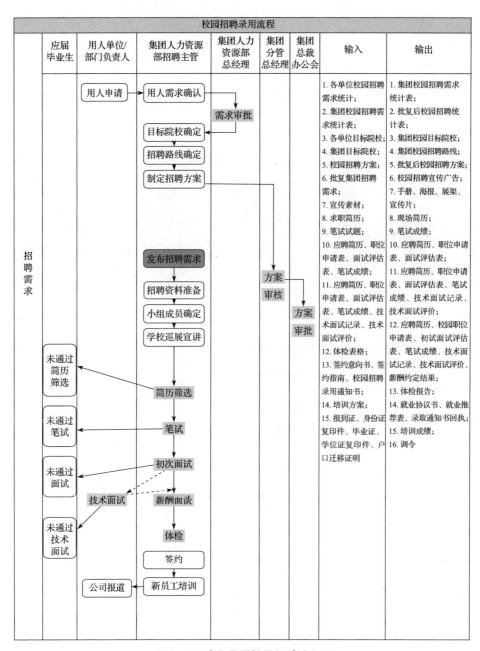

图 3－4　浪潮集团校园招聘流程图

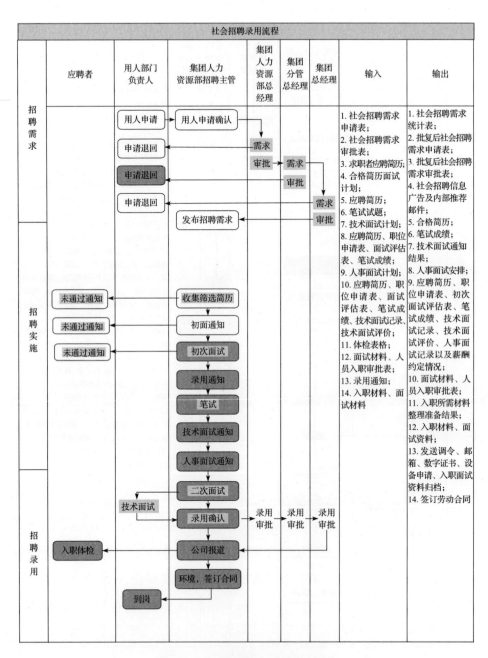

图 3-5　浪潮集团社会招聘流程图

确组织使命，熟悉组织架构，认同企业文化，因此能在短时间内适应新工作。另外，内部垂直招聘为其他职工提供了职业愿景，具有较强的案例激励作用。同时，内部招聘可在组织员工总数不变的情况下解决组织岗位空缺问题，因此有利于节约劳动力成本，缓解组织隐性或显性的劳动力过剩。其弊端在于招聘覆盖面窄，不易招到最适合的人才且不利于组织新观念的引进。外部招聘可以吸收外部新鲜血液，通过选择适宜的渠道和测评指标来完成，有利于弥补内部招聘的弊端，但同时又失去了内部招聘的优点。内外部招聘是一个演化博弈的过程。

　　因此，集团公司在决定是采用内部招聘还是外部招聘时，需要综合考虑内外部因素，合理选择或组合内部招聘和外部招聘策略（见图 3-6），以便两者相得益彰，将不利降到最低限度。在既定的战略规划下，集团公司对子公司的把控通过分析现有人力资源状况和预测未来情况进行相应的人力资源规划来实现，集团公司需明确企业的用人策略，把控建立子公司内部的培养和选拔体系，制订人才梯队建设计划，建立人才柔性流动机制。同时，在用人部门的配合下，子公司需要对空缺职位进行工作分析。接下来，母子公司需有目的、有计划、分步骤地展开招聘工作，决定是从内部还是从外部吸引人员来填补空缺的岗位，保证内外部人才公平合理的竞争，搭建科学有效的人才梯队，力求在保障人员质量的基础上以低成本取胜。一般情况下，对于高级职位和重要职位的招募，内部招聘优先于外部招聘。

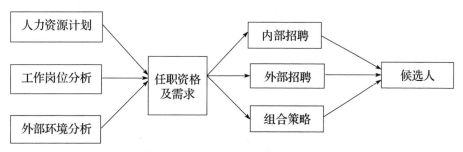

图 3-6　选择内外部招聘的大致流程

资料来源：根据访谈及二手资料整理。

　　总而言之，集团作为以母子公司为主体，以集团章程为共同行为规范，由集团公司、子公司、参股公司及其他成员共同组成的企业法人联合体，在选择招聘渠道时，要考虑其经营生产的复杂性和组织结构的庞杂性，综合平衡，满足整体的人才需求。具体选择招聘渠道时，母公司把控大方向、制定大方针，使其符合集团公司发展需要，视岗位重要性和需求数量等因素放权给子公司。子公司在遵循以上原则的前提下，灵活开展招聘流程。如校园招聘需母子公司协同进行，母公司制订招聘计划和设置面试环节等，子公司落实具体细节。

企业实践 3－2：集团外部人员为何纷纷落选？

某集团为中央直管企业之一，是以煤炭生产和销售，电力、热力生产和供应，煤制油和煤化工以及相关铁路和港口等运输服务为主营业务的综合性大型能源企业。案例公司是这家集团的全资子公司，全面负责集团电力业务的经营管理。该公司主要从事电力项目投资、开发及经营管理，发电生产，能源与环保的技术开发、技术转让、技术咨询及技术服务等业务。公司在成立新的技术研究中心时，决定为技术研究中心公开招聘总经理 1 名、副总经理 2 名、总工程师 1 名。公司同时向集团内部和社会发布招聘信息，然后将来自集团内部和外部的应聘人员放在一起统一进行测评、甄选。选择过程包括筛选简历、纸笔测试（包括能力倾向测试、个性测试）、无领导小组讨论以及结构化面试。经过层层筛选，最终为每一个职位确定了人选，这时发现被选中的人员均来自集团内部，集团外部应聘人员纷纷落选。

从根本上说，外部招聘和内部提拔的相对效率依赖信息的不对称程度。对那些所需能力能够很容易被观察和度量的工作岗位——如会计师、工程师等，外部招聘可能是非常有效的。事实上，这类工作岗位需要的主要是通用性人力资本，可以通过参加专业性培训获得，具有相应资格证书的候选人就可以胜任，用内部提拔的办法不仅没有必要，而且通常也没有可能。但是，对那些所需能力很难用专业资格证书来证明且外部透明度很低的工作岗位，内部提拔可能更为有效。

资料来源：金冬梅，周苏旎，吴粤，等.企业内外部招聘合并问题研究.人力资源管理，2013(1): 164-166.

1. 内部招聘

内部招聘是员工招聘较为特殊的形式，包括内部晋升、岗位轮换等渠道，其中最主要的是职位公告和职位投标、职位技能档案、雇员推荐。京东的内部选拔机制通过高管对下属打分以及对对方下属打分等方式挑选有能力的管理人才，并进行梯级划分，选拔出内部人才。而选拔出的人才，一方面有机会进行内部轮岗，另一方面则有机会被选拔去京东大学学习。通用电气公司数十年来一直从内部选拔 CEO，其企业管理的特殊之处就是内部晋升，而 IBM、HP 等公司的 CEO 则更多的是外部"空降"。海信集团内部人员流动的方式主要有两种：一是内部招聘。海信集团子公司根据自身岗位需求制作招聘广告，提交集团公司人力资源部审核通过后，向海信集团内部员工发布内部招聘信息。经过内部招聘流程，内部应聘者竞聘成功后，流动至新的子公司开展工作。二是私下协定。集团内部，子公司 A 若与子公司 B 的某位员工达成聘任意向，则子公司 A 可从子公司 B "挖走"这名员工。且根据海信集团规定，在达成私下协定后，子公司 B 不得阻挠这一人员流动过程。

（1）内部招聘的途径。

1）内部选拔。职位空缺一旦出现，通常首先考虑的是内部选拔的方式。该方式不仅能给员工更多的发展机会、调动企业内部人员的积极性，而且内部选拔上来的人员与公司彼此均较为了解，从而招聘风险有所降低。调查表明，90% 以上的管理人员基本上是从企业内部提拔上来的。然而，内部选拔途径也存在缺陷，如未被提拔的人员的士气容易受到挫伤、容易发生近亲繁殖等现象。

2）内部调用。若内部选拔是指通过在低一级选拔人员来填补高一级的职位空缺，那么内部调用则是指在相同或相近的级别间调动人员。其优点在于，能为企业带来低招聘费用、低招聘风险，并给员工提供更多在不同部门工作的实践机会，扩展其兴趣范围，使员工掌握多种技能，得以更全面发展。

3）工作（岗位）轮换。不止一次进行内部调用时，工作轮换（也称岗位轮换）便由此形成，它是指人员在企业内部不同的部门间更换工作，每隔一段时间更换一个部门的方式。该方式有利于鼓舞士气、提高企业的凝聚力。

4）同级调动。同级调动是指在同级岗位中调换员工的工作。通过调动向员工提供全面了解企业中不同部门与岗位的机会，为将来的提升做准备，或为不适合目前职位的员工寻找最恰当的位置。

5）返聘。企业将解聘、提前退休、已退休或下岗的员工再召回聘用，称为返聘。这些人大多熟悉企业工作，且十分珍惜再就业机会。

（2）内部招聘的方法。

1）职位公告和职位投标。职位公告一般包括职位的责任、义务、必须具备的资格、工资水平以及其他相关信息。现在企业一般通过内部电视台、内部报刊、局域网络等渠道在企业内发布招聘信息。内部选拔要构建组织内部的竞争性人才流动机制，需要公开透明的岗位发布机制和完善完整的人才流动信息链，营造公平竞争的环境，实现人才在组织内部的科学合理流动。常用的空缺岗位发布方式包括向所有员工发送岗位信息邮件、建立公司内部招聘微信群、在公司公告栏张贴岗位空缺信息等。实现岗位信息对称，让员工知道每个部门能够给他带来什么，而不是一味地强调员工要具备什么能力，需要他们给部门做什么事情。

2）人才流动信息链。随着计算机的普及，那些保存了计算机化技能档案资料的企业，越来越多地利用技能档案来进行内部招聘。技能档案包括了诸如雇员的资格、技能、智力、教育和培训方面的信息，而且这些信息是经常更新的，能够很全面和及时地反映所有雇员的最新的技能状况。另外，完整的内部人才流动信息链包括岗位需求、招聘计划、员工招聘、绩效考核、薪酬福利、员工离职等方面的信息。人才流动信息链的构造需要通过 E-HR系统（电子人力资源管理系统）来实现。E-HR 系统采用信息化模式，可对每位员工的信息进行动态跟踪并储存至数据库，从而形成企业员工的电子档案，HR 们可通过参考 E-HR 信息调配合适的内部人才，从而大大降低传统管理成本，减轻 HR 的负担。

3）内部竞聘制度。天业集团采用的基本就是内部竞聘的方式，整个集团进行了大范围的人员调整，领导班子发生了较大的变化，负责海外项目的董事长回归集团。竞聘实际上是给年轻人机会，以前年轻的员工没有机会表达自己的想法，领导也不会单独找员工进行沟通，现在集团提供给员工机会，提出新的且有价值的想法的员工、为企业贡献解决问题的办法和手段的员工都会脱颖而出。竞聘整体上达到了预期目标，越来越多的年轻人的加入为集团带来了很多新的东西，使得集团的精神面貌、风格发生了变化。通过建立内部竞聘制度来实现内部流动制度化、体系化管理，有助于打破人才流动壁垒，给员工提供机会，促进人才的竞争性、积极性流动。国内外不少知名企业都具有类似的制度来促进人员的内部流动。比如德勤的"大规模职业个性化计划"，员工每年可改变两次工作偏好（如平级调动及旅行时间选择等）。员工可通过类似内部跳槽的方式解决职位不匹配的问题，实现自己的职业规划目标。这种方式不仅有利于员工积极性的提高，而且有利于组织及时发现和提拔人才。

4）雇员推荐。许多企业都采取雇员推荐的方法来招聘新员工。推荐选拔作为一种内部招聘手段，其时间成本与资金成本都比较低，可以与其他各种外部招聘同时进行。一般来说，它更适用于企业内部的中高层职位或管理类岗位。企业在运用它时要注意两点：一是要有严格的程序。由于企业关键岗位事先由有关领导推荐候选人参加选拔，使得其中人为的因素较多，因此应该有一套严格的选拔流程，避免个人凭人际关系谋取职位，从而对公司利益产生影响。二是制定的选拔程序要适用省时。对于企业来说，时间就是金钱，某些岗位空缺一天就会对企业造成重大经济损失，如何在尽可能短的时间内，从企业内部筛选出合适的人选担当重任是采用雇员推荐方式选拔招聘人员时应着重考虑的问题。

2. 外部招聘

那些快速成长的组织，或者需要招聘大量有技术的熟练工人或者具备管理才能的员工的组织，就需要从外部招聘。许多外国大公司刚开始进入中国市场时，到处挖人，除了集团公司派来的总经理外，从普通员工到高层经理，几乎所有等级的岗位都对外开放，但一旦进入稳定发展阶段后，就转向以内部提拔为主。有时，企业必须根据内部可提拔人才的数量决定其业务的扩张速度，而不是简单地根据扩张速度决定招聘人才的数量。许多急剧扩张的企业后来失败的一个重要原因，就是过多地从外部招聘。外部招聘的另一个危险是吸纳了对企业不忠的人，因为经常跳槽的人有一定比例是对企业缺乏忠诚度的机会主义分子。

外部招聘是指根据一定的标准和程序，从企业外部的众多候选人中选拔符合空缺职位工作要求的人员。外部招聘的渠道可谓多种多样，比较重要的有人员举荐、就业服务机构、猎头公司、校园招聘、网络招聘等。

（1）人员举荐。人员举荐是外部招聘中资金成本最低的一种方法，需视情况给予举荐者一定奖励，其关键在于要使得内部员工真正了解所招岗位的要求，这样才能根据企业的需要去外部物色推荐亲朋好友来补充企业的岗位空缺。向公司推荐新员工的并不局限于公司现有的内部人员，公司的关系单位、上级部门、所在社区或者同行业协会等都可作为举荐人。员工将自己的熟人或者朋友介绍到公司来，不仅省去了公司寻求其他中介服务的麻烦和由此产生的费用，而且这些由现有员工介绍来的人员与公司的联系似乎更加紧密。但是这种方法也存在潜在的缺陷，盲目地举荐一些并不符合要求的人，不仅浪费时间，而且还会因没有找到合适的人选在业内闹得沸沸扬扬而有损企业形象。同时，大量熟人形成的关系网会给企业带来不利的影响。因此，只有极少数跨国大公司采用这样的人员举荐方法。

（2）就业服务机构。目前我国的就业服务机构分为两类，即私人机构和公共机构，而公共机构又可区分为劳动力市场和人才市场。

（3）猎头公司。猎头公司，顾名思义，是指专门为企业选聘有经验的专业人士和管理人员的机构，常用于招聘高层或专业性比较强的职位，但其高额的费用使得各公司在使用时较为谨慎。对于许多业务量大、效益好而人员精简的公司来说，猎头招聘是比较合适的招聘渠道。猎头公司区别于其他职业中介机构的特点是，它一般不为个人服务，而且每次服务无论组织是否招聘到中意的候选人，都必须向猎头公司付费。另外，猎头公司通常与它们的顾客保持密切的关系，只有熟知所服务企业的目标、结构、企业文化以及所空缺的职位，才能为企业找到真正合适的人选。

（4）校园招聘。校园招聘常常是企业进行外部聘任最直接、最主要的途径，是企业获得潜在管理人员以及专业技术人员的重要方法。根据对美国企业的一项调查，少于三年工作经验的管理人员和专业人员中有 50% 是通过校园招聘而来的，许多有晋升潜力的工作候选人最初就是企业从大学中直接招聘来的。对于那些对工作经验没有要求的岗位来说，校园招聘不失为一条好途径。刚从学校毕业的应届生没有工作经验，其职业生涯还是一张白纸，企业可以根据自己的需要在上面任意作画，灌输自身的企业文化，形成更高的忠诚度，将其培养成为企业未来的中坚力量，这有利于企业的稳定和将来的发展。

校园招聘的关键在于要从众多的毕业生中筛选出适合企业的人选。现在的学生眼界较宽、知识面较广，面试技巧越来越高，公司应该设计有效的测评方法选拔合适的毕业生作为公司的后备力量。作为一家互联网企业，网易特别重视对互联网媒介的使用，会专门在网络上开辟校园招聘的专栏，高校学生可以通过网络了解更多关于网易工作的信息，可以通过 BBS 提出自己想了解的问题，网易公司会有专人负责回复相关问题，利用网络与学生进行良好的沟通与互动。而在薪酬待遇方面，网易提供清晰的薪酬结构，工资分为 8 个级别逐级提高，虽然大学生进入网易后初期的 8 级工资待遇仅为 5 000 元左右，并不是特别高，但是清晰的工作发展路径和明晰的职业规划，还是吸引了大量毕业生的关注。

（5）网络招聘。网络招聘是一种覆盖面非常广的招聘方式，对于级别不是很高且通用性较强的职位，运用网络招聘往往会收到比较理想的效果，但应用网络招聘时应该注意在招聘广告中写清楚有关职位的工作说明与工作规范。在网络技术高度发达的今天，网络招聘是一种有效的招聘手段。目前我国国内比较著名的招聘网站有前程无忧招聘网、智联招聘等，公司可以根据自己的招聘需要选择不同的网站。其实，越来越多的大型公司在自己的公司网站上长期设置招聘栏目吸引求职者浏览公司的网站，不仅为公司招聘人才服务，还增强了公司的广告效应，提高了公司的知名度。事实上，对许多公司而言，互联网已经不仅仅是一个可以发布招聘广告的媒体，还是具有多种功能的招聘服务系统。

（6）员工租借。员工租借是一种新兴的招聘方式，也称为"合同员工"或"人员租借"。这种方式最初起源于美国，因为无论企业规模如何，其人力资源管理都或多或少地面临着纷繁复杂的问题，一旦处理失误，它就很可能带来不可低估的负面影响。对中小企业而言，鉴于规模的限制，其人力资源管理比较难以做到系统化，往往是相对投入大而产出小，让人力不从心。美国中小企业数量巨大，其国内用工规定又十分烦琐，为了更有效地解决中小企业人力资源管理的问题，职业雇主组织（Professional Employer Organization，PEO）应运而生。具体来说，就是根据企业的要求，由PEO雇用员工，按照有关标准和惯例替企业进行工资、福利等一般性的人事安排，然后把员工"租赁"给企业使用。这种方式可以说是"共享经济"的另一种扩展方式，未来企业与企业之间的人力资源边界会不断地模糊化，员工的"租借"特性会越来越明显。

近些年我国也出现了类似的PEO，最常见的方式是，由员工租借公司雇用雇主企业的员工，然后再返租给雇主企业。租借公司也会保持持续雇用员工的状态，再把他们出租给需要的组织。租借公司代理了雇主企业在人力资源管理方面的全部责任——雇用、付薪、绩效评估、福利管理和其他的人力资源日常管理，租借公司将获得薪水的5%～10%作为工作安排费用或再加上一笔固定费用。

（7）广告媒体招聘。企业可以利用在报纸、杂志或电视上做广告的方法来招聘外部求职者。通过一定的媒体以广告的形式向特定的人群传播有关企业空缺职位的消息，以此吸引他们，这是企业最常用的发布外聘信息的手段。借助广告进行招聘，企业需要考虑两个方面的因素：一个是如何选择媒体，也就是说要决定是在报纸、杂志上刊登广告还是利用广播电视进行招募宣传；另外一个需要精心策划的工作是广告本身的制作，能够引人注意、有吸引力的广告才能达到好的招聘效果。

广告媒体的选择，依企业所处行业和地理位置的不同、招聘职位的层次的高低以及招聘时限的长短而异。总的来说，适合招募专业人员和管理人士的专业类杂志通常需要提前较长一段时间联系，因为这类杂志通常都是月刊，有的出版间隔甚至更长。而一般的报纸则发行频率高，适合用来招募那些比较大众化的人员。在选择报纸或杂志刊登广告时还要注意其地域性，应该按照人员的可能来源地区选择在一定区域发行的报纸或杂志。另外，利用广播、电视等视听媒体做广告的费用较高，但制作精良的广告视听效果可以深深吸引人们的注意。其缺点是信息短暂，缺乏持久性。另外，迅速发展的电脑网络也为企业进行外部人员招募提供了新的方法。利用网络招聘方便快捷，而且能取得很好的动态效果。表 3 - 6 列出了几种广告媒介的优缺点，以供企业在选择广告媒体进行招聘时参考。

表 3 - 6　　　　　　　几种广告媒体的优缺点及适用性

媒体类型	优点	缺点	适用性
报纸	成本低；发行广泛，常集中于某一区域；分类广告清晰易辨	受众不确定性高；易被忽视；制作效果差	潜在的候选人集中于某一区域并通常阅读报纸找工作；几乎适用于各类职位
杂志	比报纸更易招聘到专业人士；印刷质量较高，富有创意；相对时限较长	发行等待时间较长，易使广告内容过时	适于招募各类专业人员
广播电视	更易引起人们注意；灵活性强；能为受众提供更为主动的信息	传递信息短暂，不能持久；成本高；无法选择特定的候选人群	印刷广告效果不佳时使用；可用于塑造和提高企业形象；可用于迅速引起注意
电脑网络	速度快；无地理限制；具有动态性	决定于上网求职人员的数量	各种类型的人员；跨国企业的全球招募

综上，集团在利用以上各种途径进行外部招聘时，一定要考虑各种方法的利弊，结合空缺职位的具体特点综合进行权衡。

3.5.2　集团公司招聘与选拔的测评方法

人才测评方法以现代心理学和行为科学为基础，运用现代测评技术，通过人机对话、心理测验、面试、情景模拟等技术手段，对测试者的素质状况、发展潜力、个性特点等心理特征进行客观的测量、科学的评价。它是集心理学、管理学、统计学、行为科学、计算机科学于一体的跨学科体系，通过对个体在特定情景下外显行为的了解与分析，把握其内在素质的活动规律。随着技术的不断发展，组织试图使用个人电子产品，如智能手机，进行选拔和评估。研究发现，一般心理能力（GMA）测验的分数在设备组之间没有显著（统计学上有意义）的差异，每个评估条目在设备组之间也基本没有差异。这也为企业推广使用移动设备进行心理能力测验提供了积极的证据支持。

人才测评方法是测试者了解自我、发掘潜能的有效途径，也是企业人力资源部门开展专业化人才招聘的有力助手。识别和开发高潜能的个体是组织成功的基础，高潜能的人格特质能较好地预测员工的主观和客观成功。人才测评方法在发达国家被广泛应用于升学、就业、企业招聘与考核。根据目前的招聘流程和测试内容，被采用的人才测评方法多为履历分析、笔试和面试，多管齐下考核候选人的方式能帮助企业更好地招聘人才。H. A. Weldon等将个体心理评估和面试结合使用，他们对115位公共服务部门中的中级和高级管理层候选人实施了心理测评。所有候选人在完成了一系列的心理测评后与心理学家（评价者）进行深入的交谈。最后评价者根据心理测评与面试结果综合给出评分。数月后，他们发现评价者评分与候选人晋升潜力正相关。该结果分析显示75%的评价者评分是有效的，且相比于单一的个体心理测验具有增益效度。这进一步佐证了多种测评方式结合使用的合理性。

1. 履历分析

履历分析是根据履历或档案中记载的事实，了解一个人的成长历程和工作业绩，从而对其人格背景有一定的了解。通过对过去经历的剖析可得知一个人过去的行为表现，亦可得到十分有价值的预测数据。近年来这一方式越来越受到人力资源管理部门的重视，被广泛地用于人员选拔等人力资源管理活动中。

履历分析对申请人之后的工作表现有一定的预测效果，履历数据分析人才测评方法的主要理论假设和理论基础是"个体的过去总是能从某种程度上表明他的未来"。这种人才测评方法的优点是在具有较强预测力的同时能够多维度、低成本地对被测者进行客观测评。它既可以用于初审个人简历，迅速排除明显不合格的人员，也可以依岗位要求的高低，事先确定履历中各项内容的权重，把将被试者各项得分相加得到的总分作为人才选、育、用、留的参考。

履历分析是建立在过去经历和行为的自我报告的基础上的，因而存在一些问题，比如履历填写的真实性问题，它可能会由于被测者的记忆性错误或是故意欺骗造成内容数据的遗漏或失真；再如履历分析的预测效度随着时间的推进会越来越低，这就需要人力资源部门在进行履历分析的时候对履历内容进行选择性筛选。

2. 笔试

笔试是最古老且最基本的人才测评方法。此处的笔试，顾名思义是指在招聘中以纸笔形式对被试者进行的各种测验。它主要用于对人的基本知识、专业技术、管理技能、推理及综合分析能力、文字表达能力等进行多维度的测验，如评估个性与职业倾向的 MBTI 测试、评估认知能力的智力测验、人格测验、兴趣测验、价值量表等。笔试在考察知识面和思维分析能力方面效度较高，评定比较客观，可以广泛地应用到人才选拔录用程序的初步筛选中。

3. 面试

面试是测查和评价人员能力素质的一种考试活动。具体地说，面试是经过组织者精心设计，在特定场景下，以考官和考生的面对面交谈与考官对考生的观察为主要手段，由表及里地测评考生的知识、能力、经验等有关素质的一种考试活动。面试给公司和应聘者提供了进行双向交流的机会，能使公司和应聘者相互了解，从而双方都可更准确地做出聘用与否、受聘与否的决定。

"精心设计下的面对面交谈"是面试区别于其他测试的一个典型特征。"面对面交谈"是一个双向沟通的过程，具有直接的互动性；交谈的内容也具有较大的灵活性。通过精心设计，使得交谈的内容能够较好地反映被试者在某些方面的相关素质能力，从而方便对整个交谈过程进行观察、分析，得出面试结果。可以说，面试突出了"问""听""察""析""判"的综合性特色。也正是面试的综合性强的特色使其成为人事管理领域应用最普遍的一种测量形式，企业组织在招聘中几乎都会用到面试。

面试按其形式的不同可以分为结构化面试和非结构化面试（见表3－7）。面试的结构化程度是影响面试质量的关键因素。所谓"结构化"是指面试设计参照职位要求、测评对象特征、面试题目和评价标准做出统一的要求，目的在于降低测评对象间的程序差异和减少评委在面试过程中的随意性。当前的面试测评中，松散型面试越来越少，结构化面试越来越多。

表 3－7   面试的分类

分类标准	种类		
形式	结构化面试		非结构化面试
内容	情境式面试		工作相关式面试
目的	压力面试	业绩评估面试	离职面试
其他	系列式面试		小组式面试

资料来源：根据以往研究整理。

（1）结构化面试。

所谓结构化面试，又称标准化面试，就是首先根据对职位的分析，确定面试的测评要素，在每一个测评的维度上预先编制好面试题目并制定相应的评分标准，对被试者的表现进行量化分析，主要目的是评估被试者工作能力的高低及是否能适应该岗位工作，是筛选人才的捷径。不同的测试者使用相同的评价尺度，对应聘同一岗位的不同被试者使用相同的题目、提问方式、计分和评价标准，以保证评价的公平合理性。

结构化面试中的评分一致性问题值得研究。实证研究发现：第一，结构化面试要素间一致性和考官间评判一致性均较高；第二，面试要素间密切相关，探索性因素分析表明面试评价可能是一个单维构思；第三，面试成绩受到社会经历以及外向性、开放尝试和责任意识等个性因素的影响，说明面试可能测评到了人际交往和内在激励等特征。同时，考生个体层次的评分者一致性指标，以及评委与考生的偏差分析等研究结果还可以为面试误差来源的定位提供详细的诊断信息。诸多文献资料介绍了基于行为素质的结构化面试的概念、基本假设及其实现途径，提出了具体可行的开发模式，并结合具体案例详细阐述了基于行为素质的结构化面试的应用。西门子公司强调"顾客导向"（customer orientation），所以题库里会经常设计一些与拜访客户有关的问题，比如"你与客户见面前都会做哪些准备？""上一次跟客户见面是什么时候？""会谈的结果怎么样？"等。在具体操作过程中，面试官会尽量避免生搬硬套——对每一个应聘者都问完全一样的问题会很枯燥，而且应聘者的具体情况又千差万别（比如有的人有在著名跨国公司工作的经历，而有的人则没有），所以面试官往往会进行适度的变通。比如，对有些应聘者，问题可能会变成"你这个项目是怎么做的？""你是怎么通过这次会面来了解客户的？""客户都有哪些进一步的要求？""你在团队中扮演了怎样的角色？"等。

（2）非结构化面试。

非结构化面试就是没有既定的模式、框架和程序，主考官可以"随意"向被试者提出问题，而对被试者来说也无固定答题标准的面试形式。主考官提问问题的内容和顺序都取决于其本身的兴趣和现场被试者的回答。这种人才测评方法给谈话双方以充分的自由，主考官可以针对被试者的特点进行有区别的提问。

这种人才测评方法简单易行，不拘场合、时间、内容，操作灵活，应聘者防御心理比较弱，了解的内容比较直接，可以有重点地获取更多的信息，反馈迅速。但非结构化面试本身也存在一定的局限，它易受主考官主观因素的影响，缺少一致的判断标准，面试结果常常无法量化以及无法同其他被试者的评价结果进行横向比较。招聘者对求职者的简历筛选明显受到相貌刻板印象的影响；并且，求职者的相貌吸引力水平与其他考察指标（实践经验、技能特长等）之间存在显著的正相关关系。一般来说，现在的企业大多采用结构化和非结构化相结合的方式，以推动企业人力资源的多方位开发和管理形成良性循环。

对近些年来面试实践的分析表明，面试出现了新的发展趋势，形式日益丰富：面试早已突破那种两个人面对面一问一答的模式，而呈现出丰富多彩的形式——从单独面试到集体面试、从一次性面试到分阶段面试，从非结构化面试到结构化面试，从常规面试到引入了演讲、无领导小组、角色扮演、案例分析、讨论等的情景面试。

本章小结

集团公司招聘与选拔有两个内涵：第一，从集团公司整体的视角出发，用战略观念、纵深维度、长远目光规划人力资源招聘工作，促进形成科学、先进的招聘管理思维；第二，把控整个集团人力资源的总体概况，致力于改进招聘流程和完善人才获取细节，为集团公司的发展配置合适的人才，做到人尽其才、才尽其用，并建立完备的人才储备库。基于集团公司战略发展目标的招聘与选拔，可以保障为集团公司及其子公司的特定岗位合理配置人力资源，确保企业各项活动正常进行。

思维导图

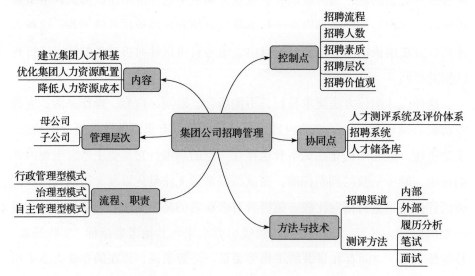

前沿进展：为公司招募顶尖人才的六种方式

在当今竞争激烈的人才抢夺战中，公司要想做好招聘工作愈发艰难。对于创业公司的招聘管理来说，已有团队的重要性仅次于合适的时机，一定程度上讲，团队比公司理念、商业模式和资金更为重要。老牌公司也是如此，一个没有且不能持续吸引顶尖人才的公司，迟早会失败。因此，不管是创业公司还是成熟企业，不论是年轻的 CEO 还是资深的领导者，都应该竭尽所能地吸引公司所需的人才，建立最强大的公司团队。然而，实际上，作为一种稀缺的人才资源，大多顶尖精英人才已经在某一公司如火如荼地追求职业抱负，HR 很难从竞争对手那里挖人，那怎么样才能使这些明星人才为己所用呢？Bergmann 提出了建立一个顶级团队的六项具体招聘原则：

第一，掌握对顶级人才"讲故事"的艺术。你想把你的想法卖给完全陌生的人，让他们离开高薪、有吸引力的工作，进入一个完全未知的世界，就需要让他信任你。所以，领导必须善于"讲故事"，让候选人完全被领导魅力、职业未来迷住。这种能力对少数人来说是很自然的，但是如果你不属于这部分人，那就从反思激情和创业的原因开始，训练自己"讲故事"的能力，不断地通过讲述创业的点滴，调动你自己、朋友和同事的激情，精炼语言、完善表达方式等，以便在招聘时吸引顶尖人才的目光和兴趣。

第二，顶尖人才的招聘不能泛化。每个潜在候选人的背景和个性都是不同的，因此与其沟通的方式也应有所区别。比如，面试技术岗位的人不太容易接受高抱负的销售说辞，而更倾向寻找合理的职业论据；开放式的问题有利于探究候选人的内在信息，询问候选人在新职位上什么是重要的，然后依据经验从他回答的细节中看其是否符合公司团队的需求。另外，若寻找到了优秀人才，就要及时地"讲故事"。例如，如果团队中的氛围对候选人很重要，则可以适当披露团队中已雇用的优秀人才，以及团队目前非常需要他的加入等内容。

第三，选择合适的招聘渠道组合方式。并不是所有的招聘渠道都同样有效，也不是所有的招聘渠道都能吸引你的特定受众。在 Bergmann 的案例中，专注于招聘数字人才的猎头公司的成功率为零。相反，其团队中有近四分之三的人是通过 Angel List 招聘的，这是一个为初创企业提供的高亲和力的平台。第二大渠道是个人网络，这是指已有一个很好的公司平台，而且在早期就有较为成熟的招聘团队和人才评估系统。最后，LinkedIn（领英）正好适合填补单个职位空缺的招聘需求。注意，从更多的（免费）频道开始，看看最快得到了什么，把招聘的时间和精力放在那些渠道上。

第四，高效的招聘需制定科学的流程，以便探索数百个招聘应用渠道以寻找合适人才。例如，首先用邮件的方式了解候选人，如从已有经验、应聘理由、职业愿景、实际问题解决等方面；其次，进行 30 分钟的初步面试，并考察其职业技能和潜在的适合度。如果一切顺利，则未来的团队领导可进行第二次和最后的深入面试，时间为 45 ~ 60 分钟。需注意的是，即使你很早就意识到候选人完全符合各项要求，也不要让他太过容易通过面试。另外，每天 8 ~ 10 次的面试频率是较为合理的。

第五，招聘工作个人化，用心区别对待每一位候选人。如主管亲自完成与候选人的邮件沟通，而不是 HR 千篇一律地自动回复邮件。候选人直接与他们未来的同事和领导人联系，强调了一个关键因素——对个人的欣赏。当你是一名高级经理，甚至是大公司的首席执行官时，你几乎没有时间自己处理或跟进整个招聘过程，但是涉及填补关键位置的空缺时，你仍然可能想要更早地参与到招聘过程中。

第六，招聘人才不将就。如果你清楚公司的文化、团队需要的动力或者每个职位的质量标准是什么，在招聘时就不要对此做出妥协。正如我们的座右铭所言："如果有疑问，就不要雇用。"因为一旦开始采用基准心态，就往往会错失向那些真正适合的候选人提出问题的机会，反而可能会尝试雇用"差不多"符合要求的人——这将逐渐降低整个团队的人才平均质量。

参考资料：Bergmann B. 6 Ways to Recruit Superstar Talent to Your New Company. Harvard Business Review Digital Articles, 2016.

第 4 章

集团公司培训与开发管理

引例：来华为，请做好被"折腾"的准备！

在华为看来，最好的培养方式一定是实践，最好的人才也一定是从实践中培养和磨砺出来的。在这个思想的指导下，华为打破了过去以授课为主的人才培养体系，进行了颠覆性的创新，应用经典的"721法则"展开了实践，即人才的培养70%来源于实践，20%来源于导师的帮助，10%来源于自己的学习。确立了这个法则之后，华为就此调整了人才培养的模式，将培养的重点放到了实践中。

以研发人员为例，这些员工在真正独立开始工作之前，一定已经事先做过了许多模拟项目。而在具体开始一个项目之前，华为首先会派他们和相应的导师到达指定的地点开展训练营活动。

训练内容同样遵循"721法则"，就是由企业制定各种规范、发放各种材料等，让员工自学3天，再由导师进行案例教学，员工观摩；然后进入"7"的部分，也就是员工用3天时间去进行专门的训练；最后，华为会对参加训练营的员工进行考核，检验训练成果。

让"思想导师"送一程

培训做完之后就要上岗，而最关键的动作就是"思想导师"的安排。华为设立"思想导师"非常早，也很规范。华为对"思想导师"的选拔有明确的要求：第一，绩效必须好；第二，充分认可华为文化。同时，一个"思想导师"名下不能有超过两名学生，以保证传承质量。

在传承期间，华为还会额外给每一个思想导师一笔钱，当然，这笔钱不是给思想导师本人的，而是给他们用来定期或者不定期请"学生"吃饭、喝茶、沟通感情的。如果有需要，那么思想导师也可以用这笔钱替"学生"解决吃住问题，尽量给予员工360度无死角的全方位照顾和辅导，让员工尽快融入企业。

华为内刊《华为人》第188期中有一篇文章这样说："华为对员工的培训是耐心而用心的。文化贯穿于培训中，是培训的灵魂。以员工培训入职为例，员工入职培训一个月，其中文化培训就要用时一周，并要求员工写学习心得。在华为大学，不经意间发现一面贴满新员工文化培训心得的培训板，字里行间真情流露，足见培训效果。这期间，华为会安排新员工与返聘员工和科研院所的老专家们互动交流。华为正是通过这样点滴积累及流程制度的规范引导，将文化基因嵌入每一个人的灵魂，塑造了具有独特魅力的华为团队。"

公司对"思想导师"的激励，也有相应措施，如果没有带过新员工则是不允许晋升的。所以，这一方面保证了"思想导师"不吃亏，另一方面也使员工踊跃承担这件事，主动带出合格的新员工。在每年公司年会上，还有"一对红"（导师和员工都出色）评选，这也是一种企业文化的宣传。

照着"镜子"主动学习

如何建立一种机制去督促员工或者引导员工，让他主动学习？华为的做法是，用机制去牵引。

举例来说，华为的软件工程师可以从 1 级开始做到 9 级，9 级相当于副总裁级别，享受同一级别待遇。新员工入职之后，如何向更高级别发展，怎么知道差距？华为有明确的制度，比如 1 级标准是写万行代码，做过什么类型的产品等，有量化、明确的要求。员工根据这个标准自检。比如 C 语言能力差，便可以通过学习平台去学，或在工作中有意识地学习和积累。通过一段时间的实践学习，达到了 1 级的水平。接下来，可以向 2 级的标准进发。这就是任职资格的管理。

而任职资格管理的意义就在于：镜子作用，照出自己的问题；尺子作用，量出与标准的差距；梯子作用，知道自己该往什么方向发展和努力；驾照作用，有新的岗位了，便可以应聘相应的职位。这种透明的机制，能不牵引员工主动向上学习吗？

而让新员工快速融入组织，无非就是要解决好两个问题：一是推动员工产生高绩效；二是让他们认可企业的文化。现在"90后"的员工需要尊重，需要企业去倾听、去尊重他们个人的一些兴趣。如今，华为作为世界上最大的通信设备企业，也一直深受员工离职率偏高问题困扰。华为制定了人才保留解决方案，把负责招聘、绩效、培训的人都集结起来，在各个环节上主动探索针对保留人才能做的事情，旨在最终解决好"留住人、留住心"的问题。

资料来源：招聘兄弟会公众号（ID：manamaga）。

继迈克尔·波特（Michael Porter）提出竞争优势和竞争战略的概念后，出现了许多有关核心竞争力和提高竞争优势的研究和探讨，企业界和学术界都在关注如何通过战略性培训获取和提高企业的竞争优势。社会的不断变革、技术发展的突飞猛进使得许多企业意识到要获得和保持自己的核心竞争优势，非常重要的一点就是通过有效的战略性人力资源培训与开发来达成组织的目标。在知识经济时代，掌握新信息、新知识和具有创新性的人力资源已成为企业战略性资源不可或缺的一部分，企业竞争实际是人才的竞争。企业的人力资源开发无疑在这场竞争中起到了决定性的作用。对于企业来讲，加强员工培训是为了使员工掌握目前工作和未来工作所需的知识和能力。企业通过组织各种培训不仅能促进员工应用新技术、新知识和新设备能力的提升，还能够有效增强员工对领导类型的感知，实现领导与员工的有效配合，同时提高员工工作的满意感和成就感，为企业培训一批适合其需要的各层次管理人员和高素养的员工。随着新技术、新产品和新方法的不断涌现，企业员工今年能满足企业的要求，明年有可能就不再符合企业发展的要求，这也要求我们通过培训的方式使员工的技能与素质得到持续提高。海科集团员工从入职开始就有新员工培训，入职后有在岗培训、职业生涯专业培训。其向员工提供了三条发展路线：一是管理路线，主要包括高级管理层、中级管理层和初级管理层。集团有黄浦人才培训工程，员工可以进行进修。二是技术路线，主要包括高级专家、专家、高级专业师、中级专业师、初级专业师等，其薪酬和同级的管理人员是同样的。三是技能路线，主要包括首席技师、高级技师、主任技师、技师、技工。完善的培训体系在为公司培养储备人才的同时，也有利于员工个人职业生涯的发展。

4.1 集团公司培训与开发内涵

4.1.1 培训与开发的含义

培训是指那些为实现组织目标而进行的，旨在扩展员工个人知识、提高员工个人技能和能力的活动。麦克利兰在 20 世纪 70 年代提出了"胜任力"理论与模型，进一步让实际的管理者认识到了"人力资源管理"的现实意义，同时将培训这一人力资源管理的内容推向了现代的领域——"开发"与"培训"共同构成了现代人力资源管理的核心内容。国内外不同学者对培训与开发的含义做出了不同的阐释，我们根据已有的研究整理得到了表 4 - 1，总结了不同学者关于其含义的解释。

表 4 - 1　　　　　　　　　　　国内外学者对培训、开发的定义

研究者	定义内容
Raymond A. Noel	培训指公司有计划地提供有助于雇员能力提高的学习机会，这些能力包括知识、技能或对工作绩效起关键作用的行为。
Blanchard	培训是指一系列系统的过程，意在使受训者有能力应对当前或未来的工作。
Dessler	培训是组织使新员工或现有员工掌握履行工作所需技能的方法或过程。
Taylor	培训是组织用来开发员工的知识、技能、行为或态度，从而帮助实现组织目标的过程。
欧炳进	培训是指创造一个环境，使员工能够在这一环境中获得或学习特定的与工作要求密切相关的知识、技能、能力和态度。
曹振杰	培训是指为通过特定措施和手段，补充和扩展员工的知识和技能，改善员工的工作态度和胜任特质，激发其潜在的创造力，促进员工努力实现自身价值，增强员工的工作满意度及对组织的归属感和责任感，从而提高组织的工作效率、实现组织人力资本增值和达到预期的社会经济效益，而进行的有目的、有计划、有组织的人力资源管理活动。
Mclagan	培训是训练和开发、组织发展和职业发展的综合利用，以改进个体、团体的和组织的效率。
Rothwell	人力资源开发是由企业倡导的一系列有计划的培训、教育和开发活动。
张文贤、闫姚	培训的定义是根据人力资源的生理和心理特点，运用科学的方法，充分挖掘人力资源的潜力，力求做到各尽所能、人尽其才，实现劳动投入和经济产出的效率。

续表

研究者	定义内容
潘金云、杨宜勇	培训是培养人的知识、技能、经营管理水平和价值观念的过程，并使其在经济、社会、政治各方面不断发展并得到充分发挥，它是一个提高人的素质、挖掘人的潜力的过程。

资料来源：根据相关文献整理。

现代集团的人力资源管理活动离不开集团公司整体的战略目标和愿景，培训活动也不例外。集团公司人力资源培训是指集团公司通过建立规范的培训程序，定期或者不定期地对子公司的负责人、中层管理人员或者技术人员等开展管理、技术业务、工作流程或企业文化等方面的培训，从而提升其技能并充分挖掘其潜能的培训过程。集团公司人力资源培训与单体企业的培训不同，主要体现在两个方面：（1）集团公司人力资源培训更注重对员工的控制职能。这一职能的发挥来自通过培训向员工灌输企业的理念、价值观、文化等，从而使员工与企业的理念保持一致，提高企业的凝聚力。天业集团并不担心自己投入大量的时间和资金培养储备人才会出现员工离职问题，因为它对自己的文化有信心，随着员工不断接受集团的这种培养，企业文化会逐渐深入人心。（2）集团公司人力资源培训注重集团各个子公司之间的统筹协同。单体企业人力资源培训注重的是培训管理措施之间的内部匹配，其协同体现在企业法人内部；而集团公司人力资源培训需要统筹和协同各个子公司的人力资源培训，其协同主要体现在法人之间。因此，集团公司人力资源培训的重点和难点在于如何构建统一的培训体系来培育具有高度凝聚力和高水平的人才队伍。

集团公司的培训体系需要集团公司通过建立规范的培养和训练程序，定期或不定期地对子公司的经理人员、专业技术人员进行管理、业务和企业文化等方面的培训。相较于单体企业，母子公司的培训更加强调对员工的控制职能，对员工培训的过程也是向员工灌输组织理念和价值观的过程，向员工表明什么是组织成员所需的能力与价值观，使员工从思想上与组织的理念达成一致，从而在工作中尽职尽责。

4.1.2 集团公司培训与开发的主要作用

集团公司的培训与开发在整个集团公司人力资源管理系统中发挥着重要的作用，主要表现在以下三个方面。

1. 培训为实现组织的发展目标服务

只有围绕组织的发展目标开展培训活动，才可能以较低成本获得较大收益。集团通过建立有效的培训机制，让员工拓展和吸收专业知识、增强业务技能并改进工作态度、深化对集团公司整体的认知，从而使员工的能力、素质与思维模式进一步符合企业需求。

2. 集团公司通过培训进行企业文化建设

集团公司在对子公司人员尤其是子公司经理层定期或不定期的培训过程中，通过对培训内容、培训方式的控制来宣传集团公司的价值观与企业文化并进行企业文化建设，从而可以使不同子公司之间的文化不断融合，最终形成集团内统一的文化。从 2014 年起，鲁信集团就聘请专业咨询机构与集团团队一起进行企业文化的优化提升，对集团现阶段的企业文化进行梳理、诊断，对理念系统、视觉识别系统、行为识别系统做了全面的优化设计。目前，鲁信集团的企业文化标识已形成规范体系，正向各子公司推广使用，而且已形成母子公司培训管理的二级管控体系，即子公司制订计划报到集团来，再由集团批准执行。

3. 提高员工工作满意度

培训也是人力资源激励的重要手段之一。通过集团公司提供的培训，员工能够提高自身的能力和素质，提高工作效益，进而提高工作满意度，形成积极向上的企业组织氛围。图 4-1 总结了培训与开发如何帮助实现集团公司发展目标，赢得竞争优势。有资料显示，百事可乐公司对深圳 270 名员工中的 100 名进行了一次调查，这些人几乎全部参加过培训。其中 80% 的员工对自己从事的工作表示满意，87% 的员工愿意继续留在公司工作。可见，培训不仅提高了职工的技能，而且提高了职工对自身价值的认识，使其对工作目标有了更好的理解。

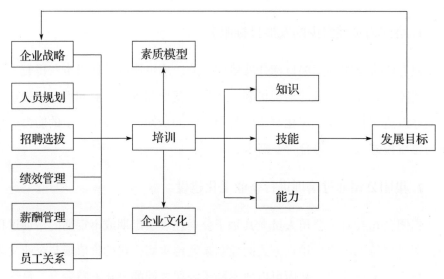

图 4-1   基于培训与开发的竞争优势

资料来源：基于以往研究整理。

4.2   集团公司培训与开发的控制点与协同点

集团公司战略的本质是通过集团公司产业整合、协同效应的实现，创造远远超越单体企业、单个产业的利润。集团公司的人力资源管理不完全等同于单体公司，其不仅具备对人力资源的获取、开发、保持和利用等进行计划、组织、指挥、控制和协调等活动的一系列权力，还能够通过制定规范的人力资源管理制度和相互制衡的约束机制，规避子公司、分公司经营者或重要管理者的逆向选择和道德风险，真正实现人才的合理利用，做到人尽其才。集团公司对子公司培训方面的控制还体现为集团公司对子公司培训费用的预算、参加培训人员的确定、培训内容的选择、培训方式的采用、培训效果的评估等。

4.2.1　集团公司培训与开发的控制点

1. 培训需求

为了对子公司的培训情况进行更好的控制，可由母公司调查子公司的培训需求，再由母公司根据调查结果确定对子公司进行何种培训，或者由各子公司自己调查培训需求，上报母公司审批。另外，母公司可以根据集团公司整体战略要求，适应子公司未来发展的需要，对子公司相关人员进行相应的培训。

2. 培训对象

相对集权的母子公司，在培训对象的确定上，更多地由母公司决定；相对分权的母子公司，培训对象可由子公司自主决定。对集团公司来说，不同层次的员工在进行培训时可能也有所差别，经理层与关键岗位员工的培训情况，更多地由母公司掌控，母公司确定其何时何地进行何种培训。而对于一般岗位的员工，培训工作更多地由子公司自主进行。

3. 培训内容

培训可以提高员工素质，使员工更好地适应工作岗位的需要，培训内容的选择是决定培训成功与否的关键因素之一。对于一般员工一般技能的培训，可由子公司自主进行。而对于较高层次员工专业技能或者管理技能等的培训，可由母公司控制培训的内容。培训也是进行文化建设的重要途径，母公司可以通过控制培训的内容，对参训人员进行企业文化的传播与企业价值观的培养。尤其是对参训的企业高层员工与领导层，可通过企业文化潜移默化的影响，最终达到控制子公司的目的。

4. 培训方式

集团公司进行人员培训时，在确定了培训对象、培训内容之后，要决定采用何种培训方式。培训的方式多种多样，相对集权的母公司可以决定子公司采用何种培训方式，或由子公司确定培训方式后报母公司审批。相对分权的母公司则可由子公司自主决定培训方式。

5. 培训预算控制

母公司可以通过严格控制子公司的培训预算，来达到控制子公司培训工作的目的，从而降低培训成本。但对培训预算进行控制时要注意，降低成本并不意味着减少培训，而是要保证子公司的培训工作更有成效。

6. 培训效果评估

无论由母公司还是由子公司进行培训工作，培训结束后都需要对培训效果进行评估。母公司可以通过定期或不定期地对子公司的培训效果进行评估从而达到控制子公司的目的，通过评估及时发现问题、解决问题，但同时也需格外关注文化在评估过程中的影响作用，即母公司评估培训结果应该强调不同的冲突处理风格和文化对其产生的不同默许倾向，这样评价结果才会更认真和严谨，才能更好地为后续的培训工作提供经验与教训，进一步推进集团公司培训管理。

一般来说，行政管理型模式下，母公司对子公司人力资源开发与培训的控制点是最多的。母公司可能会建立规范的培训流程、审批培训计划及预算，并统一组织公司经理人、专业技术人员及普通员工进行业务文化等方面的培训。治理型模式下，母公司可能会建立规范的培训流程，但培训计划及预算等只是报母公司备案，母公司会统一组织部分培训课程。鲁银投资集团在子公司人才培训与开发方面，采用了基于治理型的人力资源管控模式，管理的层次主要是董事会、监事会、经理层、一般派驻人员，对子公司的其他一般员工则不进行管控。这种管控模式虽然给了子公司一定的自主权，但是对于部分子公司来讲，对其内部的人力资源需求进行分析较困难，培训内容设计和实施效果也得不到有效的保证，严重影响了子公司培训工作的开展。同时，由于对其他一般员工的培训都主要是由各个子公司负责，而部分公司缺乏有效的人才培训和开发经验，因此造成培训质量难以得到保证。由于缺乏有效的共享平台，集团内其他优秀子公司的管理经验也得不到有效的共享和流通，而且企业内部的知识不能长期保留。而自主管理型模式下，子公司自行组织培训，主要是通过培训向员工灌输组织理念和价值观，使员工从思想上与组织的理念达成一致，从而在工作中尽职尽责。

4.2.2　集团公司培训与开发的协同点

企业集团的人力资源协同包括有形人力资源协同和无形人力资源协同。其中，集团的战略性人力资源规划、统一招聘、统一培训等属于有形人力资源协同；而集团内部各子公司间人力资源通过交流与沟通，共享和转移相关管理的知识、经验和能力等属于无形人力资源协同。集团公司的培训与开发作为企业集团人力资源协同的重要组成部分，是母子公司实现人力资源控制的重要手段，也是企业集团公司文化建设的重要途径。集团公司人力资源培训的协同点主要体现在以下几个方面。

1. 培训计划

当多个子公司对员工有相似的培训需求时，各子公司单独进行培训会造成培训工作的重复进行与资源的浪费。此时由母公司综合各子公司的培训需求，制订统一的培训计划，对需要培训的人员统一进行培训可以节约成本，有利于子公司之间人员的沟通与交流，实现集团公司人力资源协同。浪潮每年年底由集团人力资源部对集团高层管理人员和各产业单位、集团职能部门进行培训需求调查，根据综合调查结果确定下一年度集团总体培训计划和预算，报集团公司批准。各产业单位的人力资源部对本单位的培训需求进行调查，确定下一年度培训计划和预算，经本公司批准后报集团人力资源部备案。集团公司人力资源部要通过高层访谈、不定期召开座谈会或通过调查表的形式收集公司决策层和职工对培训工作的意见和建议，不断改善培训工作。集团公司人力资源部负责集团总体的培训计划的编制与培训的组织实施。

2. 培训课程

由集团公司总部对子公司所有的培训课程及记录进行统一规划和管理，

记录所有课程的开课情况、教材管理情况、讲师管理情况以及所有员工的学习情况，建立集团公司统一的学习训练平台。这样可以使母公司随时掌控各子公司人员培训情况，有利于集团公司总部根据整体人才开发计划统筹兼顾，及时有效地针对子公司的需要开展各种培训，特别是对骨干人才与管理人才的培训，母公司可以成立专门项目进行管理，保障集团公司发展所需要的后备人才。

3. 培训程序

母公司通过建立规范的培训程序，定期或不定期地对子公司的经理人员、专业技术人员进行管理、业务和企业文化等方面的培训。培训的方式和模式逐渐规范化和程序化，有助于母子公司间信息传递效率的提高与成本的降低。相对于单体企业而言，母子公司的培训更加强调对员工的控制职能，对员工培训的过程也是向员工灌输组织理念和价值观的过程，向员工表明什么是组织成员所需的能力与价值观，使工从思想上与组织的理念达成一致，从而在工作中尽职尽责。例如，鲁信集团花费大量财力派遣 16 位员工出国培训，且这些员工都是通过公开选拔选出来的，选拔时有一系列要求：业绩要突出，为人要正直，品行要优良；认同公司企业文化；组织忠诚度高；签署出国服务期协议；等等。选拔的过程也是公开透明的，不仅要通过笔试，还需通过面试。对于选拔的人才也不仅仅局限于管理者，而是向每位年轻的业务骨干都提供了这样一个竞争机会，拓宽其眼界和思路：去往旧金山和纽约，学习金融资产知识，拜访花旗和高盛等世界 500 强金融公司，去西部硅谷考察金融产品的创新风投。

4. 培训体系

集团公司对各子公司人力资源开发与培训进行统一管理，当某子公司进行的培训获得了良好效果，或者某子公司成立的时间较早，培训系统已经比较完善时，对于一致性较高的子公司或刚成立的子公司，集团公司可以将有效、成熟的培训体系和方式进行移植，帮助子公司更快更好地完成培训过程，从而节约成本、提高效率。为支持浪潮集团整体的员工培训发展计划，在集团内创造一种长期持续的学习氛围，使所有的员工能够更具创新精神并能够为客户提供更优质的服务，浪潮大学建立了一个可不断扩展的在线培训平台。该平台意在实现两个任务：从内部角度看，电子培训平台为浪潮员工提供培训发展计划，同时与浪潮人力资源系统紧密结合，为员工创造良好的学习氛围。从外部角度看，该平台是一个面向浪潮渠道的培训平台，通过该电子平台定制课件以及发布相关信息使浪潮渠道可及时获得相关信息，为浪潮渠道提供了一个培训平台，提高了渠道销售能力，使浪潮渠道与浪潮发展紧密结合（见图 4 - 2）。

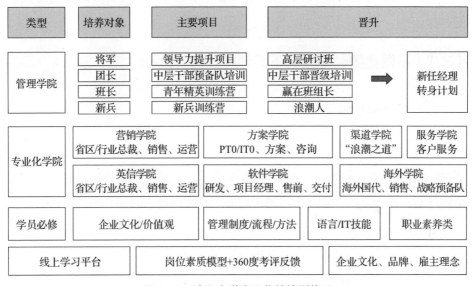

图 4 - 2　浪潮大学扁平化的培训体系
资料来源：根据访谈资料、调研资料及王晓文的《浪潮集团人力资源培训管理研究》(2015) 整理。

4.3　不同集团公司管理模式下培训与开发的实施

培训与开发工作是一项非常复杂的活动，为了保证它的顺利实施，在实践中应当遵循一定的步骤。一般来说，培训与开发要按照下面的程序来进行：首先要进行培训需求分析；接着就是培训设计，包括制订培训计划和做好培训前的准备等；然后是培训实施，其中有很多项工作内容需要完成；最后是培训转化和培训评估。整个过程如图 4 - 3 所示。

图 4-3　培训与开发实施步骤示意图

资料来源：根据以往研究整理。

　　然而，企业集团一般构成较为复杂，成员企业彼此之间存在着多重稳定的关系，因此不同管理模式下的企业集团在培训与开发过程中的实施流程也不一样。

4.3.1　不同集团公司模式下培训与开发的流程

1. 行政管理型模式

　　在行政管理型模式下，集团公司的人力资源培训与开发工作由母公司人力资源部统一进行。母公司人力资源部汇总各子公司的培训需求后，制订统一的培训计划，报母公司经理层审批通过后确定培训内容、时间、地点、人员等详细内容，统一实施培训计划，并对培训效果进行评估。流程如图 4-4 所示。

　　人力资源培训与开发工作主要由母公司承担。母公司根据集团公司整体发展需要，制订集团公司人力资源开发与培训计划并由子公司执行。子公司主要负责调查与分析本公司的培训需求并上报母公司。母公司综合各子公司的培训需求，承担适宜统一组织的培训工作，以有效实现培训与开发工作的协同。

2. 治理型模式

　　在治理型模式下，集团公司的人力资源培训与开发工作由母子公司共同承担。对于关键岗位人员的培训，可由母公司统一进行，而对于一般员工的培训则由各子公司独立进行。子公司可以根据自身的需要对一般员工进行培训。至于集团公司文化的培训往往由母公司统一组织。具体流程如图 4-5 所示。

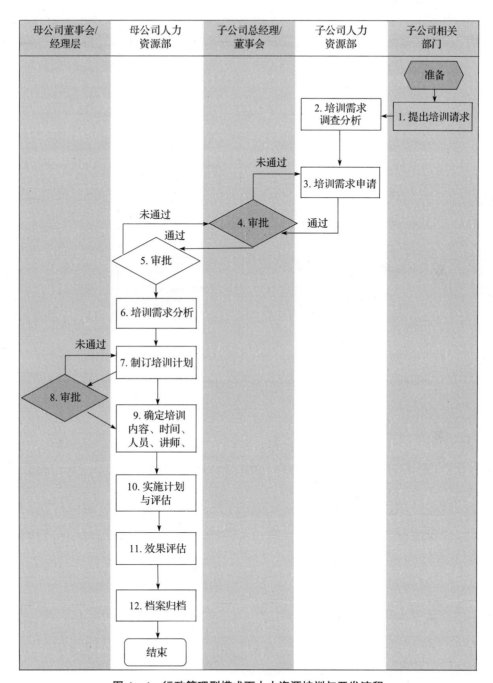

图 4 - 4　行政管理型模式下人力资源培训与开发流程

资料来源：陈志军，魏文忠 . 集团公司管理的框架体系探讨 . 山东大学学报（哲学社会科学版），2014（3）：14-23.

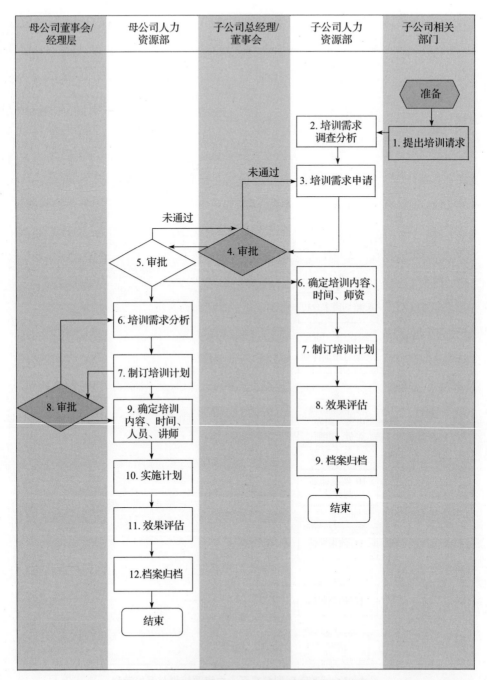

图4-5 治理型模式下人力资源培训与开发流程

资料来源：陈志军，魏文忠.集团公司管理的框架体系探讨.山东大学学报（哲学社会科学版），2014（3）：14-23.

3. 自主管理型模式

在自主管理型模式下，母子公司人力资源培训与开发的工作主要由子公司自主进行，培训完成后只需在母公司备案即可，母公司将权力充分下放。母公司不承担具体培训任务，各子公司的培训工作由其各自独立承担，母公司负责督导。在此模式下，子公司具有充分的决策权，有利于调动子公司的工作积极性，满足不同子公司的需求。至于集团公司文化的培训，则可由母公司统一组织。

表 4-2 总结了不同管理模式下母子公司人力资源培训与开发职责的分配。

表 4-2　　　　　　　　母子公司人力资源培训与开发职责分配

职责分配	行政管理型模式	治理型模式	自主管理型模式
集团公司人力资源培训与开发职责	1. 培训体系、制度建设； 2. 需求调查与分析； 3. 培训计划、培训课程、培训设备、培训师队伍的组织与管理； 4. 培训效果评估，档案管理	1. 培训体系、制度建设，培训需求调查与分析； 2. 重要培训内容和关键岗位员工培训计划的确定、实施和效果评估； 3. 对子公司培训费用的控制	1. 人力资源开发与员工培训体系、制度建设； 2. 督导并服务于子公司人力资源培训与开发工作
子公司人力资源培训与开发职责	1. 人力资源培训与开发需求调查与分析； 2. 将培训需求上报集团公司，由集团公司统一培训	1. 人力资源培训与开发需求调查与分析； 2. 一般培训内容和员工培训计划的确定、课程设计和培训师队伍建设管理； 3. 培训效果评估	1. 人力资源培训与开发需求调查与分析，拟订培训计划； 2. 课程设计、培训师队伍建设和培训组织工作； 3. 培训效果评估，档案管理

资料来源：根据以往研究整理。

4.3.2　培训与开发的两大关键步骤

1. 集团公司培训与开发需求分析

（1）内涵。

培训与开发需求分析是整个培训管理活动的首要环节，既是确定培训目标、设计培训课程、制订培训计划、实施培训方案的前提条件，也是进行培训效果评估的基础。企业的培训与开发需求分析可以运用各种调查方法，对组织、岗位和人员三个层次进行分析（见图 4-6），并从企业整体角度、部门发展、职务需求和个人角度出发，重点找出绩效差距，包括组织绩效目标与实际绩效的差距、员工绩效目标与实际绩效的差距等，然后根据存在的差距确定培训内容、设计培训课程，以确保培训实施的有效性。

组织分析	岗位分析	人员分析
·企业政策 ·企业目标 ·组织资源与环境分析 ·目前的培训体系	·对部门发展目标实现的影响 ·工作特征分析 ·工作职责与任职资格 ·目前工作亟须解决的问题分析	·工作需求程序分析 ·个人知识技能分析 ·绩效分析 ·职业生涯规划分析

图 4-6　培训与开发需求分析层次

资料来源：笔者整理。

如图 4-7 所示，首先，进行组织分析。组织分析指确定企业整体政策和整体目标，确定组织范围内的培训需求，以保证培训计划符合企业的整体目标与战略要求。

其次，进行岗位分析，即工作分析。明确相关岗位对部门发展目标实现的影响，并且指出这些岗位所具有的工作特征，现有工作亟须解决的问题，以及员工达到理想的工作绩效所必须具备的技能和能力。海尔集团的培训主要由海尔大学、集团各业务部门、集团各支持部门共同参与。集团各支持部门负责提供员工在现有岗位上工作所需的培训课程。集团各业务部门负责根据序列和岗位的特点提供有针对性的技能培训，包含产品知识培训、客户供应商技术培训等，同时对新员工的岗位培训给予支持，在培训方面主要聚焦于业务知识领域。

最后，进行人员分析。人员分析是将员工现有的水平与预期未来对员工技能的要求进行比照，分析两者之间是否存在差距。海尔大学的培训与员工的职业发展密切相关，培训内容主要基于组织发展与员工的职业发展需求，主要是通用的知识、技能培训以及培训资源的建设与开发，包含领导力、专业能力、核心能力培训，以及相关的软性技能的培训。此外，海尔大学还负责海尔集团的整体培训、监督和管控，包括资源搭建、培训流程体系的建设优化、对集团通用的知识技能及软性能力类项目实施管控，为员工的职业发展提供空间，为企业人才梯队的建设提供有效支持。

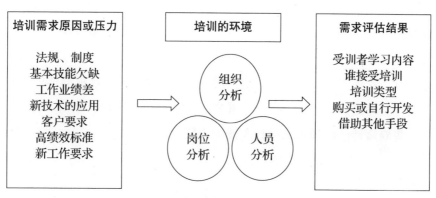

图 4-7　培训与开发需求分析的经典模型

资料来源：笔者整理。

　　培训最终是为实现企业战略与经营目标服务的，从企业经营战略到年度经营计划，再从年度经营计划到人力资源开发计划，最后分析制订出一定时期的培训需求计划。但是，培训计划还要不断地随企业业务的变化而调整才能真正服务于企业发展的需要。所以，系统的培训规划要基于企业战略的人力资源规划来制定，培训需求分析就是为满足实现企业战略目标对人才的要求而产生的。所以，培训的发展方向是建立符合企业发展需要的员工素质模型和培训体系。

　　（2）需求分析工具：员工素质模型——冰山模型。

　　胜任力既包括可以衡量的知识、技能等显露的特征，也包括不容易感知或衡量的潜在特征，如自我概念、动机、特质。胜任力冰山模型从个体的知识、技能、自我概念、动机、特质等出发，研究个体胜任力的结构及表现形式。麦克利兰的冰山模型是最著名的胜任力模型。

　　在如图 4-8 所示的胜任力模型中，知识和技能是冰山位于水平面以上的部分，是可看见的、可衡量的部分，并且比较容易通过培训来提高。自我概念、动机、特质等是冰山位于水平面以下的部分，是隐藏的、不容易观察到的部分，并且很难通过培训加以改变。冰山位于水平面以下的部分，越远离水面越难观察与感知。动机与特质相对于自我概念，更远离水面，因此更难观察与感知，通过培训提高的难度更大。虽说胜任力的自我概念、动机、特质很难判定，且很难在培训之后进行评价，但根据胜任力能预测员工的行为或绩效。一般说来，动机、特质、自我概念等胜任力能够预测行为反应方式，而行为反应方式又会影响工作绩效，可表述为意图—行为—结果（见图4-9）。效标参考是指胜任力能够按照某一标准预测效标群体的工作优劣，效标参考是胜任力定义中一个非常关键的内容。因此，动机、特质、自我概念等隐藏性的特质可通过行为成为表征。

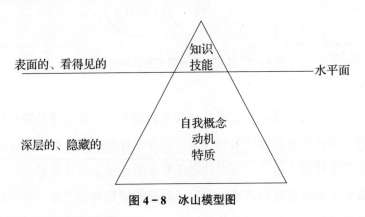

图4-8　冰山模型图

资料来源：根据以往研究整理。

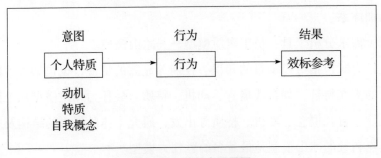

图4-9　胜任力因果图

表4-3为某集团公司的培训需求分析调查表，可供参考。

表 4 - 3　　　　　　　　某集团公司培训需求分析调查表

您好!

　　为进一步明确公司现存的问题, 寻找组织层面存在的培训需求, 特设计本问卷。请收到问卷的同仁按要求如实、清晰地作答, 谢谢您的合作!

1. 您了解公司现在的战略目标吗?
□非常了解　　　　□一般　　　　□不太了解　　　□不知道 (请注明原因)

2. 您认为是否有必要让公司的每位员工都充分了解企业的战略目标?
□有必要　　　　□无所谓　　　　□没有必要　　□不知道

3. 您认为公司过去几年中获得发展的原因是什么? (限选三个, 请排序并在选项左边的方框号中标出来)
□工人努力的结果　　□市场销售良好的结果
□企业策划成功的结果　□各部门的积极支持与配合
□领导深谋远虑, 领导大家共同奋斗　□工程技术人员努力的结果
□其他

4. 您认为公司的优势是什么? (最多选择三项)
□设计、技术领先　　□管理能力强
□领导人高瞻远瞩　　□高素质的人才
□优良的文化和企业凝聚力　　　□其他

5. 您认为公司的未来前景如何?
□会更好　　　　□和以前差不多　　　□会变差　　□说不清楚

6. 您认为公司的风险可能来自哪些方面? (请按重要性排序, 若认为还有其他未列出的风险, 请说明)
□关键技术人员流失, 技术队伍力量变弱　　□土地资源不足, 无法满足市场开发需求
□市场竞争激烈, 销路不畅　　　　□分配制度不合理, 员工积极性不高
□无法降低开发成本　□领导班子的改革力度不够
□市场定位不清　　□资金紧缺, 财务风险大
□内部没有竞争机制　□其他

7. 向上级请示工作时, 上级是否经常对您说需要向他的上级请示后才能给予答复?
□经常　　　　□一般　　　□偶尔　　□说不清

8. 在日常管理中, 上下级间的指令和汇报是否存在越级现象?
□非常普遍　　　□有时有　　□几乎没有　　□不知道

9. 公司内部处理日常事务是否有序?
□非常有序　　　□一般　　□混乱　　　□不知道

10. 您是否明确自己的工作职责和权力?
□非常明确　　　□比较明确　□不明确　　□很不明确

11. 您所在的部门是否制订工作计划?
□制订　　　　□不制订　□根本不制订　□说不清

12. 上级领导是否对你负责的工作提出了明确的要求?
□非常明确　　　□比较明确　□不明确　　□很不明确

13. 是否经常出现多个领导向您分派任务的情况?
□经常　　　　□有时　□偶尔　　□没有

续表

14. 在碰到需要与相关部门协调的事务时，您通常会

□直接与其他部门具体负责人员协调　□直接与其他部门的经理协调

□向自己的上级反映　□其他

15. 您认为公司的人际关系如何？

□很好　　　　　　□比较好　　　□较差　　　　□很差

16. 您希望所在的公司有什么样的价值取向？（选出您认为最重要的三个，并按重要性排序）

□优胜劣汰　　　　□团队精神　　　□严守商业道德

□以人为本　　　　□客户至上　　　□股东利益第一

□人尽其才　　　　□服务社会　　　□充分考虑员工利益

□服务取胜　　　　□不断创新　　　□其他

17. 下列哪种情形在公司比较常见？（可多选）

□时间观念差　　　　　　□职能部门服务意识不强

□注重绝对公平，不注重效率　　　□领导经常交办一些事情却不问结果

□人治大于法治　　　　　□个别人员工作能力无法发挥

□某些员工积极性不高

18. 您认为现任公司部门经理的劣势有哪些？（可多选）

□决策优柔寡断，领导魄力不够　　　□缺乏综合管理能力

□受各种条件制约，不能独立决策　　　□年龄偏大，专业不足

□没有劣势，非常优秀　□其他

19. 您参加过哪些方面的培训？

□新员工培训（公司历史、规章制度培训等）　　　□外派学习

□技术知识培训　　　□管理技能培训

□销售技能培训　　　□具体工作中所需特殊技能培训

□从来没有参加过任何培训　　　□其他

20. 您觉得培训次数足够吗？

□足够　　　　　　□勉强可以　□不够　　　　□从来没参加过任何培训

21. 您迫切需要哪些方面的培训？

□技术培训　　　　□管理技能培训　　　□销售技能培训

□具体工作中所需特殊技能培训　　　□组织协调/沟通方面的培训

□其他

22. 您是否愿意在公司长期工作？

□非常愿意　　　　□愿意　　　□不太愿意　□肯定不会

23. 您认为公司现在人员素质如何？

□高　　　　　　　□比较高　　　□一般　　　□较差　　　□差

24. 您认为公司现在最需要什么类型的人才？（可多选）

□管理人才　　　　□销售人才　　　□市场策划人才

□技术人才　　　　□投融资人才　　　□多技能工人

□其他

续表

25. 您认为公司最迫切需要解决的是哪三个问题？
（1）
（2）
（3）
26. 您要向管理层反映哪些问题？

27. 如果您所在部门或公司由您全权负责管理，一年内您要进行的四项主要工作是什么？
（1）　　　　　　　　　　（2）
（3）　　　　　　　　　　（4）
最后，再次感谢您的参与！

资料来源：根据以往研究整理。

2. 集团公司培训与开发的有效性评估

培训有效性为培训实现其目的的程度。从人力资本理论的视角看，就是当雇员受训前的边际产出加上期望的受训后增加的边际产出和雇员受训前的薪酬加上直接和间接的培训费用相等时，雇主才会提供在职培训。培训有效性评估有多种模型，目前在企业中运用得最多也最为广泛的，就是柯克帕特里克的四层次模型，如表 4-4 所示。

表 4-4　　　　　　　　柯克帕特里克的培训评估四层次模型

层次	标准	重点
1	反应	被培训者满意程度
2	学习	知识、技能、态度、行为方式方面的收获
3	行为	工作中行为的改进
4	结果	被培训者获得的经营业绩

反应层评估是指被培训者反应评估，是在培训结束之后，通过被培训者对培训的课程设置、培训教师、培训场地等要素的直接反应和满意度来评价培训项目的效果，这是一种主观感受。

学习层评估是在培训刚刚结束后，培训组织方对被培训者在培训期间的学习结果的直接、客观的评价。主要评估内容一般包括：通过培训，被培训者学到了什么样的知识和技能；对知识和技能的掌握达到了什么程度；是否接受一种新的技能或态度。知识、技能的获得和态度的改进是被培训者将来工作绩效提高的基础，因而对被培训者的学习结果进行评估是非常重要的。

行为层评估是评估被培训者经过培训后，在工作岗位上的具体行为是否因为培训而产生了积极的变化。它实际上是评估被培训者知识、技能、态度的变化。如图4-10所示，被培训者行为的改变不但和学习的结果有关，而且与其工作中是否有机会应用所学的知识和技能、组织的气氛、上级领导的支持和鼓励等都有密切关系。因而，这一层次的评估也就较为困难，也正是因为如此，一般的企业中往往做了第一层次和第二层次的评估就不再进行第三层次和第四层次的评估了，然而行为层评估恰恰关系到培训的目标能否最终实现，因而它其实是极其重要的培训评估方法。

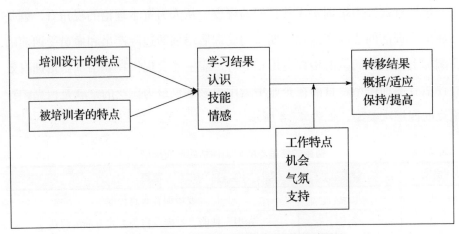

图4-10　影响学习和转移结果因素的模型

资料来源：根据以往研究整理。

结果层是指受训学员参加培训项目后能够实现的最终结果，这也是培训有效性评估中最困难的层次。在该层次的评估中，管理者主要考虑企业产量是否增加了，质量是否提高了，成本是否下降了，事故频率是否下降了，人员流动率是否下降了，等等。结果层评估是一项复杂系统的工程，涉及方方面面的因素，目前企业中一般采用投资回报率（ROI）进行分析，即培训的净收益与培训成本（包括一次性成本、每次性成本和人均成本）之比：

$$投资回报率（ROI）= 培训净收益 / 培训成本$$

其中，培训净收益为培训项目收益减去培训项目成本。

综上所述，可以得出企业培训与开发效果评估内容如表 4 - 5 所示。

表 4 - 5　　　　　　　　　企业培训与开发效果评估表

评估层次	评估标准	评估重点	评估方法	评估主体	评估时间
1	反应层	学员对培训活动的整体性主观感知	问卷调查、访谈法、观察法	培训主管机构	培训进行中或培训刚刚结束后
2	学习层	了解学员真正理解、吸收的基本原理、事实与技能	问卷调查、现场模拟座谈会	培训主管机构	培训结束后
3	行为层	了解学员接受培训后行为习性是否有所改变，并分析这些改变与培训活动的相关性	绩效考核、观察法、访谈法	培训主管机构、学员、上级主管、同事及下属、直接客户	培训结束后 3 个月或下一个绩效考核期
4	结果层	了解学员个体及组织的绩效改进情况，并分析绩效变化与企业培训活动之间的相关情况	投资回报率、绩效、考核结果、企业运营情况分析	培训主管机构、学员、上级主管部门	下一个绩效考核期或 1 年后

资料来源：根据以往研究整理。

4.4　集团公司不同培训层次的培训方法

企业实践 4 - 1：海尔大学——为"人单合一"疯狂打 call！

互联网带来的"零距离"将以企业为中心颠覆为以用户为中心，使大规模制造变成大规模定制，这是对科学管理原理的颠覆；互联网带来的"去中心化"把员工的领导从过去的上级变成了用户，这是对科层制的颠覆；互联网带来的"分布式"意味着资源不局限于企业内部而是来自全球，"世界就是我的研发部"（唐·泰普斯科特等，《维基经济学》），这是对企业内部职能再平衡的颠覆（张瑞敏）。因势而变，海尔提出了"人单合一"的双赢发展模式。"人单合一"的基本含义是，每个员工都应直接面对用户，创造用户价值，并在为用户创造价值的过程中实现自己的价值。而对这一模式，海尔的培训体系也是鼎力支持。

自海尔开启国际化战略以来，高素质人才是海尔参与国际市场竞争必不可少的条件，海尔大学也应运而生。用户是海尔大学最好的老师，用户的需求就是海尔大学的培训课题。基于这一理念，海尔大学以用户为导向，搭建组织架构，完善学习体系，创新学习方式，整合学习资源。在企业发展的不同阶段给员工提供各种相应的培训，而员工在培训中提升素质后，通过为用户创造价值也实现了自身的增值。

搭建组织架构——海尔大学是培训资源的提供者

互联网时代，能快速满足用户的需求才能称得上世界名牌，当今时代定制取代制造。这对中国企业来说无疑是一大挑战，但也是千载难逢的机遇。为此，海尔首先改变的是企业组织结构，从"正三角"转变为"倒三角"，让每个员工都直面用户需求，而各级管理者则从"正三角"组织结构中的发号施令者变为"倒三角"组织结构中的资源提供者。相应地，海尔大学在海尔的组织结构中也转型成为培训资源的提供者。

海尔集团的培训主要由海尔大学、集团各业务部门、集团各支持部门共同参与。集团各支持部门负责提供员工在现有岗位上工作所需的培训课程。集团各业务部门负责根据序列和岗位的特点提供有针对性的技能培训，包含产品知识培训、客户供应商技术培训等，同时对新员工的岗位培训给予支持，在培训方面主要聚焦于业务知识领域。

海尔大学的培训与员工的职业发展密切相关，培训内容主要基于组织发展与员工的职业发展需求，主要是通用的知识、技能培训以及培训资源的建设与开发，包含领导力、专业能力、核心能力培训，以及相关的软性技能的培训。此外，海尔大学还负责海尔集团的整体培训、监督和管控，包括资源搭建、培训流程体系的建设优化，对集团通用的知识、技能及软性能力类项目实施管控，为员工的职业发展提供空间，为企业人才梯队的建设提供有效支持。

完善学习体系——海尔大学的培训内容随需而变

用户的需求瞬息万变。为了满足用户需求，员工的素质需要以变制变。因此，在学习体系方面，海尔大学的培训内容需要随需而变。为支持员工个人的学习与发展，海尔大学规划了随需而变的学习体系：主要由成熟人才培养体系和新入人员培养体系构成。

学习体系内容主要包括业务知识技能模块（knowledge）、软性技能模块（attitude）、领导力 & 专业能力模块（skill）和自主经营体机制模块（habit），合称 KASH 模型，分别关注员工知识、态度、技能和习惯四个不同的层面。

业务知识技能模块主要关注员工知识层面的培训。海尔大学通过与业务部门共同梳理、传播产品知识和业务技能，促使员工不断丰富业务知识，有效推进业务开展，实现可持续成长。

软性技能模块主要关注员工深层次素质的发展，在促使员工形成积极的工作态度、主动承接更大的业务挑战并实现个人发展的突破的同时，帮助员工有效面对各种压力，实现工作与生活的平衡。

领导力 & 专业能力模块分为领导能力和专业能力两个子模块，旨在满足员工在管理和专业两个通道上的发展需求。

自主经营体机制模块主要关注职能支持部门流程和最佳实践的普及与传播，帮助员工全方位了解职能部门的操作流程并有效借鉴海尔内部的最佳实践，实现工作效率的快速提升。

新入人员培养体系由校园招聘新员工培养体系和社会招聘新员工培养体系组成，目的是促使新员工进入海尔后能够快速适应并接受海尔文化，实现个人价值观与海尔价值观的有效融合。校园招聘新员工培养周期一般为两年，包括企业文化及价值观导入、生产系统历练、轮岗实习及定岗试用四个阶段，有效保证了新员工从校园到社会的平稳过渡。社会招聘新员工培养包括企业文化及价值观导入、工作环境和业务流程导入及定岗试用三个阶段，旨在帮助社会招聘新员工快速适应企业文化和工作环境。

创新学习方式——用"个性化"的员工培训应对"碎片化"的用户需求

用户的需求是碎片化的,而员工的培训需求同样也是个性化的。为了支持海尔集团的学习体系,海尔大学根据员工不同的工作特征和学习偏好规划了多种学习方式,如脱产学习、自我学习、岗位学习等,用"个性化"的员工培训应对"碎片化"的用户需求。

脱产学习是指员工参加海尔大学的培训项目、公开课或外出参加培训、论坛、继续教育等,从而掌握有效的管理方法,提升某一特定能力或了解业界前沿信息。海尔大学规划及设计的领导力培育项目、专业能力培育项目和通用能力公开课等均属于脱产学习。

自主学习指海尔大学提供学习资源或搭建学习平台之后,员工利用零碎时间自主、按需开展的学习。通过 SABA 系统学习在线课程,通过电子邮箱或人力资源信息网下载 Mail-learning 资源,通过海尔大学知识中心借阅书籍杂志,通过手机查阅相关信息等学习形式均属于自主学习的范畴。

岗位学习指员工借助岗位历练,在工作中学习或向他人学习。70/20/10 学习理论认为,帮助员工提升的学习活动 10% 来源于正式的课堂学习,20% 来源于指导、辅导、书籍等,70% 来源于工作中的学习。因此,岗位学习在海尔被作为学习活动的一个非常重要的组成部分。

整合学习资源——海尔大学是全球培训资源的整合者

互联网时代缺的不是资源,而是整合资源的能力。拥有资源本来是一流国际品牌的优势,互联网时代带给了我们机遇,带来了各种资源的全球一体化。在开放、共享的思维下,海尔大学正在成为全球培训资源的整合者。为了实现海尔集团员工"自主学习、按需发展"的目标,海尔大学借助 SABA 系统构建了庞大的在线学习资源库,除了近 200 门成熟的在线课程外,还进行了大量知识的沉淀与积累,并通过在线论坛、情境模拟等形式使在线学习实现了人与人、人与机器交互的效果。借助在线学习,员工可以自主选择学习内容,海尔大学也可以根据员工能力水平推荐相应的学习内容,最终为海尔员工自主学习目标的实现提供可能。帮助员工利用工作间隙 5 分钟的时间实现 5 倍价值的 Mail-learning,已经成为成熟的体系。它通过 5 分钟的

Flash 动画，将员工工作中遇到的问题及解决问题的案例和工具形象地展示出来。帮助员工切实掌握有效的管理方法，这就是 Mail-learning 这种嵌入式学习资源的价值所在。

海尔大学的课程资源在不断丰富，既包含外部成熟的经典课程，也有根据海尔的管理理念与实践开发的内部课程。最近三年，海尔大学共开发了 12 门通用能力课程、2 门领导力课程及 1 个领导力系列课程，通过这些内部课程直接受益的员工超过 10 000 人次。在最近两年多的时间里，海尔大学共培养内部讲师 205 人，覆盖了从总监到主管的各个岗位层级，形成了内部讲师梯队，成为海尔大学人才发展培育项目中学习和分享的主体。在海尔集团全体员工的共同努力和支持下，员工培训发展体系和学习发展平台日益完善，海尔大学的学习资源与形式也逐渐丰富。E- Learning 、Mail-learning、书籍、手机学习、知识点分享、辅导、mentor 指导、专家分享、教室培训等多元化学习方式在不断地推广完善，有效成为海尔集团全体员工学习成长的伙伴，并培育出众多领导人才和核心人才。他们在帮助员工提升能力和达成绩效方面不断地探索与创新，为打造海尔集团健康的人才供应链提供了强有力的支持。

海尔是海——让每一个人的素质都得到提高和升华

张瑞敏曾撰文《海尔是海》，他写道："海尔应像海，因为海尔确立了海一样宏伟的目标，就应敞开海一样的胸怀。不仅要广揽五湖四海有用之才，而且应具备海那样的自净能力，使这种氛围里的每一个人的素质都得到提高和升华。"海尔大学作为世界首家通过 ISO10015 国际培训管理体系认证的企业大学，正在追求和打造一个以用户为导向的培训模式。

资料来源：海尔大学.用户是海尔大学最好的老师：海尔大学培训模式的核心是以用户为导向.现代企业教育，2011（3）：74-75.

海尔集团公司的培训体系依托海尔大学，以用户为导向，搭建组织架构，完善学习体系，创新学习方式，整合学习资源，在企业发展的不同阶段给员工提供各种相应的培训，而且在此过程中，员工的积极性被充分调动，自主发现自己的不足点，自我补充，从而在集团内部形成多层次全方位的培训模式，员工在培训中提升素质，通过为用户创造价值实现自身的增值。由此可见，集团公司人力资源呈现出多层次的特点，不同层次的员工培训有着不同的方法。有些方法仅适用于对管理者和初级专业人员展开培训，有些方法则适用于对操作工人进行培训，还有些方法两类人都适用。因此，确定培训层次，成为提高组织培训效果的重要一环。

4.4.1　对管理者的培训

管理者要在众多决策方案中做出正确的选择，否则企业发展将会遇到瓶颈。管理者不仅要跟上各自领域的最新发展，还应具备高超的能力以应对管理中组织动态环境的变化，因此许多组织强调针对管理者的培训。对管理者常用的培训方法有案例研究、会议方法、行为模拟、实习和角色扮演等。有时候，高等院校拥有企业不具备的专长。在某些情况下，管理实践者可以和学术研究者一起联合提出培训计划。对于集团公司的培训来说，困难的不是对基层员工的技能培训，而是如何通过对中高层管理者的培训开发，使得母子公司之间能够顺利实现战略一致，实现协同。山航集团制订的 2016 年中高层领导力提升培训计划结合实际、注重实效，明确了全年的培训重点、培训对象、培训方式等要素。针对领导力素质模型中亟须提高的素质点，山航集团组织公司高层到行业标杆企业学习考察，联合党群工作部组织实施了三期中层干部领导力提升封闭培训，包括：坚持知行合一，注重实践实效；坚持按需培训，完善内训机制；坚持问题导向，提升培训质量。

4.4.2　对初级专业人员的培训

企业对于受过大学教育的、刚被雇用的初级专业人员，以及需要接受管理培训的人特别感兴趣。在当今企业界所有对管理产生影响的技术中，信息管理正经历着最迅速的变化。为迎接这种挑战，通用电气公司实施了信息管理领导项目（IMLP）。这是一个为期两年的项目，它将轮换工作任务与具有研究生水准的研究班结合在一起，要求员工对设计、计划、实施计算机化和手工的综合信息系统做好准备。通用电气公司的 IMLP 强调在计划、系统分析与设计、计算机中心运作、项目管理和职能工作领域中对工作任务提出挑战。这些任务的多少是可变的,员工的进步取决于个人的业绩及表现出的潜力。

本章小结

　　培训与开发是指针对组织(主要是企业)中各类人员工作岗位所需要的知识、技能、理念、素养或素质,乃至岗位规范、职业发展等开展的一系列学习、提升、发展活动的总称。企业在实施培训与开发活动时,应当遵循战略原则、目标原则、差异化原则、激励原则、讲究实效的原则以及效益原则。集团公司人力资源培训是指集团公司通过建立规范的培训程序,定期或者不定期地对子公司的负责人、中层管理人员或者技术人员等开展管理、技术业务、工作流程或企业文化等方面的培训,从而提升其技能并充分挖掘其潜能的过程。不同的管理模式下,集团公司的培训需求分析遵循不同的职责规范,其培训与开发实施情况也各有不同。在实施培训与开发后,需要对培训的有效性进行评估,检查培训实现其目的的程度。集团公司人力资源呈现出多层次的特点,确定培训层次成为提高组织培训效果的重要问题,不同层次员工的培训有着不同的方法。有些方法仅适用于对管理者和初级专业人员展开培训,有些方法则适用于对操作工人进行培训,还有些方法两者都适用。

思维导图

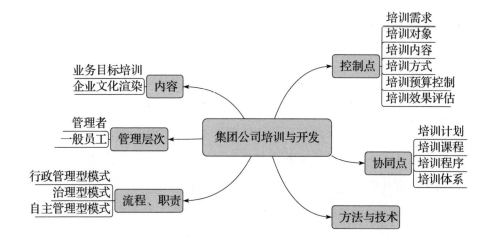

前沿进展：如何在日常工作中支持员工的学习目标？

如何在日常工作中支持员工的学习目标？经理们怎么将日常工作中的学习发展计划作为中心支柱并付诸实践？

（1）获取高水平的指导。人才是商业发展的关键，公司需要不断培养吸收高级管理人员，甚至是 CEO。他们关于组织学习的观点一般是比较清晰准确的，这就需要经理们制定更为详细的规则和指令，向上级明确自己期望员工在工作中花多少时间学习，所带团队/部门的年度、季度和月度目标怎么实现，团队/部门在学习的过程中需要使用哪些激励方式，等等。

经理们的一部分工作就是管理这种不确定性，所以需要保持自信，如果以正确的心态学习和发展，结果就会很好。几乎每一个质疑在有直接的商业目标时花时间进行人才建设的做法的经理现在都已经认识到，促进这种发展的投资回报率是相当高的。

（2）在职培训。当 Nick Gidwani 在 2008 年成立第一家公司时，第一个需要招聘的是 CTO，他选择了一个在市场上十分抢手并且出价很合理的有经验的开发人员，同时他招聘了一位表现出巨大潜力和雄心的入门级员工，尽管该员工只有初步的开发技能。Nick 要 CTO 在日常工作中教这个入门级员工技术开发，这就意味着需要花费 CTO 四分之一到三分之一的时间和生产力，但是这项工作被 Nick 视为对人才的投资，最终这位入门级员工成功地成为开发人员的管理者，在公司工作了很长时间，并将之视为对公司所提供的机会的回报。这种利用在职培训来省钱和建立劳动力队伍的想法在世界各地也得到了成功的证明，例如德国的学徒计划。

（3）将学习看成共同责任。学习和发展不完全取决于管理者，其同时也是员工的责任所在。不是所有的学习活动都会在公司时间内进行，关键是管理层能够提供多少指导，每一个员工对于工作与学习都会试图去寻找一个平衡点。如果一个工人想过渡到其他部门，那么你期望他在他自己的时间里学习，这并没有什么不对。

处理所有这些问题的最好方法是进行公开交流。员工可以和直接上司讨论自己想学习什么以及为什么学习。也许员工们已经发现了一个边缘技能，可以改变其所在单位的运作；也许他们希望能在会议上更清楚地表达想法；或者他们想从工程部门跳到销售部门。这就需要和他们一起制订学习计划，共同讨论学习的时间和想获得的期望。

（4）在技能级别上考虑问题，而不是在角色级别上考虑问题。如果一个员工想在公司里找到一个新的角色，就不要考虑别人是否认为他是一个合适的人。只需要告诉员工如何利用相关软件，如何进行汇报，开始学习锻炼。当员工开始学习的时候，其他人会诚实地反馈和建议在哪些方面该如何改进。

通过在技能级别而不是角色级别进行这些对话，可以改变工作环境的面貌。人们会更主动地告诉上司他们想学习新技能。经理们需要做的就是提供鼓励和支持。管理者有时也无法确定员工是否具备其职权范围之外的技能，对技能的关注有助于公司留住优秀人才。特别是千禧一代，当觉得没有机会伸展翅膀时，他们会选择离开。

资料来源: How to Support Employees' Learning Goals While Getting Day-to-Day Stuff Done. Harvard Business Review, 2017 (8).

第 5 章

集团公司绩效管理

"根，紧握在地下；叶，相触在云里。"这是女诗人舒婷《致橡树》中的诗句。绩效与薪酬能否如同根与叶"仿佛永远分离，却又终身相依"？

起家于温州、总部设在上海的某服装企业，拥有员工 500 人，经过 6 年多的不断发展和积累，目前已在行业中小有名气。不久前，公司对外招聘总经理，年薪不低于 50 万元，应聘者络绎不绝，但人选却一直未能落实。不妨让我们看看这 50 万元年薪的结构：年薪的 30%，即 15 万元，每月发 1 万，计 12 万元；每半年 1.5 万，计 3 万元。年薪的 50%，即 25 万元，作为每年完成公司绩效目标的奖励，若目标只达到 90%，则奖励减半，即 12.5 万元；若目标未达到 80%，则只发放这部分奖励的 20%，即 5 万元；若目标未达到 60%，则奖金归零（据了解，前任总经理的实际目标完成率低于 70%）。年薪的 20%，即 10 万元，三年任期结束时，结合公司的盈利情况，作为对总经理的奖励累计发放。这样的 50 万元薪金和绩效要求，的确让人望而却步。

一家北方的老牌国有化工企业，员工超过 5 000 人，经过前些年的优质资产剥离和近年的上市融资，企业已经走上了快速发展通道，而且在强化绩效管理考核与优化调整员工薪酬体系方面不断推陈出新。在该企业中，大部分员工的薪水主要由三部分组成：每个月月初，发固定工资；每个月月末，发上个月的奖金；每半年或一年，发年度奖励。

奖金和年度奖励与本人的工作绩效考核结果挂钩，但员工发现，每个人的年度奖励其实差异不大，除非你有特别突出的工作业绩。而奖金所占的比例却越来越大，这意味着其工作绩效的高低对奖金多少的影响越来越大。尽管如此，员工对绩效评估方案的科学性与公平性仍持怀疑态度。

虽然这些与绩效和薪酬有关的故事，或让人感到亢奋，或让人心怀喜悦，或让人心生悲哀，但总的看来，故事中的企业大多经历过或被隔离或被捆绑的分分合合的管理困惑与挑战。从表面的意义上理解，绩效考核的结果是发放绩效奖金的主要依据，也是企业人力资源管理的一个基本逻辑。千多少活，拿多少钱，天经地义。于是，在众多的企业中，绩效与薪酬总是相伴而行，上演着一幕幕凄美的"爱情"故事。

让我们诊断一下那些被过分捆绑的"婚姻"。纵观企业五花八门的绩效考核方案（或称绩效工资分配方案等），下列问题比较具有共性：

● 紧密拥抱：绩效考核与奖金发放高度融合在一个方案中，很难拆分；

● 关系专一：一个指标一份钱，多个指标多份钱；

● 轻计划重考核：指标下达时估算成分过大甚至是"拍脑袋"决策的结果，考核时造势、加压轰轰烈烈；

● 强业务弱职能：考核方案主要针对销售、生产等业务部门，职能部门往往形式化；

● 指标业务化：指标聚焦于销售、成本、产值等业务类，管理指标由于量化困难而较少；

● 指标量化悖论：为了科学公平而将指标尽量量化，但又由于量化繁杂而趋向简单可行；

● 重算账轻分析：很多绩效考核方案的目的是算清奖金，而对于出现的问题缺乏分析；

● 激励缺乏多元化：考核结果应用单一，培训、晋升、福利等多种激励与考核关系不大。

上述问题中，轻计划重考核、强业务弱职能、指标业务化、指标量化悖论体现在绩效的管理技术层面；紧密拥抱、关系专一、重算账轻分析、激励缺乏多元化则体现出管理导向问题，也是我们需要特别关注的内容，以下稍做展开分析一下。

如果把绩效与薪酬的关系比喻成"一对情侣"，那么在众多的企业中，"紧密拥抱"与"关系专一"两者就被结结实实地捆绑成了"法定婚姻"，甚至是"封建婚姻"，于是"考核拿钱"与"只有钱管用"的思维直接导致了"重算账轻分析"和"激励缺乏多元化"的现象。同时由于物质激励过度，使绩效管理"通过激励员工提升企业绩效"的根本目的退化成了隐形的内容，也使得企业白白浪费了很多有很好激励效果的非物质资源。

其实，绩效与薪酬的关系在紧密支撑的前提下，应该保持相互独立。

从绩效与薪酬的关系看，第一阶段先明确评判绩效高低，第二阶段根据绩效管理导向给予经济物质奖励，以及根据企业文化价值导向给予非经济回报，两者既相对独立，同时又互相支撑，才是较为全面的。我们讲"根，紧握在地下；叶，相触在云里"，说的也是这个道理。

最后，我们用《分蛋糕的故事》支撑一下上述观点。

甲乙两个人在分一块蛋糕，甲拿起刀刚要动手切，乙着急地叮嘱甲："一定要慢慢地切，不能切偏了，否则不公平。"

甲听乙这样说，就生气了，把刀交给了乙，让乙切，当乙正要切的时候，甲重复乙刚才说过的话："一定要慢慢地切，不能切偏了，否则不公平。"

这一来，乙也不敢切了，于是两个人就到智者那里寻求帮助。智者听明白了来意之后说："这好办，你俩先做一个约定，约定好一个切，一个人选，切蛋糕的人不能选，选蛋糕的人不切，这样你们就不会觉得不公平了。"

此法果然灵验，甲乙各自拿着切好的蛋糕高兴地告别了智者。

最终能保证蛋糕切得绝对公平吗？显然不会，但为什么最终两块蛋糕都被高兴地接受了，而且两个人都很满意呢？

其实，出现转机的是智者关于约定的建议，规则的公平起了关键作用。

资料来源：北大纵横管理咨询案例。

5.1　集团公司绩效管理内涵

5.1.1　集团公司绩效管理的含义

1. 绩效与业绩

描述企业经营成果的变量通常包括绩效、业绩和效绩，但理论界和实务界很少对三者进行严格区分，由此也引发了一些关于基本概念的争论。如

1999 年财政部等四部委联合颁布的《国有资本金效绩评价规则》中就使用了"效绩"的说法，并认为三者是不同的：一方面，"效绩"和"绩效"包括业绩和效益双重含义，因此其内涵要比"业绩"广泛；另一方面，"效绩"往往指外部评价，而"绩效"只能用于内部管理评价。但池国华教授在研究时指出，"业绩"、"绩效"和"效绩"三者并没有本质区别，理由在于三者的英文表达方式均为"performance"。因此，鉴于"绩效"和"业绩"在内涵界定、适用范围、管理模式等方面并未呈现出显著的差异性，本章所言之"绩效"概念包括业绩和效益双重含义：一是以结果为导向的绩效，指在特定时间内由特定的工作职能或活动产生的产出记录；二是以行为为导向的绩效，指与企业目标有关的，可以按照个体的能力（价值贡献程度）来测量的行动。本章从投入绩效、过程绩效和产出绩效等方面构建不同的绩效评价模式，研究集团绩效管理活动。

2. 集团公司绩效管理

企业绩效管理是指为达成战略目标而对企业的投入、运营过程以及最终产出等环节进行的系统而全面的管理。有效的绩效管理需具备以下要素：明确一致且令人鼓舞的战略，进取性强且可衡量的目标，与目标相适应的高效组织结构，透明而有效的绩效沟通、绩效评价与回馈，迅速而广泛的绩效结果应用。

集团绩效管理是指集团公司运用绩效评价方法体系，对所属子公司的绩效计划、评价、反馈和改进等工作进行控制的持续循环过程，其目的是利用各种绩效评价手段对各子公司进行引导、监督、控制和激励，使其按照集团总体发展战略目标来运营。

集团公司绩效管理要注意关注以下几点：（1）母公司对子公司的战略定位会影响其经营业绩，这是对其进行绩效管理时需要考虑的问题。（2）短期内集团利益最大化与子公司利益最大化可能存在矛盾。母公司要从集团利益最大化的战略高度出发，通过绩效管理来协调集团成员间的利益冲突，保证子公司分工协作关系的稳定健康。（3）集团非财务绩效的重要性。一般而言，母公司更注重追求长期利益，要关注子公司的长远发展，这使得非财务绩效的考核和管理显得尤为重要。

5.1.2　集团公司绩效管理的功能

1. 促进战略管理实施

集团公司通过对子公司的投入绩效进行控制实现事前反馈，通过对子公司的过程绩效进行控制实现事中反馈，通过对子公司的产出绩效进行控制实现事后反馈，有利于母公司进行战略评估和调整，实现集团公司的动态战略管理。集团公司战略管理、管理控制与绩效管理是三位一体的（见图 5-1）。

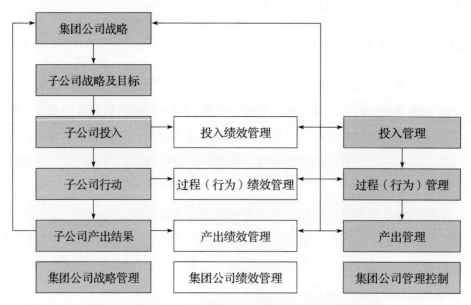

图 5-1　集团公司战略管理、绩效管理与管理控制关系图

2. 促进战略管理控制

绩效管理是约束监督子公司代理人行为的重要途径。首先，集团公司通过对子公司进行绩效评价，及时发现问题并引导其改正，实现对子公司代理人的约束，使其目标符合母公司的利益要求；其次，将绩效评价结果与激励政策相配合，可以引导子公司代理人的行为，充分调动其积极性和主动性，提高子公司绩效。

3. 优化子公司间的竞合关系

完善的企业集团绩效管理系统有助于协调各子公司之间的关系，引导子公司之间建立一种既竞争又协作的关系，缓解集团成员间的关系冲突，以便形成协同共生的组织氛围，充分发挥集团合理配置资源的优势。

5.1.3　基于控制流程的绩效管理内容

集团管理可按运营流程分为投入管理、过程管理以及产出管理（也称结果管理）三种类型（见图 5 - 2）。投入管理是指母公司对子公司的人力资源、供应商、原材料等投入状况所进行的评价与监控，是一种事前控制；过程管理是指母公司对子公司内部运营流程进行全方位的监控与评价，是一种事中控制；产出管理指母公司通过对子公司经营结果进行评价影响和控制其经营行为，是一种事后控制。集团公司在上述三阶段绩效管理的控制点如图 5 - 3 所示。

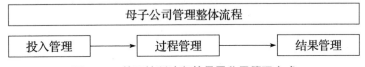

图 5 - 2　基于控制流程的母子公司管理方式

资料来源：罗伯特·西蒙斯. 战略实施中的绩效评价和控制系统. 沈阳：东北财经大学出版社，2002：53.

集团公司绩效管理的协同点主要体现在子公司间评价制度、体系的交流和共享等方面，同时，通过绩效考核形成的子公司比较效应有利于集团业绩的提升。

5.1.4　财务共享下的绩效管理内容

在集团战略的指引下，集团公司通过成立财务共享服务中心，并依据共享服务中心提供的规范化信息和绩效评价标准进行绩效管理，能够及时记录财务数据，获取各子公司相关业务信息，满足平衡计分卡等非财务绩效评价工具的信息需求，使集团绩效评价更加科学、合理，有助于集团战略的实施。

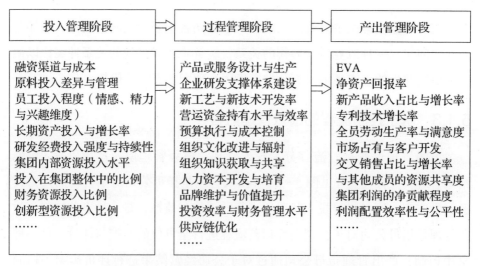

图 5-3　基于控制流程的集团公司绩效管理关键控制点

传统的绩效考核方法考核指标和目的单一，较少考虑企业战略目标、管理流程。在财务共享模式下，绩效评价体系将发生深刻变化，财务共享是对原有组织结构与业务流程的系统性变革，重新定义了成本中心与利润中心的概念，财务共享服务中心作为统一、标准、全面的运营保障平台，能够促使集团子公司更加关注核心业务，聚焦于提升核心竞争力。

5.2　集团公司绩效管理体系

集团公司绩效管理体系包括绩效目标、评价以及实施与控制等内容。构建绩效管理体系的步骤包括：首先，根据总体战略要求，制定集团公司绩效管理体系的战略目标，作为最高指南和准则；其次，根据绩效管理战略目标，设计绩效评价方案，包括绩效评价的指标体系、方法、周期等内容；最后，按照绩效管理战略目标要求以及绩效评价方案，对各子公司进行绩效评价，并运用其结果对子公司进行管理。集团公司通过综合评估子公司内外经营环境，根据子公司战略协助制定实施方案，并由子公司进一步分解形成自身的"战略地图"，制定相应的绩效考核指标。

根据母子公司绩效评价模型，基于控制流程的母子公司绩效评价指标可以划分为投入、过程和产出三类。需要指出的是，不同阶段的指标体系应包括能促进公司资源共享和协同运营的指标。例如，浪潮集团为鼓励集团内人力资源的流动，给予 KPI 加分：年终决算时，集团根据单位输出人才的情况，按照 1 ～ 2 分 / 人（职级越高，奖励分数越高）的标准给予该单位总经理 KPI 加分，最高加 10 分，同时每输出一位人才给该单位 5 000 ～ 10 000 元的现金奖励。KPI 总分直接影响该单位总经理的个人薪酬。现金奖励可以支付给培养人才的部门或干部。

5.2.1　投入绩效指标

母公司对子公司进行投入绩效评价，一方面有利于提高子公司对投入资源的重视程度和综合利用率；另一方面，母公司能够对子公司绩效进行事前控制，避免产生大的绩效目标偏差。在投入过程阶段，子公司投入的资源包括人、财、物三个方面，其中"财"需要在产出控制阶段进行评价，因此子公司投入绩效评价主要包括员工评价、供应商评价两个方面。

1. 员工评价

人力资源是企业最宝贵的资源，子公司管理者应重视对其员工的投入，努力提高员工的能力和素质。子公司员工的投入绩效体现在员工培训、员工能力、员工满意度等方面。

2. 供应商评价

随着专业化分工协作水平的提高，供应商绩效已经成为影响子公司绩效的重要因素，而以往的母子公司绩效评价对此重视不够。进行供应商评价的目的是促进其加强供应商管理，提高投入资源的质量，降低投入资源的成本。对供应商的评价主要集中于产品价格、产品质量、交货情况、售后服务等方面。

5.2.2　过程绩效评价

内部过程包括确定顾客需求、研制并销售产品或服务、提供售后服务、满足顾客要求等一系列活动。内部管理过程的效率、效果是实现顾客满意和财务业绩的必要条件，是企业改善其经营业绩的重点，也是母公司控制子公司的重要环节。按照企业内部价值链的构成，内部过程可划分为创新过程、经营过程和售后服务过程（见图 5-4）。

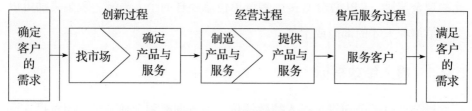

图 5-4　企业内部过程

资料来源：罗伯特·S.卡普兰.综合计分卡：一种革命性的评估和管理系统.北京：新华出版社，2002：92.

1. 创新过程评价

创新过程是一个不断改良和变革的过程，表现为企业确立和培育新的市场、新的客户，开发新的产品和服务。研发是创新过程的重点活动，也是企业价值链的重要环节，因此创新过程的绩效主要体现为企业研发绩效。研发绩效评价指标主要体现在研发费用、研发能力以及获利能力等方面。

2. 经营过程评价

经营过程即生产过程，指从接受客户的订单开始到将完工产品交付给顾客的过程。这一过程强调对现有客户及时、有效、连续地提供产品和服务。对经营过程的绩效评价应成本、质量、效率并重，其评价指标有成本、质量、生产效率、设备效率等。

3. 售后过程评价

售后服务是指企业在客户购买产品后向客户提供的有关安装、使用和维修等方面的指导或工艺性活动。产品的整体概念包括核心产品、形式产品和附加利益三部分，其中附加利益又被称为延伸产品，即通常所说的售后服务，因此售后服务是完整产品不可分割的组成部分，也是企业赢得顾客的重要途径。评价售后服务过程有利于企业重视和改善售后服务，提高顾客满意度。售后服务最主要的评价指标是售出产品故障及时排除率，即在售出产品出现故障后企业及时排除故障的效率，这一指标可用本期售出产品故障及时排除次数与售出产品出现故障次数之比计算。

5.2.3　产出绩效评价

产出控制是指集团对子公司的当期经营成果进行及时的监控，并根据其成果进行相关决策，因此产出控制是最常用的手段和最后一环。产出控制包括两个方面：一是子公司的财务结果，即子公司的财务绩效如何；二是子公司的客户结果，即子公司对其客户的管理绩效。两者之间存在着一定的因果关系，子公司加强其客户管理，提高客户满意度，可获得更好的财务结果。因此，产出绩效评价包括两个部分：客户绩效评价和财务绩效评价。

1. 客户绩效评价

客户关系管理（CRM）的目的就是企业通过持续提高客户满意程度，获得更多新客户，留住更多老客户，从而扩大市场份额，提高企业利润率。因此客户绩效评价应包括以下内容：客户满意度、客户获得率、客户保持率、客户利润率以及市场占有率。

2. 财务绩效评价

虽然财务绩效评价的重要性因平衡计分卡评价方式的推广似有降低，但作为最终产出结果评价的财务绩效评价始终是绩效评价的落脚点，因此财务绩效评价指标仍为最重要的评价指标之一。财务绩效评价指标体系包括企业盈利能力、偿债能力、营运能力等众多类别，其各项财务绩效评价指标根据资产负债表、利润表和现金流量表中的财务数据进行计算得出。其中，盈利能力包括投资报酬率、净资产收益率、销售毛利率以及销售净利率等；偿债能力包括流动比率、速动比率、资产负债率、所有者权益比率等；营运能力包括存货周转率、应收账款周转率、资产周转率、流动资产周转率等。

根据上述分析，本书构建了基于控制流程的母子公司绩效评价指标体系（见图 5-5）。

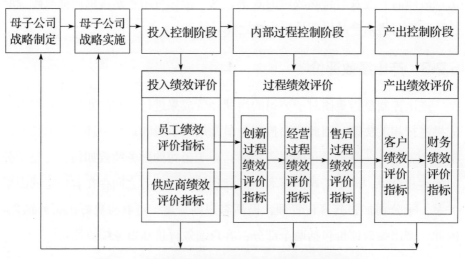

图 5-5　基于控制流程的母子公司绩效评价指标体系
资料来源：作者整理。

基于控制流程的母子公司绩效评价指标体系与传统的基于财务指标的绩效评价指标体系有着明显的区别，它建立在管理控制流程的基础上，适应了母子公司管理控制的要求，具体表现为：

（1）控制流程与绩效评价流程相辅相成。母公司对子公司的控制流程可按经营过程分为投入控制、过程控制和产出控制三个阶段，而每一阶段都需要相应的绩效评价辅助。投入控制阶段需要进行人员和供应商绩效评价，过程控制阶段需要做好创新、经营及售后服务过程的绩效评价，产出控制阶段需要评价子公司的客户绩效和财务绩效。

（2）各绩效评价指标体系之间存在逻辑关系。控制流程前端的绩效影响后续控制流程的绩效，因此为了取得满意的最终产出绩效，必须努力提高各个控制流程阶段的绩效。

（3）各控制流程阶段的绩效评价结果有利于母公司及时发现子公司在战略实施过程中的偏差，并采取相应的纠偏措施，避免子公司管理失控。

5.3　集团公司绩效评价模式

5.3.1　绩效评价模式的类型

在不同的管理控制模式下，母公司对子公司的绩效评价方法、侧重点都有所不同，需要与之相配套的绩效评价模式。我们根据母子公司管理模式的划分，概括总结了三种母子公司绩效评价方式：全程绩效评价、平衡绩效评价及产出绩效评价。

1. 全程绩效评价

母公司对子公司整个运营流程进行控制，母子公司绩效评价是包括产出、过程以及投入等在内的全流程的绩效评价，此为全程绩效评价。全程绩效评价中，母公司主导绩效评价，子公司处于被动评价地位，它适用于行政管理型模式。

2. 平衡绩效评价（投入—产出绩效评价）

该模式是一种主要对投入、产出进行绩效评价的母子公司绩效评价模式。至于生产过程，母公司不过多干预，因而也不严格考核，生产过程的考核以子公司自我考核为主，适用于治理型模式。

3. 产出绩效评价

子公司自主实施投入阶段和过程阶段的绩效评价，母公司关注的重点是财务绩效，此种绩效评价模式称为产出绩效评价模式，适用于自主管理型模式。

集团公司不同的管理模式匹配的绩效评价模式如表 5-1 所示。

表 5-1　　　　　　　　母子公司管控模式与绩效评价模式的关系

特征项	行政管理型	治理型	自主管理型
绩效评价模式	关注产出，注重投入—产出内部过程	关注产出，注重投入—产出平衡	产出为主
财务指标所占比重	高	高	高
考核制度详细程度	高	一般	一般
关心经营成果程度	高	高	高
关心经营过程程度	高	低	低
绩效评价周期	年度、季度、月度	年度、季度	年度、半年度
绩效评价主体	母公司董事会、总经理、部门经理	母公司董事会、总经理	母公司董事会
评价信息来源	子公司财务报表、ERP信息系统	子公司财务报表、ERP信息系统	子公司财务报表

资料来源：陈志军.母子公司管理控制研究.北京：经济科学出版社，2006：197.

企业实践 5-1：山东省对国有企业经营业绩考核办法

根据企业在全省经济发展中的功能作用及自身业务特点，分类确定经营绩效考核内容。

对不同功能企业，突出不同考核重点，科学设置经营绩效考核指标及权重，合理确定差异化考核标准。商业一类企业重点考核企业经济效益、国有资本回报和市场竞争能力。商业二类企业在考核经济效益和国有资本回报的同时，加强对服务全省经济战略、发展前瞻性战略性产业的考核。公益类企业重点考核产品服务质量、成本控制、营运效率和保障能力等。

经营绩效考核指标实行任期与年度相统一的制度。考核指标分为基本指标、个性化指标和限制性指标。

分类确定经营绩效考核基本指标。商业类企业基本指标包括净利润、归属于母公司所有者的净利润（以下简称归母净利润）、净资产收益率（不含少数股东权益，下同）和经济增加值。其中，商业一类企业基本分 70 分：净利润基本分 20 分，归母净利润基本分 20 分，净资产收益率基本分 15 分，经济增加值基本分 15 分；商业二类企业基本分 60 分：净利润基本分 15 分，归母净利润基本分 15 分，净资产收益率基本分 15 分，经济增加值基本分 15 分。公益类企业基本指标包括归母净利润、净资产收益率和经济增加值，基本分 40 分：归母净利润基本分 15 分，净资产收益率基本分 15 分，经济增加值基本分 10 分。

经营绩效考核个性化指标，根据企业类别及不同行业特点、发展阶段、产业引领任务等，针对企业提高核心竞争力、增强可持续发展能力及防控经营风险中的"短板"，一企一策，经企业申请设定 2～3 项可量化的考核指标。个性化指标权重分类确定：商业一类企业基本分 30 分，商业二类企业基本分 40 分，公益类企业基本分 60 分。

从山东省国资委对省属企业的考核办法来看，其建立了分类考核的原则，针对不同类型的省属企业，确定不同的考核指标和权重。对商业一类企业重点考核企业经济效益、国有资本回报和市场竞争能力，类似母子公司绩效评价中的产出绩效评价模式。对商业二类企业在考核经济效益和国有资本回报的同时，加强对服务全省经济战略、发展前瞻性战略性产业的考核，除了考核经济效益等指标外，还加入了一些辅助性指标，类似投入—产出绩效评价模式。对公益类企业重点考核产品服务质量、成本控制、营运效率和保障能力等，关注事前、事中、事后全过程，类似全程绩效评价模式。

资料来源：《山东省省管企业负责人经营业绩考核暂行办法》（鲁国资〔2011〕3 号）。

5.3.2　不同绩效评价模式的指标体系构成

不同绩效评价模式的评价重点各异，因此其评价指标体系构成也是不同的，需要根据其绩效评价重点设立评价指标。根据指标的重要性程度，可分为基本评价指标和辅助评价指标两个部分，其中基本评价指标是进行绩效评价的主要指标，而辅助评价指标则是母公司根据需要选择的补充评价指标。

1. 全程绩效评价模式

行政管理型模式下，母公司全面控制子公司的内部运营过程，而子公司能够控制的只有生产过程。此模式下，母子公司绩效评价涵盖整个控制流程，即包括投入绩效评价、过程绩效评价以及结果绩效评价，其评价指标体系构成见表 5-2。

表 5-2　　　　　　　全程绩效评价模式下的指标体系构成

基本指标			辅助指标		
控制流程	指标类型	具体指标	控制流程	指标类型	具体指标
过程控制	创新过程绩效	研究开发费用率 研究开发成功率 新产品利润率	过程控制	创新过程绩效	新产品贡献率 新产品产销率
	经营过程绩效	实际成本 实际成本与标准成本差异率 产品优等率 产品返修率 生产循环效率		经营过程绩效	产品次品率 产品退货率 产品质量效益率 生产能力利用率 机器设备完好率
	售后过程绩效	售出产品故障及时排除率			
产出控制	财务绩效	净利润 净资产收益率 销售净利率 现金流量 资产周转率 三年销售平均增长率 三年资本平均增长率	产出控制	客户绩效	客户满意度 市场占有率
				财务绩效	流动比率 存货周转率 应收账款周转率
			投入控制	员工绩效	员工满意度
				供应商绩效	产品价格

注：母子公司绩效考核实践可对上述绩效评价指标做出调整和增减。

2. 平衡绩效评价模式

平衡绩效评价模式是一种主要对投入和产出流程进行综合评价的绩效评价模式，适用于治理型模式，其评价指标体系见表 5-3。

表 5 - 3　　　　　　　平衡绩效评价模式下的指标体系构成

基本指标			辅助指标		
控制流程	指标类型	具体指标	控制流程	指标类型	具体指标
产出控制	财务绩效	净利润或 EVA（或 REVA）	过程控制	创新过程绩效	研究开发费用率
		净资产收益率、流动比率			研究开发成功率
		资产负债率、资产周转率			新产品利润率
	客户绩效	客户满意度		经营过程绩效	实际成本与标准成本差异率
		市场占有率			产品优等率
		客户利润率			生产循环效率
投入控制	员工绩效	员工培训费用比率		售后过程绩效	售出产品故障及时排除率
		知识员工比率			
		员工满意度			
	供应商绩效	产品价格			
		供应商产品合格率			
		供应商准时交货率			

注：母子公司绩效考核实践可对上述绩效评价指标做出调整和增减。

3. 产出绩效评价模式

在产出绩效评价模式下，母公司对子公司的投入阶段和过程阶段关注较少，控制重点为子公司的财务产出结果，其绩效评价的对象为子公司的财务绩效。产出绩效评价模式下，母子公司绩效评价指标体系构成如下：

（1）单一指标（价值评价模式）。在产出绩效评价模式下，可采用具有较强综合性的单一评价指标。在财务绩效评价指标中，综合性强的指标有利润、投资报酬率以及经济增加值（EVA 或 REVA）。

（2）综合指标（财务评价模式）。根据相关研究，在我国，EVA 指标并未显示出比净资产收益率更高的相关性，这与我国的证券市场和公司治理结构不完善有很大关系，因此在我国利用单一指标 EVA 评价企业的经营绩效存在较大偏差，其应用效果并不理想，应引入综合性的绩效评价体系。

经过多年的探索，我国先后出台了《国有资本金效绩评价规则》《国有资本金绩效评价操作细则》《企业集团内部效绩评价指导意见》。这一系列评价规则是我国母子公司绩效评价的指南，有利于规范我国国有企业集团内部对子公司的绩效评价，提高企业集团内部管理水平和经营绩效。总体来说，国有企业及企业集团内部绩效评价体系脱胎于传统的财务绩效评价体系，以财务绩效评价指标为主体，再辅之以部分非财务绩效评价指标。因此，可以"国有资本金效绩评价模式"为主体构建出产出绩效评价模式下的母子公司绩效评价综合指标体系。这一综合指标体系又称为财务评价模式，其指标构成见表 5-4。

表 5-4　　　　　　　　　财务评价模式下的指标体系构成

基本指标			辅助指标		
控制流程	指标类型	具体指标	控制流程	指标类型	具体指标
产出控制	财务盈利能力	净利润 净资产收益率 总资产报酬率	产出控制	财务盈利能力	主营业务利润率
	财务偿债能力	资产负债率 流动比率		财务偿债能力	利息保障倍数 速动比率
	资产营运能力	总资产周转率 流动资产周转率		资产营运能力	存货周转率 应收账款周转率
	财务发展能力	销售增长率 资本积累率		财务发展能力	三年销售平均增长率 三年资本平均增长率

注：在实际应用中，绩效评价指标可以根据母子公司的具体情况做出调整。

5.3.3　不同绩效评价模式的管理流程

不同管理模式下，虽然母子公司绩效考核的内容和重点不同，但考核流程是基本相同的，在图 5-6 中，我们以产出绩效模式为例进行了说明。

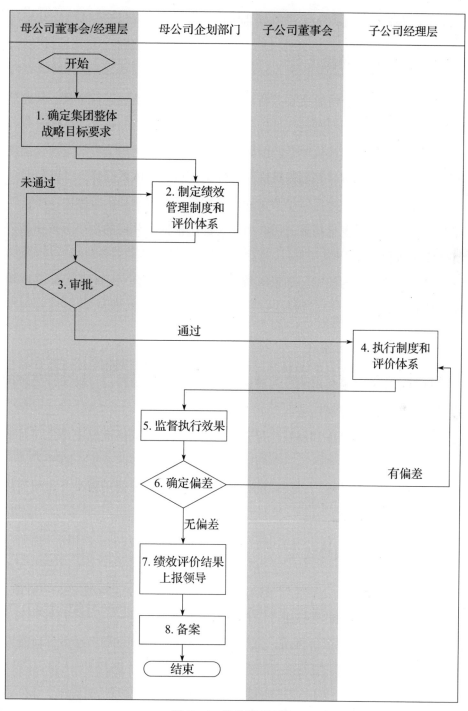

图 5 - 6　绩效管理流程

5.3.4　不同绩效评价模式的控制点

1. 全程绩效评价模式

母公司主导子公司的绩效考核，对子公司的全程绩效进行考核。其控制点是：

（1）评价制度和评价体系。由母公司制定对子公司的全程绩效评价制度和评价体系，子公司只需要按照这一评价制度和评价体系运营。

（2）运营报表。为保证子公司的活动在母公司可掌控的范围内，子公司需要将生产运营报表上报母公司，由相关部门根据子公司的生产运营报表进行详细评估和审核。

（3）绩效偏差的控制。如果绩效存在偏差，则母公司应对子公司采取相关的控制措施。

2. 平衡绩效评价模式

母公司注重对子公司的投入绩效评价和产出绩效评价，过程绩效的考核以子公司为主。其控制点是：

（1）绩效评价制度和体系。母公司与各子公司共同协商制定母公司对子公司的绩效评价制度和体系，一经确定，子公司只需要照章执行即可。

（2）生产运营状况。子公司的生产运营状况需要及时上报母公司相关部门，由其审核和评估。

3. 产出绩效评价模式

母公司只注重子公司经营绩效，对其具体的生产经营运作不加以控制。投入绩效和过程绩效的考核由子公司做出。其控制点是：

（1）评价制度和评价体系。由母公司制定对子公司的财务绩效评价制度和评价体系，子公司只需要按照这一制度和评价体系运营。

（2）报表备案。为保证子公司活动在母公司可掌控的范围内，母公司要求子公司将生产运营报表报母公司备案。母公司相关部门根据子公司的生

产运营报表进行评估,以保证各子公司在分权状态下的生产经营不偏离战略
目标。

5.4　集团公司绩效管理的几种工具

目标管理、标杆管理、关键绩效指标、平衡计分卡等战略性绩效管理工
具与技术,都是现代管理实践和理论的产物。有的是管理学家在长期研究
管理实践的基础上创造并已为实践所检验了的,比如目标管理和平衡计分
卡;有的则在管理实践中取得了成功并上升为普遍适用的理论方法,比如标
杆管理和关键绩效指标。这些工具与技术在产生时间上有先后性,本身各有
优缺点。事实上,各种工具在现代管理中日益呈现出一种综合应用的趋势,
表 5-5 详细比较了四种绩效管理工具。

表 5-5　　　　　　　　四种绩效管理工具的比较

项目	目标管理	关键绩效指标	平衡计分卡	标杆管理
时代	20 世纪 50—70 年代	20 世纪 80 年代	20 世纪 90 年代以后	20 世纪 70 年代末 80 年代初
性质	管理思想:重视工作与人的结合	指标分解的工具与方法	集大成的理论体系	甄别和引进最佳实践的系统优化
对象	个人	组织、群体、个人	组织、群体、个人	组织、群体
特征	员工参与管理,体现"我想做",自我管理与自我控制	战略导向,指标承接与分解,指标层层分解、层层支撑	战略导向,目标承接与分解;因果关系,强调平衡、协同	强调使用结构化、正式的流程进行学习的重要性,持续地进行组织自身与一流实践的比较
关注	管理、考核(关注结果)	考核、管理(关注结果)	管理、考核(关注过程和结果)	考核、管理(关注过程和结果)
要素	目标、指标、目标值	战略、关键成功领域、关键绩效要素、关键绩效指标	使命、核心价值观、愿景、战略;客户关系主张,四个层面;目标、指标、目标值、行动方案	标杆管理实施者、标杆对象、标杆管理项目

续表

项目		目标管理	关键绩效指标	平衡计分卡	标杆管理
指标	设计	根据组织目标，上下级协商确定	根据战略，自上而下层层分解	根据使命、愿景、战略，依据目标分层分别制定	不断寻找和研究同行一流公司的最佳实践，与本企业进行比较、判断、分析
	关系	指标之间基本上独立，彼此没有联系	指标之间基本上独立，彼此没有联系	因目标的因果关系导致四个层面的指标之间有关联性	指标之间具有关联性
	类型	侧重定量指标	无前置指标和滞后指标之分，客观指标	有前置指标和滞后指标之分，客观指标、主观判断指标	客观指标、主观判断指标

企业实践 5 - 2：细化到子公司的绩效指数

　　HK 集团是山东省一家始建于 1988 年的集团公司，经过几十年的发展建设，目前已发展成为集石油化工、精细化工、氯碱化工、生物制药、金融物流和国际贸易为一体的综合性化工企业集团。HK 集团目前发展态势良好，很大一部分原因在于企业的人力资源管理工作能够发挥很好的支持作用。人力资源部门在集团中处于较为强势的地位，掌管编制、绩效和薪酬这些关键的部分。类似万科和华为，现在集团的 HR 部门已经成为一个战略部门，整个集团的战略都有人力资源部的人员参与，包括战略的制定、分解和执行，集团人力资源管理体系已经成为一个战略型人力资源管理体系。

　　集团每个公司都有绩效系数，公司绩效的好坏和所有员工（领导和普通员工）的绩效工资都是相关的。公司的绩效考核分为个人绩效和公司绩效，两个方面都有自己的系数。计算绩效指标时要两个系数同时乘以绩效工资，才是员工所得的最终绩效工资。公司绩效系数是根据上一季度公司的盈利和经营情况决定的，最低为 0.8。如一季度表现好，系数为 1.2，则二季度全

员都可以拿 1.2 的绩效系数，如绩效工资为 3 000 元，则最终的绩效工资为
3 000×1.2=3 600 元。

资料来源：根据访谈整理。

5.4.1 标杆管理

标杆管理（benchmarking）又称基准管理，产生于 20 世纪 70 年代末
80 年代初。首开标杆管理先河的是施乐公司，后经美国生产力与质量中心
系统化和规范化。研究表明，1996 年世界 500 强企业中有近 90% 的企业
在日常管理活动中应用了标杆管理，其中包括柯达、福特、IBM、施乐、
美国电话电报公司等。标杆管理典型的案例是施乐公司。在调查了客户对
公司的满意度后，施乐公司与本行业其他领先企业进行对比，随后对从产
品设计到销售、服务以及人员管理等一系列方面进行优化，取得了显著的
成果。

1. 标杆管理的含义

标杆管理主要指以在某一项指标或某一方面实践上竞争力最强的企业
（产业或国家）或行业中的领先企业或组织内某部门作为标杆，将本企业（产
业或国家）的产品、服务管理措施或相关实践的实际状况与这些标杆进行定
量化评价和比较，分析这些标杆企业（产业或国家）的竞争力之所以最强的
原因，在此基础上制定、实施改进的策略和方法，并持续不断反复进行的一
种管理方法。简言之，标杆管理就是不断寻找和研究同行业一流公司的最佳
实践，并以此为基准与本企业进行比较、分析、判断，从而使自己的企业不
断得到改进，跻身或赶超一流公司，创造优秀业绩的良性循环过程。同时，
标杆管理还是企业加强学习的重要工具，向业内或业外最优秀的企业学习使
得企业重新思考和改进经营实践，创造自己的最佳实践。根据学习的内容，
标杆管理可以分为四类，即内部标杆管理、竞争标杆管理、职能标杆管理和
流程标杆管理。

2. 标杆管理的程序

标杆管理是组织提高绩效的利器，有学者将其分为逻辑严密的十大步骤。在本章中，我们将标杆管理的流程大体分为以下五步：

第一步，确认标杆管理的目标。在实施标杆管理的过程中，要坚持系统优化的思想，不是追求企业某个局部的优化，而是着眼于企业整体的最优。而且，要制定有效的实践准则，以避免实施中的盲目性。第二步，确定比较目标组织。比较目标组织就是能够为企业提供值得借鉴信息的组织或部门，比较目标组织的规模和性质不一定与企业相似，但应在特定方面为企业提供良好的借鉴。第三步，收集与分析数据，确定标杆。分析最佳实践和寻找标杆可为企业找到改进的目标，标杆的寻找包括实地调查、数据收集、数据分析、与自身实践比较找出差距、确定标杆指标等环节。第四步，系统学习和改进。这是实施标杆管理的关键。标杆管理的精髓在于创造一种环境，使组织中的人员在愿景、战略下工作，自觉学习和变革，创造出一系列有效的计划和行动，以实现组织的目标。第五步，评价与提高。实施标杆管理不能一蹴而就，而是一个长期渐进的过程。每一轮完成之后都有一项重要的后续工作，就是重新检查和审视标杆研究的假设、标杆管理的目标和实际达到的效果，分析差距，找出原因，为下一轮改进打下基础。

3. 标杆管理的应用及不足

我国企业运用标杆管理存在一些误区，如有的企业把摆脱困境寄托于某一种成功模式之上，在学习先进企业的同时忽视了结合本企业经营实践进行创新活动的重要性，过于侧重指标量化，因而会出现一些由量化指标导致的缺陷。首先，容易使员工形成单纯追求量化指标的思想，导致被考核者只关注可清晰理解的量化指标，从而一些难以量化的工作将被忽略；其次，并不是所有影响企业绩效的因素都可以量化，片面追求量化指标会导致过高的管理成本。

5.4.2 关键绩效指标

进入 20 世纪 80 年代，关键绩效指标（key performance indicators，KPI）

应运而生。关键绩效指标是指衡量企业战略实施效果的关键指标，它是企业战略目标经过层层分解产生的可量化的或具有可操作性的指标体系。其目的是建立一种机制，将企业战略转化为内部过程和活动，不断增强企业的核心竞争力，使企业能够得到持续的发展。

关键绩效指标体系通常是采用基于战略的成功关键因素分析法建立的。成功关键因素分析法的基本思想是分析企业获得成功或取得市场领先地位的关键成功领域（key result areas，KRA），再把关键成功领域层层分解为关键绩效要素（key performance factors，KPF）；为了便于对这些要素进行量化考核和分析，继续将要素细分为各项指标，即关键绩效指标。关键绩效指标体系作为一种系统化的指标体系，包括三个层面的指标：一是企业级关键绩效指标，是通过对企业的关键成功领域和关键绩效要素分析得来的；二是部门级关键绩效指标，是根据企业级关键绩效指标进行承接或分解得来的；三是个人关键绩效指标，是根据部门级关键绩效指标确定的。这三个层面的指标共同构成企业的关键绩效指标体系。

企业实践 5 - 3：不设 KPI，小米怎么做管理？

小米是由一群发烧友做起来的，发烧友对产品原生的爱毋庸置疑，所以公司要做的就是保护并进一步激发他们的热情，设立一套更合理的机制，让爱产品的能量有效率地推动设计工作。而针对这群发烧友，小米在组织形式和管理文化上也做了不少出格的事，比如扁平化管理、不设 KPI。

扁平化管理到什么程度？

体现扁平化这种特点的就是小米的组织架构基本上是三级：七个核心创始人—部门 leader—员工，不会让团队太大，稍微大一点就拆分成小团队。雷军的"小餐馆理论"（最成功的老板是小餐馆的老板，因为每一个客户都是朋友）是支撑这种扁平化的核心理念。在内部，他们统一共识为少做事，才能把事情做到极致，才能快速。

扁平化是基于小米相信优秀的人本身就有很强的驱动力和自我管理的能力。小米内部认为，如果一个同事不够优秀，就很有可能影响到整个团队的工作效率。所以在小米创办最初的两年中,小米团队从 14 个人扩张到约 400 人,整个团队平均年龄为 33 岁,几乎所有主要的员工都来自谷歌、微软、金山、摩托罗拉等公司。雷军每天都要花费一半以上的时间用来招人,前 100 名员工每名员工入职雷军都会亲自与之见面并沟通。

从小米的办公布局就能看出这种组织结构:一层产品,一层营销,一层硬件,一层电商,每层由一名创始人坐镇,能一竿子插到底地执行。大家互不干涉,都希望能够在各自分管的领域给力,一起把这个事情做好。而且除七个创始人有职位外,其他人都没有职位,都是工程师,唯一的奖励就是涨薪。所以,不需要员工考虑太多杂事和杂念,没有什么团队利益,一心在事情上。不管你在别的公司做总监还是经理,在小米都是工程师,级别都一样。表现好就加薪,但是没有晋升。也就是说,他们的管理异常扁平化,把职能拆得很细。

小米的合伙人班子在今天是各管一块,如果没有什么事情的话,基本上都不知道彼此在干什么,也不会管彼此。大家都是自己的事情自己说了算,这样保证了决策异常迅速。这样的管理制度避免了升降职位在平时的工作中可能带来的一些负面情绪,减少了层级之间互相汇报浪费的时间。小米现在的员工除每周一的一小时公司级例会之外很少开会,也没什么季度总结会、半年总结会。这样扁平化的结构下,催生了执行过程中的死磕到底。怎么死磕?就是不停地修改,改!改!改!然后呢?只要还有时间,就接着改!然后呢?再改改!

用户反馈驱动的绩效管理

在一般的公司,除了产品经理和设计师的效率不搭外,比较常见的抱怨还有,项目组建的时候,有时候会发现这个设计师的水平很高,但是设计出来的东西总是找不对点,华而不实。这个问题的关键是不懂用户就没有设计。在小米内部,要求员工全员去逛论坛、发微博,不断跟用户交流,倾听用户的声音,让用户参与产品、营销的设计,这是小米商业模式的基础。

因此,在小米内部,绩效考核不是看 KPI,而是看用户的选票。每周,小米论坛都组织网友就产品各版本的功能、设计、美工,甚至包括营销活动做投票评选,让网友给好评差评。好评的,公司内部会奖励项目团队;差评的,工程师们马上就可以根据用户的反馈改动产品,不需要请示老板,而最终的结果也由用户投票决定。

小米内部讲忘掉 KPI，这背后是以用户反馈来驱动开发，响应快速。比如小米 MIUI 的开发，MIUI 的设计师、工程师全部泡论坛，每周快速根据用户的意见来迭代。甚至给予内部奖励，不是老板今天心情不错，然后说你做得好，而是全部依靠用户投票选出来，大家公认的好设计才是好。这种力量是循环互动的，当你很认真地对待用户的时候，用户也会用心对待你。有玩者之心的团队，才会真正爱自己的产品，爱自己的用户，这才是解放团队真正的核心。几乎所有小米工程师的微博都异常火爆，用户发现各种 bug 都可以及时反馈，而工程师们也绝不敢轻视用户意见。当一个功能做得好，得到网友们无数点赞时，成就感是无论什么公司奖励都无法比拟的。

但小米的老板在各种场合一直公开声明小米没有绩效，没有自己的 KPI，为什么？因为其根本目的就是希望小米可以打造一个更有效率的人力资源绩效管理模式，而这种扁平化管理无疑是最好的回答。

资料来源："HR 实名俱乐部"公众号推送案例。

5.4.3　目标与关键结果

OKR（objectives and key results），中文翻译为"目标与关键结果"。在 *OKR: Driving Focus, Alignment and Engagement with OKRs* 一书中，Niven 与 Lamorte 将 OKR 定义为"一种批判性思维框架和持续性练习，它可以使员工相互协作、集中精力，推动企业不断前进"。OKR 的核心是帮助企业找到对其发展最关键的方向，并且保持专注，通过集中优势资源，在最重要的地方取得突破。从名称上看，OKR 由两部分组成，即目标（O）和关键结果（KR）。

KPI 与 OKR 可以说是当前私人部门领域最广为人知、应用最为广泛的两种绩效管理理念和模式。通过建立 KPI 考核体系，结合个人绩效、组织绩效与企业战略，通过自上而下的战略传递和自下而上的绩效改进，来实现企业整体绩效的提升。

OKR 在绩效管理的过程中更强调目标和关键结果的关联，目前国内一些互联网公司开始使用 OKR 进行绩效管理。以豌豆荚公司为例，不同于 KPI 模式下仅仅追求产品的用户使用量，OKR 管理模式将目标设置为"通过对产品的设计和实施，让用户赏心悦目，轻松划动便可看到很多内容"，实现该目标的关键结果是审核员工的设计工作以及让每个员工都能明确自己的工作任务从而保证产品的性能。OKR 不与绩效进行直接的挂钩，而是鼓励员工积极进行创新。谷歌公司采用 OKR 进行管理时，为了能够及时跟进 OKR 的执行过程，每一位使用者在季度末需要对关键结果进行打分，以提高管理的效率。

1. KPI 与 OKR 的过程比较

从定义中不难看出，KPI 与 OKR 是存在共同点的。它们关注的都是企业的关键绩效目标，都强调通过对关键绩效目标的聚焦，引导组织成员做出高效的绩效行为，最终实现期望的绩效结果。两者的流程图分别如图 5-7 和图 5-8 所示。

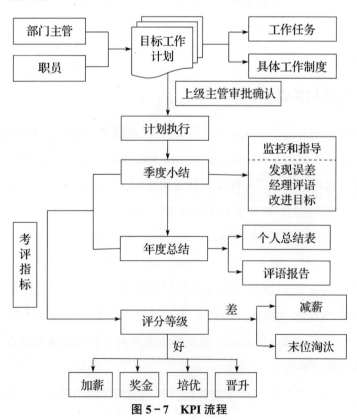

图 5-7 KPI 流程

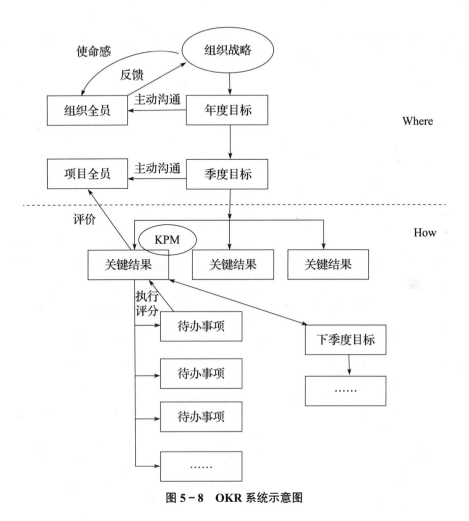

图 5 - 8　OKR 系统示意图

2. KPI 与 OKR 的内容分析

总体来看，KPI 与 OKR 既有共同之处，也有明显的区别。KPI 的实质是一套绩效考核工具，关注工作完成情况，以财务和非财务指标为主要考核依据，关注结果而非过程。OKR 则是一套衡量员工是否称职的管理方法，以产出为导向，结果与过程并重，主要目的不是考核团队或员工，而是提醒每个人当前的目标和任务。KPI 和 OKR 都强调结果目标，只不过 KPI 的思路是先确定组织目标，然后对组织目标进行分解直到个人目标，再对个人目标进行量化。OKR 的思路是先制定目标，然后明确目标的结果，再对结果进行量化，最后考核完成情况。具体而言，二者的特点与异同见表 5-6。

表 5-6   KPI 与 OKR 对比分析表

项目	KPI	OKR
定义	根据企业结构将战略目标层层分解，并细化为战术目标来实现绩效考核的工具	一套定义、跟踪目标及完成情况的管理工具和方法、工作模式
实质	绩效考核工具，强调组织控制	目标实现工具，强调自我管理
关注点	财务与非财务指标，默认工作完成情况对财务结果有直接影响	时刻提醒每一个人当前的任务是什么，有没有做好，而不是为了考核某个团队或员工
逻辑导向	过程控制导向，组织管理控制工具	贡献结果导向，员工自我实现工具
操作要点	1. 自上而下分解和分配业绩指标； 2. 目标尽可能指标化； 3. 绩效薪酬与 KPI 得分直接相关	1. 自上而下分解目标，员工目标与经理确认；关键结果及任务与经理沟通后，员工自己确定； 2. 关键结果不一定指标化； 3. 绩效薪酬与 OKR 得分不直接相关
核心内容	没有统一做法，大多不公开	必须公开
优点	1. 目标明确，考核什么就得到什么； 2. 极有力地激发员工的工作积极性	1. 考虑了 KPI 的优点，对关键结果进行考核，又弥补了 KPI 的不足，即以目标为导向，而非以"预定的结果"为导向； 2. OKR 自定原则，会更大限度地激发员工积极性，关键结果是用来服务于目标的，只要目标不改变，就可以在执行的过程中调整关键结果，发挥自身的主观能动性； 3. 加强管理者和员工就工作目标和标准的积极交流沟通； 4. 不过度强调 OKR 结果，而强调目标实现，让工作更加灵活，避免僵化，且更有利于鼓励创新； 5. 薪酬激励与综合评估有关，OKR 只能起到参考作用，更具有科学性

续表

项目	KPI	OKR
缺点	1. 为了绩效薪酬，过于关注KPI数值，过分依赖考核指标而忽略了人的主观能动因素和弹性因素； 2. 有许多目标无法或不适合指标化，KPI容易将业务引入误区； 3. 过程中的管理者与员工缺乏有效沟通，只讨论KPI，而不讨论目标和环境情况	1. 需要高度有责任心和重视贡献的员工； 2. 需要更加勤勉的管理者
难易度	较合理、易实现	前瞻性强、难度大
适用对象	程序性、规律性工作	创意性、研发性工作

资料来源：田五星，王海凤.大数据时代的公共部门绩效管理模式创新：基于KPI与OKR比较的启示与借鉴.经济体制改革，2017（3）.

3. OKR 的设计过程

Niven 与 Lamorte 认为，OKR 的设计过程主要由以下五步构成：

第一步，起草。召集团队成员进行头脑风暴，起草 OKR。

第二步，提炼。汇总起草的 OKR，在头脑风暴小组中进行集体讨论，初步确定最终将使用的季度 OKR。

第三步，校准。这是为了确保设计的 OKR 与企业战略和整体绩效目标相一致。对于团队层级的 OKR，各团队负责人就本团队的 OKR 与其他相关团队进行讨论，听取意见，达成共识；对于个人层级的 OKR，由上级根据团队和公司目标对个人 OKR 提出修改建议。

第四步，定稿。根据讨论结果修改 OKR，并获得上级批准，形成最终定稿。

第五步，发表。OKR 具有透明管理的特点，因此每个个体、团队和公司的 OKR 都要向所有人公开。

企业实践 5－4：谷歌 OKR 评分规则的建立

为了能够跟踪 OKR 的执行过程，每一位使用者在季度末都需要对关键

结果进行打分。谷歌建立了一套简单的打分规则，将评分范围控制在 0 至 1
分，评分分为 4 个档级，分别是：

1.0 分：百分之百完成目标，取得了极其卓越、几乎不可能实现的成果；

0.7 分：虽然没有完成目标，但是付出了极大的努力，取得了关键成果；

0.3 分：没有完成目标，取得了通过常规努力就能够实现的成果；

0 分：没有完成目标，也没有取得任何成果。

谷歌认为，如果多数 OKR 得分在 0.9 分以上，就很可能说明目标设
置得过于简单；如果多数得分在 0.4 分以下，则说明目标设置得过高，或
者目标定位错误，将本不属于重要和核心的领域当作工作重点；得分在
0.6 ~ 0.7 分之间是比较理想的，这说明在正确的方向上取得了不错的结果。

谷歌的这套打分方案主要用于季度末的总结，但有多年 OKR 培训经验
的 Niven 与 Lamorte 建议企业在完成 OKR 的设计工作后，立即对关键结果
进行预分。这样做的好处是，让执行者提前预演关键结果的打分过程，同
时制定更加具体的打分规则。例如，如果关键结果是"在 7 月 31 日前通过
扩展 NOVO 试点，将现场管理的空白率从 11% 降至 6%"，则实施者可以建
立如下规则：

1.0 分：现场管理空白率降至 6%；

0.7 分：现场管理空白率降至 8%；

0.5 分：现场管理空白率降至 9.5%；

0.3 分：现场管理空白率降至 10%；

0 分：现场管理空白率无变化。

资料来源：孙波，贾秋怡 . 从绩效管理走向"人"的全面管理 . 华夏基石 e 洞察（ID：chnstonewx），
2017-09-26.

5.4.4　平衡计分卡

平衡计分卡（balanced score card，BSC）是由哈佛商学院的教授罗伯特·S.
卡普兰（Robert S.Kaplan）和复兴全球战略集团的创始人兼总裁戴维·P. 诺

顿（David P.Norton）在《平衡计分卡：良好绩效的评价体系》一文中提出的一种新的绩效评价体系。它考核的内容较为全面，分别从财务层面（financial perspective）、客户层面（customer perspective）、内部业务流程层面（internal process perspective）和学习与成长层面（learning and growth perspective）对企业的绩效进行管理，更加体现了企业战略性绩效管理目标的要求。平衡计分卡不仅是一个绩效评价系统与战略管理系统，还是一种沟通工具，而且着重强调上述四个层面目标之间因果关系的重要性，强调财务指标与非财务指标、组织内部要素与外部要素、前置指标与滞后指标、长期目标与短期目标的平衡。

组织的使命、核心价值观、愿景和战略构成了有效平衡计分卡的组成部分。平衡计分卡通过四个层面中每个层面的目标、指标及行动方案，将组织的使命、核心价值观、愿景和战略转化为现实。因此，在确定平衡计分卡的目标和指标时，必须对照组织的使命、核心价值观、愿景和战略，确保目标和指标的协调一致。在明确了组织的使命、核心价值观、愿景和战略后，平衡计分卡战略地图提供了一个简要的框架，用于说明战略如何将无形资产与价值创造流程联系起来。

1. 财务层面

平衡计分卡的财务层面的最终目标是利润最大化。企业的财务业绩通过两种基本方式来得到改善：收入增长和生产率改进。收入增长可以通过两种途径实现：一种途径是提高客户价值，即加深与现有客户的关系，销售更多的产品和服务；另一种途径是增加收入机会，企业通过销售新产品或发展新客户实现收入增长。生产率改进也可以通过两种方式实现：一种方式是通过降低直接或间接成本来改善成本结构，这可以使企业生产同样数量的产品却消耗更少的人力和物力；另一种方式是提高资产利用率，通过更有效地利用财务和实物资产，企业可以减少支持既定业务量水平所必需的营运和固定资本。

2. 客户层面

客户层面包括衡量客户成功的滞后指标，如客户满意度、客户保持率、客户获得率、市场价额、客户份额等。但是，仅仅使客户满意并保留客户几乎不可能实现战略目标，收入增长需要特殊的客户价值主张（customer value proposition）。企业应当确定特殊的细分客户，即为企业带来收入增长和盈利的目标客户。卡普兰和诺顿总结了四种通用的价值主张或竞争战略：总成本最低战略、产品领先战略、全面客户解决方案、系统锁定战略。

3. 内部业务流程层面

客户层面的目标描述了战略目标客户和价值主张，财务层面的目标描述了成功战略（收入增长和生产率改进）的结果。内部业务流程有利于实现两个关键的战略要素：向客户传递价值主张；降低成本以实现生产率的改进。内部业务流程可以分为四类：运营管理流程、客户管理流程、创新流程以及法规与社会流程。

4. 学习与成长层面

学习与成长层面描述了组织的无形资产及其在战略中的作用。无形资产可以被描述为"存在于组织内，用于创造不同优势的知识"或"组织员工满足客户需要的能力"，包括专利、版权、员工知识、领导力、信息系统和工艺流程等。这些无形资产的价值来自它们帮助企业实施战略的能力，不能被个别或独立地衡量出来。无形资产一般分为人力资本、信息资本与组织资本三大类。

平衡计分卡被多数公司用来制定战略目标。2007年天士力集团提出"全面国际化"战略，在市场开拓方面，天士力集团贯彻"基础市场在国内、目标市场在国际"的营销战略。依据邓宁的区位优势理论，企业开拓国际市场的战略目标有三种：寻找资源、寻找市场、寻找效率。天士力作为中药企业的特点决定了其战略主要以寻求国际市场为主。由此，集团在对国际化战略绩效进行评估的过程中，对其衡量标准、目标、指标进行了分解和具体化，确定了每一战略在财务、运营、顾客、员工学习与成长四个执行构面的二级考核指标。

5.4.5　目标管理

目标管理（management by objectives，MBO）是 1954 年由美国著名的管理学家彼得·德鲁克在《管理的实践》（*The Practice of Management*）一书中提出的。德鲁克（1954）认为，古典管理学派偏重以工作为中心，忽视人性的一面；行为科学又偏重以人为中心，忽视了与工作相结合，"目标管理和自我控制是唯一能够做到的这一点的管理原则"。目标管理是划时代的思想革命，德鲁克重视管理行为的结果而非监督活动本身，对日后经理人把管理中心从努力工作转移到生产力（产出）方面做出了极大的贡献。在此之后，许多管理学者完善了这一理念，其中，目标管理是"这样一个过程：通过这个过程，组织的上级管理人员和下级管理人员共同确定组织的目标，根据对每一个人所预期的结果来规定他们的主要责任范围，并且利用这些质变来指导他们所管部门的活动和评价每个成员的贡献"。

1. 目标管理的含义与程序

目标管理是一种程序或过程，它指组织中的上下级一起协商，根据组织的使命确定一定时期内组织的总目标，由此决定上下级的责任和分目标，并把这些目标作为组织经营、评价和奖励的标准。目标管理是一种以员工为中心、以人性为本位的管理方法，它的本质就是以"民主"代替"集权"，以"沟通"代替"命令"，使组织成员充分而切实地参与决策，并采用自我控制、自我指导的方式，进而把个人目标与组织目标结合起来。相较于其他的管理理论，目标管理的特点是运用了行为科学理论，中心思想是引导管理者从重视流程、管理制度等细节问题转为重视组织的目标。目标管理达到目的的手段是过程激励，强调高层、中层、基层管理者职责的不同。它既来源于组织管理理论，又推动了组织管理理论的发展。

目标管理主要有以下四个步骤：（1）计划目标。通过目标分解，由评价者与被评价者共同制定每位被评价者所应达到的目标。（2）实施目标。对计划实施进行监控，掌握计划进度，及时发现问题并采取适当的矫正行动。

（3）评价结果。将实际达到的目标与预先设定的目标相比较，使评价者能够找出未能达到目标或实际达到的目标远远超出预先设定的目标的原因。（4）反馈。管理者与员工一起回顾整个周期，对预期目标的达成和进度进行讨论，从而为制定与达成新的目标做准备。

华为公司运用目标管理的方法来提高员工的工作积极性和企业的竞争力。任正非提出"先瞄准目标再开枪"，让员工在培训时便明确自己的工作目标。华为在为员工制定目标之前会进行调查，做好目标的可行性研究，了解目标的难度。华为的员工都有明确且可执行的工作目标，将指标量化为时量、数量和质量。此外，华为的目标管理不追求跳跃式的发展，而是要求一步一个脚印，逐步实现每个目标，通常会制订五年计划和十年计划，确保短期目标和长期目标的实现。

2. 目标管理的优点与不足

与传统的表现性评价相比，目标管理取得了长足的进步。它重视人的因素，通过让下属参与、由上级和下属协商共同确定绩效目标，来激发员工的工作兴趣；而且，以目标制定为起点，以目标完成情况评价为终点，工作结果是评价工作绩效最主要的依据，因此在实施目标管理的过程中，监督的成分较少，控制目标实现的能力却很强。诸多显著优势使得目标管理在第二次世界大战之后风靡全球。

目标管理也存在一些不足：忽视了组织中的本位主义及员工的惰性，对人性的假设过于乐观，使目标管理的效果在实施过程中大打折扣；过分强调量化目标和产出，往往难以操作；使员工在制定目标时，倾向于选择短期目标，即可以在考核周期内加以衡量的目标，从而导致企业内部人员为了达到短期目标而牺牲长期利益。

本章小结

集团公司绩效管理模式就是指由各种绩效管理要素构成的具有独特特征的母子公司绩效管理体系。构建集团公司绩效管理模式的目的是指导母公司根据各种权变因素选择适合的绩效管理模式，并按照既定的模式对子公司进行绩效管理，以提高绩效管理的可操作性、科学性和便利性。在行政管理型、治理型、自主管理型三种不同管理控制模式下，母公司对子公司的绩效评价方法、侧重点都有所不同，需要有与之相配套的绩效评价模式，其可分为三种：全程绩效评价模式、平衡绩效评价模式以及产出绩效评价模式。

思维导图

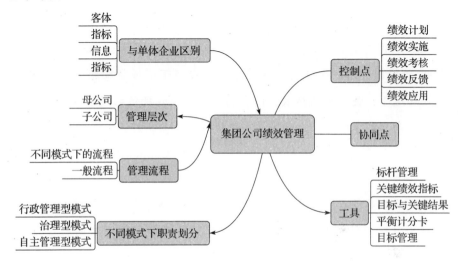

前沿进展：绩效管理的新变革

　　当 Brian Jensen 告诉他的 HR 高管，Colorcon 公司将不再通过年度审查的方式进行绩效管理时，整个高管团队都惊呆了。对此，Jensen 在沃顿商学院的演讲中提到，Colorcon 找到了一种更有效的方式来强化人们的期望行为和提高管理业绩：主管给下属提供即时反馈信息，将该过程与个人目标相结合，每周为有特别成就和贡献的员工发放小额奖金。在当时，放弃传统的绩效评估似乎是极其异端的行为，但现在，超过三分之一的美国公司正在这样做，从硅谷到纽约，再到世界各地的办公室，公司将年度绩效评估过程置换为管理者和员工之间频繁的、非正式的检查。

　　德勤一位高管认为，需要花费 1.8 亿小时的年度绩效评估已经不符合公司发展的需求了。《华盛顿邮报》的一位撰稿人称年度绩效评估为"公司歌舞伎的仪式",限制了创造力,产生了堆积如山的文书工作,却并没有提高效率和产生应有的价值。另一些人则将年度评估描述为上世纪的实践,归咎于缺乏合作和创新。雇主们也认为,上下级都轻视绩效评估程序。然而,年度评估最大的局限性(也是越来越多的公司正在衰落的主要原因)在于,它着重强调繁杂的财务奖惩和年终评价,认为员工的以往种种行为是当前绩效和未来才能的体现,而这两者恰恰为组织的长期生存所需要。相比之下,关于绩效和发展的定期谈话更关注当下和未来,即在现在和今后的几年里强化并建立组织内有竞争力的劳动力资源。商业研究人员 Josh Bersin 估计,大约 70% 的跨国公司正朝着这个模式改革。在当下低通货膨胀率和低预算率的市场环境下,关注交易绩效、问责制的传统绩效评估已经不适用了,绩效评估应受商业需求的驱动,而不是 HR 强行进行的工作。

这种变化有三大关键点需要重视。首先,Cappelli 和 Tavis 从问责制、发展两个层面分析了近年来绩效评估管理的变化。其次,从个人发展的回报、系统反应灵敏度、以团队合作为中心三个角度分析了传统绩效评估的弊端,提出系统评估应遵循工作的自然循环,管理者和员工之间关于目标实现、工作挑战等方面应进行更全面的对话,而不只是绩效访谈一贯刻板的问题。在大多数公司,管理者在设定短期目标时发挥带头作用,员工会受短期内频繁的交谈反馈所驱动。另外,公司的绩效管理改革面临几大挑战,例如个人目标与公司目标的矛盾和调整、法律纠纷、低绩效行为的识别、管理反馈、奖惩界定等。另外,并不是所有的雇主都面临着同样的商业压力来促使他们改变绩效流程,有些行业例如零售与金融服务业,问责制和财务奖惩更有利于个人绩效的提高。

资料来源: Cappelli P, Tavis A. The Performance Management Revolution. Harvard Business Review, 2016 (94).

第 6 章

集团公司薪酬管理

引例：星巴克的员工为什么挖不走？

　　星巴克咖啡公司董事会执行主席霍华德·舒尔茨宣布：自2017年6月1日起，所有在星巴克中国自营市场工作满两年且父母年龄低于75周岁的全职伙伴（员工）都将享受到一项全新的"父母关爱计划"——由公司全资提供的父母重疾保险。

　　这一计划可能每年要付出数百万美元。为什么星巴克要做如此巨大的投入？舒尔茨表示："我们始终相信，最好的成功是与彼此分享。我很高兴能够亲自在中国向中国的伙伴们宣布这项面向他们父母的关爱计划，这不仅是向中国传统家文化的致敬，更是基于星巴克一直以来珍视伙伴价值的企业理念。自始至终，引领我们不断前行的使命就是一切从人文视角出发，将星巴克打造成一家值得尊敬和信任的公司。人文精神不仅是我们不懈努力的核心目标，而且也是驱动我们一路向前的动力。"

　　独特的"伙伴文化"，将心注入每位伙伴

　　"星巴克的员工为什么挖不走"成了某段时间的网络热搜词。当被问及这个问题时，星巴克中国区人力资源副总裁余华开怀大笑："我身边也有猎头公司的人常常问我，我们看上了办公室楼下的星巴克店经理，但死活就是挖不走。你们星巴克的人为什么这么难挖？"在领英专访中，余华透露了其中的秘诀：那就是星巴克独特的"伙伴文化"，这一文化不仅仅贯穿在公司日常的宣传和称谓中，更是通过点点滴滴的行动将公司的诚意注入每一位伙伴的心中。

　　星巴克坚信，要顾客满意，首先是要员工满意。星巴克为员工同样提供了不同的体验。一位新员工即将加入星巴克，在入职前他就已经收到了店经理的欢迎邮件。入职后，还会收到来自公司的欢迎礼包。新员工入职第一天，还需要和经理一起品尝咖啡，让新伙伴通过咖啡来了解这家公司……这些无微不至的细节在星巴克已经成为规范，而所有这些，都是为了让新员工尽快融入星巴克。星巴克中国的25 000多名员工当中，恐怕每个人都有过类似的待遇。不过他们自己并不将自己称作"店员"或"员工"，余华说，我们都叫"伙伴"（partner）。

"咖啡豆股票"

"我们始终致力于在中国将星巴克打造成为一家与众不同的公司，持续为伙伴创造最佳体验是我们的首要任务。在过去的 16 年里，我们的薪资福利体系体现了我们关爱伙伴和伙伴家人的承诺。"余华表示。为了给伙伴打造一个良好的雇主环境，星巴克也想尽了各种办法。余华介绍，在星巴克，每一位员工都能享受到公司的股票——"咖啡豆股票"，甚至是兼职伙伴。正是由于这项咖啡豆股票计划，在星巴克内部，每一个员工都被称为"伙伴"。

所谓的"咖啡豆股票"，就是针对全体员工发放限制性股票（RSU），使每个员工都持股，都成为公司的股东之一。该投资的举措证明了星巴克在实现盈利的同时，始终与星巴克伙伴以及所在社区共同分享成功，也是公司对员工敬业、热情及创新精神的认可。

寻找"黑围裙"

在星巴克，最常见的是"绿围裙"。如果下次你看到有店员穿着"黑围裙"，那么你可以尝试让他帮你做一杯咖啡。在星巴克内部，"黑围裙"代表着"咖啡大师"这一身份。目前，在全国超过 1 500 家门店的 25 000 多名伙伴当中，这样的"黑围裙"一共有 4 000 多位。

在星巴克，所有的伙伴都可以走上通往咖啡大师的道路。咖啡大师在星巴克的整个系统当中，是关于咖啡的知识和技能方面的进阶学习项目。因此，"黑围裙"意味着更加渊博的咖啡知识和更加优秀的咖啡制作技巧。每条黑围裙上都会绣上伙伴的名字。

除了"黑围裙"，星巴克还有一种段位更高的"咖啡围裙"。余华颇有些神秘地说，可能很少有人能见到这类"伙伴"，因为他们是星巴克的"咖啡公使"，是"大师中的大师，数量很少"。要成为咖啡公使，候选人需要通过区域范围内严格的咖啡知识与技能的综合考核和评定，层层闯关，最终进入全国决赛，由星巴克咖啡专家们组成的评委团当场评议，选拔出的最终获胜者将获得任期两年的"星巴克中国咖啡公使"的荣誉称号。

从星级咖啡师（绿围裙）到咖啡大师（黑围裙）再到咖啡公使（咖啡围裙），这是星巴克为不断提升咖啡造诣提供的咖啡师成长阶梯。问鼎棕围裙（即咖啡围裙），是每位咖啡师的至高荣耀，每一步成长都凝聚着无比的热忱和不断追求卓越的专业精神。

资料来源：本文案例来源于领英对星巴克中国区人力资源副总裁余华的专访文章，文中所有相关数据截至 2015 年 3 月。

6.1   集团公司薪酬管理的内涵

公平合理的激励机制的两个关键环节是绩效考评和薪酬制度。科学合理的绩效考评标准与薪酬政策相结合，有利于引导子公司经营者的行为，充分调动其积极性和主动性，提高公司绩效和发展潜力。

6.1.1   集团公司薪酬管理的含义

集团公司薪酬管理，是指集团内各公司根据员工所提供的服务来确定他们应当得到的报酬总额、报酬结构和报酬形式的过程。在这个过程中，集团公司就薪酬水平、薪酬体系、薪酬结构、薪酬构成以及特殊员工群体的薪酬做出决策。同时，作为一种持续的组织过程，各个子公司还要不断制订薪酬计划，拟定薪酬预算，就薪酬管理问题与员工进行沟通，同时对薪酬系统的有效性做出评价并不断完善。薪酬作为实现人力资源合理配置的基本手段，在人力资源开发与管理中起着十分重要的作用。集团薪酬管理流程设计原则以集团战略目标为出发点，以绩效体系、岗位评估和薪资市场行情为基础，通过合理的薪酬体系，激发集团全体人员的动力，增强凝聚力。

6.1.2   集团公司薪酬管理的内容

企业集团薪酬体系设计的合理性是集团实现人力资源管理高效的重要手段，通过薪酬管理可以做到：（1）公平公正地分配。通过职位划分、层级划分、岗位价值评估和绩效评价，让不同的人得到不同的薪资回报。（2）吸引、留住优秀人才，发挥薪酬的激励功能。激励功能是薪酬管理的核心功能，是薪酬管理最主要的目标。（3）合理调整集团劳动力素质结构。如果集团的薪酬在同地区具有很强的竞争力，那么公司就能招到更多适合公司发展的高素质人才。反之，高素质的人才就会偏少。所以薪酬在劳动力的素质结构方面能起到很好的调整作用。

　　具体而言，集团根据自身的条件与环境，在不同的控制力度下会采取不同的薪酬管理方式。例如，总部人力资源部可以负责制定总部的薪酬策略和薪酬制度，制定子公司进行薪酬策略和薪酬制度设计的原则，提供薪酬管理的工具，负责总部员工的薪酬计算与发放，制定子公司高管及财务负责人的激励机制；又或者总部只是负责总部的薪酬策略和薪酬制度以及相关激励，而对子公司的相关决定不予以干涉，只是给予适当的咨询意见。不同的管理模式下，母公司人力资源薪酬管理的措施会有很大的不同，对集团绩效的影响也会存在很大的差异。

企业实践 6 - 1：海尔集团的薪酬管理

　　海尔的"商圈小微"旨在将公司打造为平台化的生态系统，成为可实现各方利益最大化的利益共同体。自主经营体强调员工和经营者站在同一立场进行合作，奉行全员参与经营，员工不再是被动的执行者，而是身处其中的主动的创业者，但这一模式潜藏着消极怠工的可能性。为消除该风险，海尔在薪酬战略的四大目标中选择了侧重雇员贡献方面，并以"三公原则"（即公平、公正、公开）作为指导思想。海尔的公平体现在对所有员工都实行统一的可量化的考核标准；公正是指设立严格与工作成果挂钩的员工升迁制度，根据绩效高低将员工在优秀、合格、试用三个等级内进行动态转换；公开则指考核方式、考核结果和所得薪酬向所有员工公开和透明。这一薪酬战略较好地解决了潜在的委托代理问题，并激励员工主动工作和构建利益共同体。

　　在海尔的组织变革过程中，合适的薪酬制度应当起到激励和筛选的杠杆作用：一方面增强现有员工对自主经营体模式的认同；另一方面吸引适合自主经营体模式的员工，从而促成公司与员工的匹配，推动企业变革。对此，海尔推行了人单合一机制下的"超利分享酬"，激励员工先为客户创造价值，在扣除企业常规利润和市场费用后，就可与企业共享剩下的超额利润。海尔基于为用户创造的价值把薪酬基数分为五类，依次为分享、提成、达标、保本和亏损。员工的绩效达到提成或者分享水平就可参与对所创造价值的分享，即员工在向市场"挣工资"，而非等企业"发工资"。这种高度参与式的利润分享意味着客户价值的最大化就是员工收益的最大化，能够激发员工为客户创造价值的积极性，实现员工利益与企业利益的一致性。

海尔还采用了"创客薪酬"推动自主经营体的发展。在这一制度下，员工与公司先达成一致的目标，再落实到具体的年月日，根据达到的目标获取"四阶"薪酬，即创业阶段的生活费、分享阶段的拐点酬、跟投阶段的利润分享和风投配股阶段的股权红利。其中蕴含的激励层次也从"生存权利""利益分享"上升到了"事业成就"。员工实质上是创业者，可以利用公司的平台和资源进行自主经营，初创时得到扶持，壮大时共享收益。

资料来源：HR 人力资源管理案例网 . 案例分析：海尔集团的薪酬管理 .（2016-12-18）［2019-03-18］. http://www.hrsee.com/?id=492.

6.2　集团公司薪酬管理的控制点和协同点

6.2.1　集团公司薪酬管理的控制点

薪酬管理是集团公司人力资源管理的重要方面。董事会不仅要为 CEO 的薪酬计划采用标准化的"最优做法"，而且要采用定制化的薪酬计划促使 CEO 的目标与股东目标一致。对于行政管理型母子公司，集团公司制定子公司董事会成员、总经理阶层的薪酬标准，在集团内部统一制定专业人才和一般员工的工资标准；对于自主管理型母子公司，集团公司只行使股东的权利，负责制定子公司的董事会成员的薪酬标准，而子公司内部经理阶层、技术人才和一般员工的薪酬则由子公司自主决定；对于治理型公司，集团公司对子公司的控制介于前两者之间。薪酬管理是集团公司人力资源管理的重要方面，一般而言，集团公司在薪酬与福利工作中可选用以下控制点：

1. 母公司对子公司薪酬总体水平的控制

母子公司薪酬管理的目的是增加集团价值，母子公司的薪酬管理既有目标的一致性，也有一定的矛盾：在一定时期内，子公司员工的收入对于股东来说属于费用，为了追求更大的利益，母公司会希望子公司尽量减少薪酬支出；而子公司经营者为了激励子公司员工，会有为本企业员工增加薪酬的冲动，从而在某种情况下与母公司的利益相违背。

为了解决这种矛盾，母公司作为控股股东，应该对子公司的薪酬水平有一个总体控制，一方面可以控制总成本，另一方面给予子公司在薪酬总额总体控制下的薪酬分配权。子公司可以根据自身的实际情况采取有效的措施对不同类型员工制定不同的薪酬方案，从而有效地激励员工，提高员工的积极性。

2. 针对不同子公司采取不同的薪酬政策

集团制定薪酬政策的指导思想是吸引人才，留住人才，激励员工的工作热情。当集团下属各子公司目标不同、市场状况不同、员工需要不同、公司的预算不同、成熟度不同时，为了保证各子公司的健康发展，母公司可以通过对不同子公司采取不同薪酬政策的方式来对子公司实施控制，主要有以下几种情况：

（1）不同行业采取不同的薪酬基数。例如，集团公司内部有劳动密集型、资金密集型和管理（知识）密集型的企业，就其行业性质而言存在着本质的差异。在一定程度上，各行业人员的收入与行业的景气度是密切相关的。以一种薪资标准来管理不同行业的企业显然力不从心，也会造成一些不必要的矛盾，因此首先要确定不同的薪酬基数。行业薪酬标准可以依据市场调查的数据和企业的经营状况来确定。

（2）不同地区采取不同的薪酬水平。从目前劳动力市场价格看，不同地区之间劳动力市场薪酬水平的差异是显而易见的。因此在制定薪资标准时，必然要考虑到这种地区差异，不同地区采取不同的薪酬水平。要针对不同城市的薪酬制定相关的差异系数，该系数以国家、各城市和各地区统计局公布的社会平均工资为参考，利用统计模型找出与城市薪酬差异高度相关的反映城市经济发展水平的指标，例如国内城市 GDP、各地区居民消费价格指数、社会消费品零售额、城镇居民人均可支配收入、城乡居民储蓄年末余额、职工工资总额等，最后参考各地人均消费水平，以年度现金总收入为计算口径，综合计算得出。

（3）公司不同发展阶段采取不同的薪酬政策。制定薪酬政策要考虑产业发展的成熟度。一般来说，产业发展会经历初创、成长、稳定和衰退四个时期，同一产业在不同发展时期采取的薪酬政策是不同的。在初创期，一般企业采取偏保守的薪酬政策，以减轻财务压力；对于成长性企业，一般可采取积极的激励政策；对于成熟和稳定性企业，可以采取比较固定的薪酬模式。

3. 母公司对子公司经理层薪酬的控制

为更好地保持薪酬的公平性，避免子公司高层薪资制定不合理，母公司一般会制定子公司高层人员薪酬标准并要求严格执行。一般来说，母公司会以薪酬管控为切入点对子公司进行要求，最大限度地发挥母子公司人力资源共享和协同的效应。以唐山钢铁集团有限公司为例，母公司负责对子公司的工资总额、工资总额构成的管理和与经营成果挂钩的考核，同时负责对子公司负责人经营业绩进行审计、考核和确定薪酬。而子公司需要负责本公司日常的工资总额计划、与经营成果挂钩的考核，同时负责协调母公司对子公司负责人经营业绩的考核、报批和支付。

企业实践 6－2：根据子公司效益确定薪酬待遇的 TY 集团

TY 集团金融管理类本科生起薪 3 000 元，研究生为 4 000 元。员工的薪酬每年都有调整，集团会给每个人提供机会，员工需要自己把握机会实现加薪和晋升。集团内部不同职级之间的薪酬待遇差别很大，通常上一职级的薪酬是下一职级的两倍，例如部门经理助理的薪酬待遇在普通员工的基础上翻番；主管的薪酬是 5 000 元到 10 000 元不等。

在集团总部与子公司同级别员工之间，TY 集团根据效益确定薪酬待遇，不像国企按明确的层级来确定，TY 集团按照一级公司、二级公司（子公司、孙公司）进行划分。有些时候，二级公司的效益有可能更好，如二级公司年利润几千万元，而一级公司则处于亏损状态，这时集团会根据效益来确定薪酬，但考虑到一级公司的级别较高，因此在其待遇方面（如配车等）要高于二级公司。集团总部与子公司同级别的普通员工之间的薪酬差距不大，中层高管的薪酬差距较大。集团高管和子公司高管收入待遇不一样，而普通员工则按照实际情况确定待遇，有可能出现子公司人力资源部普通员工薪酬待遇高于集团人力资源部普通员工的薪酬待遇的情况。集团在一些方面管控较严，如人员进出方面，包括高管和普通员工，集团会对能够管控的方面都进行管控。对于更加细致的方面，集团会进行备案。

资料来源：访谈整理。

6.2.2　集团公司薪酬管理的协同点

集团公司薪酬方案的制定要考虑两方面的因素：外部竞争性与内部一致性。外部竞争性是指集团员工的薪酬水平在外部市场上应具备一定的竞争力；内部一致性一方面是指集团内各公司内部不同部门不同职位的相对价值具有可比性，员工在公司内部感受到公平，另一方面是指不同子公司之间的薪酬应该具有一定的公平性。集团对各子公司的薪酬都要强调内部公平性和一致性，各个子公司薪酬差距不能太大，否则将挫伤薪酬水平较低的子公司员工的工作积极性。

为了实现母公司对子公司人力资源的控制，可以由母公司人力资源部统一制定薪酬方案，各子公司统一实行，从而保证内部的公平性与一致性。母公司制定的薪酬制度，应反映工作性质的变化以及工作环境的差异，努力实现公平，以充分调动员工的积极性。例如母公司可依据"两个低于"的原则（企业工资总量的增长要低于效益的增长，职工年均收入的增长要低于劳动生产率的增长）对子公司员工薪酬进行控制。对于子公司的关键岗位，如子公司的经理层、董事会、母公司派驻人员等，母公司会统一进行岗位分析与薪酬结构设计，从而对关键岗位的员工实施良好的激励措施；而对于子公司的一般岗位，则由各子公司根据自己的实际情况来设计薪酬方案。结合集团公司薪酬管理流程，协同点主要有统一制定薪酬方案和统一制定薪酬制度，具体如表6-1所示。

表6-1　　　　　　　　　　　人力资源薪酬协同点

协同点	说明	协同效应
统一制定薪酬方案	综合岗位分析，统一制定薪酬方案，各子公司遵照执行	实现内部的公平公正性
统一制定薪酬制度	能反映工作性质的变化以及工作环境的差异，充分调动员工的积极性	实现薪酬管理能力协同，宏观上实现集团公司对集团的统一调配和控制

资料来源：李芳.基于信息化的企业集团协同效应研究.济南：山东大学，2008.

6.3　集团公司薪酬管理的职责划分

集团公司采用不同的人力资源管理模式，在薪酬体系设计的过程中母子公司的职责分配也有所不同。薪酬管理是集团公司控制子公司经理人员及普通员工的重要方式。对不同层次员工的薪酬控制直接体现了集团公司的控制程度。对于相对集权型的集团，集团公司不但要制定子公司董事会成员、经理层的薪酬，还统一制定专业人才和一般员工的工资标准；对于相对分权型的集团，集团公司仅行使股东的权力，负责制定子公司董事会成员的薪酬，由子公司自主决定内部经理层、技术人才和一般员工的薪酬标准，具体如表6-2所示。

表6-2　　　　　　　　　　母子公司薪酬管理职责分配

职责分配	行政管理型模式	治理型模式	自主管理型模式
母公司薪酬管理职责	1.员工薪酬体系和制度建设； 2.员工薪酬制度的执行和管理； 3.薪酬信息的调查与管理	1.经理层与关键岗位员工薪酬体系和制度建设； 2.对经理层与关键岗位员工薪酬制度的执行和管理； 3.对经理层与关键岗位员工薪酬信息的调查与管理	1.对子公司董事会、经理层人员的薪酬管理； 2.对子公司薪酬总额进行限制

续表

职责分配	行政管理型模式	治理型模式	自主管理型模式
子公司薪酬管理职责	执行集团公司薪酬制度，自身没有决策权	1. 一般岗位员工薪酬体系和制度建设； 2. 对一般岗位员工薪酬制度的调查、执行和管理	结合自身情况进行薪酬管理，拥有充分的决策权

6.4　不同管理模式下的薪酬体系设计流程

6.4.1　行政管理型模式

在行政管理型模式下，母子公司薪酬体系设计的工作主要由集团公司人力资源部承担。集团公司对集团整体的各个岗位进行职位分析、职位评价、薪酬水平调查，制定薪酬结构，报集团公司董事会审批后各子公司均应按照统一的薪酬政策执行。在实施过程中出现问题时，子公司及时上报集团公司，由集团公司人力资源部进行适当修正与协调。通过这一方式，集团公司可以有效控制各子公司的薪酬水平，控制的强度与力度都相对较大。

6.4.2　治理型模式

在治理型模式下，对子公司的关键岗位，如子公司的董事、经理层、集团公司派驻人员等，集团公司会统一进行岗位分析与薪酬结构设计，从而对关键岗位的员工实施薪酬管理，实现对子公司的控制。而对于子公司一般的岗位，集团公司则将权力下放，由各子公司根据自己的实际情况设计薪酬方案，集团公司可能只对各子公司薪酬总量有所控制，而具体到子公司员工的薪酬分配，则由子公司负责。以浙江天能国际集团为例，公司总裁负责提出整体的薪酬政策，集团人力资源中心提供具体方案，同时成立薪酬与绩效管理小组，根据市场情况和企业经营战略调整薪酬制度。各子公司人力资源管理部门在集团的制度下编制本单位每月薪酬发放方案，汇总到集团人力资源中心，由总裁审批后通过。

6.4.3　自主管理型模式

在自主管理型模式下，集团公司对子公司人员薪酬体系的设计控制较少。各子公司可以根据自身的行业状况、盈利水平等实际情况自主设计薪酬体系，集团公司只对子公司薪酬水平总体进行把握即可，而将绝大部分权力下放到各子公司。子公司人力资源部门对公司内部的各个岗位进行分析与市场薪酬调查后，制定适合自身发展的薪酬体系。目前许多集团授权子公司自主进行薪酬体系的设计，集团总部仅仅起指导作用。作为我国互联网企业的典型代表，阿里巴巴子公司的薪酬体系仅仅是由集团进行标准的制定，具体的执行都由子公司自行决定。

企业实践6-3：不同模式下的薪酬管控比较：山东省能源公司、中车集团山东公司、中国电信山东公司、阿里巴巴

母子公司采用不同的人力资源管理模式，在薪酬管理的具体内容上具有明显不同。表6-3整理了不同模式下四大企业薪酬管理的具体内容，相比行政管理型人力资源管理模式，自主管理型模式下，薪酬管理相对应的是较为宽松的管控方式。

表6-3　　　　　　　　　不同模式下的薪酬管控比较

公司名称	公司性质	人力资源管理模式	薪酬管理具体内容
山东省能源公司	国有企业	行政管理型	以岗定薪的岗薪工资制，集团负责人工成本总量管理和统一的薪酬体系设计，子公司负责具体实施，以岗定人并确定具体薪级
中车集团山东公司	国有企业	自主管理型	中车集团在薪酬管理上采用了员工薪酬总额制度，给予子公司高度的自主权。在不突破所指定的人工成本总量的基础上，内部具体的薪酬体系由子公司制定并落实
中国电信山东公司	国有企业	自主管理型	在不突破集团人工成本总量的基础上，具体的薪酬体系制定由子公司自己负责。在招聘特殊岗位人员时（关键岗位的社会引进人员，薪酬可能突破现有体系），可单独向集团申请，作为战略岗位引进，该岗位不占用集团编制，薪酬不占用人工成本总量，单独拨付

续表

公司名称	公司性质	人力资源管理模式	薪酬管理具体内容
阿里巴巴	私有企业	自主管理型	薪酬管理及预算由集团制定标准，但具体执行和落地的形式各子公司自己掌控

资料来源：访谈整理。

本章小结

集团公司薪酬管理，是指集团内各公司根据员工所提供的服务来确定他们应当得到的报酬总额、报酬结构和报酬形式的过程，本章总结了其控制点及协同点，以及不同模式下的职责划分和设计流程。其中，控制点在于三个方面，包括集团公司对子公司薪酬总体水平的控制、针对不同子公司采取不同的薪酬政策、集团公司对子公司经理层薪酬的控制；协同点在于统一制定薪酬方案、统一制定薪酬制度两方面。在不同的管理模式下，薪酬管理的侧重点有所不同。薪酬管理是集团人力资源管理实施的重要保障措施，薪酬激励是保持集团高效的重要环节，也是母公司对子公司实施控制的重要手段。

思维导图

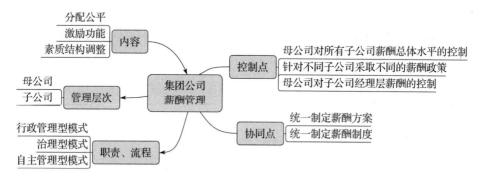

前沿进展：我们知道女性 CEO 的薪酬更高，但不知道这是为什么

去年春天，高管薪酬公司 Equilar 发布了一项关于性别和 CEO 薪酬的头条新闻。其对符合 S&P 500 标准的 341 家公司进行了调查，结果发现 17 名女性首席执行官的平均薪酬比 324 名男性 CEO 高出近 800 万美元。媒体界部分人对此感到非常震惊和兴奋（《财富》杂志称其为"反向性别差距"），而另一些人则对该报告的样本规模提出了质疑。但这些发现得到了两项严谨的学术研究的支持：一项研究发现，持有或可能持有高级管理职位的女性比男性多挣 10%；另一项研究发现，不仅女性 CEO 比男性 CEO 薪酬更高，而且非白人 CEO（非裔、亚裔、拉美裔美国人和美国原住民）的薪酬也高于白人 CEO。

这些发现很吸引人，但现在完全确认其正确性或反向歧视的存在还为时过早。几十年的研究持续证明，女性和少数族裔的收入低于白人男性。即使把重点放在高管级别的人（小公司的首席执行官、首席财务官、首席运营官、总裁、高级副总裁）身上，这些差异仍然存在。

因此，我们需要更多的信息来了解 CEO 薪酬水平的不同，或者说哪些因素影响着 CEO 的薪酬水平。这些人完全有可能在工作上发挥出色，更具价值。其中一个因素可能是那些有女性和少数族裔的公司有渐进薪酬的政策来激励和奖励非白人和非男性。一项研究发现，组织多样化目标与高收入女性的高收入相关。然而，另一种可能的解释来自简单的供求效应：如果合格的女性和少数族裔首席执行官供不应求，那么他们的薪酬就会更高。

一个相对讽刺但貌似有理的解释来自对道德和道德行为的研究。这种行为不是静态的，而是根据过去和预期的情况来回变化。例如，根据这项研究，在卡特里娜飓风过后，社会意识较差的公司更有可能捐赠救灾物资。有理由怀疑公司支付给女性 CEO 和少数民族 CEO 的薪酬溢价，至少在某种程度上是对过去的错误的某种回应，以提高公司的形象（称为道德净化），确保在未来不会遭遇过多的名誉损害（称为战略道德许可）。

尽管这一切似乎都是推测性的，但一些研究为这一理论提供了证据。例如，有研究表明，在公司的高管层中，女性的存在与后来被雇用到该组织高层职位的女性减少有关。也许这是因为决策者，不管是有意识地还是无意识地，都认为有一、二或三名高级女性领导人的存在表明他们已经"为多样性做了足够的努力"，从而使自己免于参与积极的多元化倡议。

资料来源：Margaret Ormiston and James R. Bailey. We Know Female CEOs Get Paid More, But We Don't Know Why. Harvard Business Review, 2017 (3).

第 7 章

集团公司人力资源流动管理

集团公司内部的人员保持一定的良性流动，不仅有利于显著提升人力资源管理能力和质量，而且能加强各子公司资源的协同，促进知识与能力的传播。海信集团在建立联合研发平台的过程中，通过参与联合的子公司的高层管理者与技术骨干的流动，进一步加强了其创新能力（见图7-1）。

图7-1　平台间人员流动

其中，子公司高层管理者兼任研发平台副主任，不仅能从战略高度上将研发平台的目标直接对接各个子公司的需求，例如子公司需要何种技术知识，需要针对什么样的问题进行解决，而且肯定会第一时间就子公司的相关问题搜索解决的办法，与此同时还可以通过子公司高层管理者引导更多有针对性的资源促进联合研发平台的发展。而技术骨干人员在各子公司与研发平台之间流动则能够在业务层面对接任务目标，子公司亦可以通过人力资源管理系统向联合研发平台输送技术骨干人员，从而形成互为辅助的良性循环，在技术发展的过程中吸纳更多生产与市场等方面的信息，使研发平台的成果更具有价值。

在这一模式中，海信集团所建立的研发平台不仅联合了子公司的资金与现有的处于"静态"的技术部门，而且通过高管人员与基层人员的良性流动，以人力资源为介质，构建起对接多个子公司的信息与知识动态研发平台。在实现"动态"的过程中，人员流动起到了关键作用，而实现人员流动管理的有效控制与协同也是集团公司促进信息流动、提升整体活力的重要举措。

资料来源：访谈整理。

　　合理有效的人力资源管理在企业获取人力资源优势中起着关键的作用。作为人力资源管理的重要组成部分，人员内部流动有利于挖掘员工各方面的能力，提高员工的工作满意度和组织承诺感，从而为企业带来巨大的经济效益。而在集团公司中，人员内部流动不仅可以实现单体企业的效益，还可以增进母子公司之间的沟通与交流，实现集团人力资源的共享，有利于加强集团公司对子公司的控制，帮助集团进入新产业或进行并购。海信集团在建立联合研发平台的过程中，正是通过参与联合子公司的高层管理者与技术骨干的流动，进一步增强了其创新能力。因此，在集团公司内部实行人员流动制度，有助于提升集团公司人力资源配置的有效性和合理性。本章基于人力资源流动的相关理论，深入阐述集团公司的人力资源流动管理。

7.1　集团公司人力资源流动管理的内涵

企业实践 7 - 1：董事会领导下的 CEO 轮值制度

　　近二十年来世界的快速变化，令人瞠目结舌。中国原来是一个十分贫穷的国家，现在竟然汽车遍地，高铁飞驰，城市华丽，物价昂贵……特别是电子行业的变化更是惊人，电信从语音时代向宽带超宽带变化。说信息流的管道像太平洋一样粗，那将是什么概念？难以想象！曾经有雄厚技术储备、称霸过世界的设备商，居然在信息技术需求如此巨大的市场中灰飞烟灭了。难道华为会有神仙相助？会逃脱覆灭的命运？你以为我们会超凡脱俗，会在别人衰退时崛起？

　　轮值并不是新鲜的事，在社会变动并不剧烈的时代，也曾有皇帝执政几十年，开创了一段太平盛世，唐、宋、明、清都曾有过这么一段辉煌，他们轮值的时间是几十年，几十年后又换一位皇帝。曾经的传统产业也是七八年换一次 CEO，也稳坐过一段"江山"。看今天潮起潮涌，公司命运轮替，如何能适应快速变动的社会？华为实在是找不到什么好的办法。CEO 轮值制度是不是好的办法，是需要时间来检验的。

传统的股东资本主义下，董事会是资本力量的代表，它的目的是使资本持续有效地增殖，法律赋予资本的责任与权力，以及资本结构的长期稳定性，使他们在公司治理中决策偏向保守。董事会领导下的 CEO 负责制，是普适的。CEO 是一群流动的职业经理人，知识渊博，视野开阔，心胸宽宏，熟悉当代技术与业务的变化。选拔其中某个优秀者长期执掌公司的经营，这对拥有资源以及特许权的企业，也许是实用的。

华为是一个以技术为中心的企业。由于技术的多变性、市场的波动性，华为授权一个小团队来行使 CEO 职能。相对于要求个人日理万机、目光犀利、方向清晰等，要更加有力一些，但团结也更加困难一些。华为的董事会明确不以股东利益最大化为目标，也不以其利益相关者（员工、供应商等）利益最大化为原则，而是坚持以客户利益为核心的价值观，驱动员工努力奋斗，在此基础上，构筑华为的生存基础。授权一群"聪明人"做轮值的 CEO，让他们在一定的边界内，有权力面对多变的世界做出决策。这就是轮值 CEO 制度。

过去的传统是授权予一个人，因此公司的命运就系在这一个人身上。成也萧何，败也萧何。非常多的历史证明了这是有很大风险的。传统的 CEO 为了不辜负股东的期望，日理万机地为季度、年度经营结果负责，连一个小的缝隙时间都没有。他用什么时间学习充电，用什么时间来研究未来？陷在事务之中，怎么能成功？华为的轮值 CEO 是由一个小团队组成，与前文所述不同，能驾驭企业不断地快速适应环境的变化。他们的决策是集体做出的，也避免了个人过分偏执带来的公司僵化，同时还可以规避意外风险带来的公司运作的不确定性。

他们轮值六个月之后卸任，但并非离开核心层，他们仍在决策的核心层，不仅对业务的决策，而且对干部、专家的使用都有很大的力量与权威。轮值 CEO 是一种职责和权力的组织安排，并非一种使命和责任的轮值。轮值 CEO 成员在不担任 CEO 期间，并没有卸掉肩上的使命和责任，而是参与集体决策，并为下一轮值做好充电准备。

轮值期结束后并不退出核心层，使优秀员工能在不同的轮值 CEO 领导下，持续在岗工作。一部分优秀的员工使用不当的情况不会发生，因为干部都是轮值期间共同决策使用的，他们不会被随意更换，使公司可以持续稳定发展。同时，由于资本力量的管制、董事会的约束，又不至于盲目发展，也许是成功之路。不成功则为后人探了路，我们也无愧无悔。

我们不要百般地挑剔轮值 CEO 制度，宽容是他们成功的力量。

资料来源：任正非. 董事会领导下的 CEO 轮值制度. 通信世界，2012（16）：7.

7.1.1　集团公司人力资源流动的含义

1. 集团公司人力资源流动的定义

集团公司的人力资源管理是一个开放系统，它既要通过人员招聘、解聘、外包等途径实现系统内部与外部的人员流动，也要在系统内部通过晋升、岗位轮换、竞争上岗、行政委派等手段实现在母子公司内部、母子公司之间以及子公司之间的人力资源流动与配置，以实现集团公司人力资源的控制与共享。

2. 集团公司人力资源流动的意义

（1）人员的流动与转移，使得集团公司与子公司之间、子公司与子公司之间的沟通与交流得以提升，从而增进母子公司之间的信任关系，实现集团公司内部的技术、知识、经验、文化以及规章制度的扩散与转移，有利于集团公司对子公司的控制。

（2）通过人力资源流动，可以培养员工在多个领域中的技能，丰富员工的工作内容，有利于从企业内部培养人才。更重要的是，通过人员流动，集团公司可从整体上降低用人成本，实现集团内部人才的转移与共享，从而更好地发挥集团公司的规模优势。

（3）通过管理人员的调配，集团公司与子公司之间以及子公司与子公司之间可以共享管理经验，实现优势互补。通过不同专业技术人员的调配，可以实现专业技能和知识的共享，从而发挥每个单位自身人才的知识、技术和经验优势，弥补各自的劣势，实现协同效应。

企业实践 7-2：浪潮集团的人力资源流动

山东省浪潮集团，由于发展历史较为短暂，相较于国外成熟的母子公司，建制还不完善，组织结构介于母子公司制和事业部制之间。集团常常使用行政命令在子公司间进行人才调动，常常会发生集团公司人力资源部将A公司的业务骨干调至B公司，而未给予A公司任何补偿的情况。虽然子公司的最终出资者可能是唯一的，但毕竟每个子公司都是独立的法人和被集团公司考核的对象，子公司之间是一种竞争与合作的关系。不考虑子公司自身利益，会导致许多负面效应：对于子公司A而言，无偿调出骨干员工，会因人力成本不能收回而导致损失，促使其减少人力资本投入或阻止人员流出；对于子公司B而言，以较低成本甚至零成本获取其他子公司的核心人力资源，导致人力资源需求旺盛并可能造成人才浪费，形成人力资源管理的机会主义；对于集团公司而言，难以获得预期的人力资源协同效应，而集团人力资源部则可能演变为官僚机构。

建议浪潮集团公司借鉴球员转会制度形成促进人员流动的管理模式。具体做法是在集团内部设立人员流动模拟市场制度，集团公司承担足协的角色，作为集团内人力资源流动政策的制定者和仲裁者，甚至比足协更具仲裁力度和权威性。为鼓励子公司及干部个人响应集团公司号召，有效推动干部轮岗，推动干部调配的有序进行，对于选拔出的干部，集团公司可在职级、薪酬方面给予相应的调整和激励；对于其他表现优秀的人才，可将其纳入集团后备干部队伍；对于输出干部的子公司，集团可依据目标责任书给予子公司KPI加分的激励。

资料来源：陈志军.集团公司管理.北京：中国人民大学出版社，2014.

7.1.2　集团公司人力资源流动管理的内容

集团公司人力资源流动的分类有很多种，本书主要根据人员流动方向和流动人员职级对集团公司人力资源流动进行划分（如表 7 - 1 所示）。

　　按照人员流动方向划分，集团公司人力资源流动可以分为母子公司内部的人员流动、母子公司之间的人员流动和子公司之间的人员流动。母子公司之间向下的人员流动是指人员从集团公司流动到子公司，向上的人员流动是指人员从子公司流动到集团公司。

　　子公司之间的人员流动是指人员从一家子公司流动到其他子公司。由于母子公司内部的人员流动与单体企业的人员内部流动类似，因此本书主要探讨集团公司中特有的母子公司之间的人员流动和子公司之间的人员流动。

　　按照集团公司流动人员的职级划分，集团公司人员内部流动可以分为高层管理者内部流动、中层管理者内部流动和普通员工内部流动。高层管理者内部流动大多通过人事调令的方式实现；中层管理者内部流动大多通过竞聘上岗或内部轮岗等方式实现；普通员工内部流动一般通过子公司领导或员工推荐的方式实现。

表 7 - 1　　　　　　　　　　　集团公司人员内部流动分类

分类依据	分类
人员流动方向	母子公司内部的人员流动
	母子公司之间的人员流动
	子公司之间的人员流动
流动人员职级	高层管理者内部流动
	中层管理者内部流动
	普通员工内部流动

7.2　集团公司人力资源流动的影响因素

　　目前，学者们普遍认为人员内部流动会受到个人因素、组织因素和环境因素的影响，已有学者探讨了环境因素（如经济、社会环境）、组织因素（如组织规模、技术等）和个人因素（如性别、年龄和技能等）对人员内部流动的影响。因此，本书也将从这三个方面探讨集团公司人力资源流动的影响因素。

7.2.1　环境因素

目前有关环境因素的研究中，环境的不确定性受到了学者们的广泛重视。环境的不确定性包括复杂性与动态性两个维度，环境的不确定性高时，企业决策者很难得到与环境因素相关的信息，难以预测决策结果和环境对决策的影响。由于各子公司在供应商、生产技术、顾客等方面存在差异，因此其面临的外部环境的不确定性也不同。研究表明，当外部环境快速变化时，企业为实现持续发展，需要进行组织变革和管理层变动，而组织变革通常会涉及员工流动。由于技术的多变性、市场的波动性，华为采用了一个小团队来行使 CEO 职能，这就是轮值 CEO 制度。轮值 CEO 制度是一种职责和权力的组织安排。轮值 CEO 成员在不担任 CEO 期间，并没有卸掉肩上的使命和责任，而是参与集体决策，并为下一次轮值做好充电准备。同理，当子公司外部环境不确定性高时，集团公司应该促进该子公司与母公司和其他子公司之间的人员流动。子公司管理层的变动会在一定程度上改变子公司的正式规则安排，驱动子公司进行战略变革，而员工流动则会影响子公司经营理念和文化观念，改善子公司绩效。

此外，劳动力市场的供给与需求状况也会影响集团公司内部人员流动。当劳动力市场供给不足时，企业为留住员工，往往会通过晋升和促进员工职业成长等方式与员工建立长期友好关系。因此，当劳动力市场缺乏高素质员工时，集团公司应促进员工内部流动，通过竞聘上岗、内部轮岗等方式，提高员工的工作能力和工作满意度，从而达到留住员工的目的。当外部招聘市场缺乏高素质管理者时，集团公司应促进高管内部流动，如向子公司派遣高管、提拔子公司高管到集团公司工作等。

7.2.2　组织因素

本书将从母公司层面、子公司层面和母子公司组合层面探讨集团公司人员流动的组织因素。

1. 母公司层面因素

（1）集团规模。

集团规模会影响集团公司人员内部流动。研究表明，规模大的组织更重视员工的晋升激励，为员工提供大量的培训机会。因此，当集团规模较大时，集团将更重视员工的培训和职业发展，为员工创造更多的晋升和工作轮换的路径，从而促进集团公司人员内部流动。而当集团规模较小时，由于资源、人力等的限制，集团缺乏足够的精力和能力去关注人员内部流动，相比规模较大的集团，人员内部流动不太频繁。鲁商集团成立初始，规模较小，发展速度较慢，人员内部流动的必要性不大。但是随着集团发展速度越来越快，集团需要大量的人才，越来越重视人才的培养和发展，因此为员工提供了大量的培训和晋升机会，人员内部流动越来越频繁。

（2）信息化水平。

集团的信息化水平影响集团公司人员内部流动。集团内部人才数据库等信息管理系统为集团人力资源管理提供了大量精确、有价值的信息，有利于促进集团公司人员内部流动。研究表明，人才数据库可以帮助企业更好地实现人员内部流动。一方面，人才数据库可以降低集团内部的人才搜寻成本，使集团更容易确定某个岗位的候选人；另一方面，人才数据库可以帮助集团更全面、真实地了解员工，减少集团与员工间的信息不对称，进而降低集团内部人员流动风险。

（3）领导者态度。

研究表明，企业领导者人格在组织文化形成、组织战略的制定和实施、组织结构的建立中起着至关重要的作用。因此，领导者人格是影响人员内部流动的重要因素。当集团领导人支持人员内部流动时，集团公司人员内部流动就较为频繁；反之，则集团公司人员内部流动就较少。海尔的张瑞敏在企业改革创新方面一直都是不遗余力的。他主张按照"强制分布法＋动态流转"对员工进行管理，更能激发员工的工作热情和积极性。

2. 子公司层面因素

（1）子公司设立方式。

子公司设立方式影响着高管在子公司之间的流动。高管接受和运用知识、信息的能力是有限的，他们的专业知识和业务能力往往与其过往的工作经历相关。当高管任职于集团创建的子公司时，其对该类子公司管理的了解会更加深入，相比集团并购的子公司，他们更加愿意流动到由集团创建的子公司中。因此，设立方式相同的子公司之间的高管流动更加频繁。

（2）子公司战略。

波特（1980）提出竞争战略有三种：低成本、差异化和目标集聚。这三种竞争战略关注的重点是不同的。因此，当子公司实施的竞争战略不同时，子公司员工的个人目标也不同。例如，当子公司实施低成本战略时，员工的个人目标可能是降低成本，而不太关注创新。而实施差异化战略的子公司更关注创新和变革。当实施低成本战略的 A 公司员工流动到实施差异化战略的 B 公司时，员工个人目标与 B 公司目标的不一致将影响人员流动的效果，甚至导致人员流动失败。因此，当子公司战略相同时，子公司之间的人员流动更容易实现；相反，当子公司战略不同时，子公司之间的人员流动不容易实现。

（3）子公司业务相关性。

子公司业务相关性影响集团公司人员内部流动。研究表明，个体接受新知识的能力与其早期经历有关。对于流动员工来说，其适应新环境、承担新任务的能力则与其过去的工作经历相关。当员工流动到与原组织相似的新组织时，员工更可能充分发挥他们的专业知识和工作经验。因此，当子公司业务相关性较低时，各子公司的经营活动存在较大差异，各子公司高管、中层管理者和员工的专业知识与工作经验也不尽相同，子公司之间的人员流动受到限制；而当子公司业务相关性高时，各子公司人员的专业知识与工作经验相似性较强，有利于子公司之间人员流动的实现。

（4）子公司高管团队存在的时间。

根据组织寿命曲线，组织的最佳存在时间是 1.5 年到 5 年，超过 5 年组织将会老化。因此，子公司高管团队最佳的合作时间是 1.5 年到 5 年，超过 5 年时，集团应该进行子公司高管团队变动，促进母子公司之间、子公司之间的高管内部流动，从而提高子公司高管团队间的沟通水平，提高子公司绩效。

3. 母子公司组合因素

（1）母子公司地域分布情况。

按照地域分布情况，集团公司可以分为地区性公司、全国性公司和全球性公司。母子公司地域分布情况会影响集团人员内部流动。当母子公司地域距离较近时，母子公司之间人员流动较容易实现。当母子公司地域分布较广时，母子公司之间、子公司之间的人员流动可能会使员工面临离开亲友、重新安家等问题；而如果集团帮助员工解决这些问题，那么集团的人才使用成本就会上升。如鲁商集团正在逐步减少外派人员，降低人才成本，并且集团总部与济南的子公司之间的人员流动更为频繁，处于相同城市的子公司之间的人员流动频次高于处于不同城市的子公司之间。

（2）母子公司文化差异。

当员工个人特征与环境不匹配时，员工需要流动到新的、合适的环境中去。同时，组织文化可以影响员工的态度、信念和行为，组织文化越相似，员工个人特征的相似度也越高。因此，当母子公司文化差异较小时，员工的个人特征与新公司的环境较容易匹配，集团人员内部流动较容易实现；而当母子公司文化差异较大时，员工的个人特征因受原公司文化的影响，与新公司的环境匹配度较低，流动较难实现。

（3）母子公司收入水平。

收入水平会影响人员流动行为。对于员工来说，改变工作是提升职级和收入的重要途径，他们更倾向于流动到薪酬高的职位上去。因此，当流动前后公司间收入水平差距较小时，员工更可能接受人事调令或者轮岗制度等非自愿流动。鲁商集团子公司相同级别岗位的收入水平要比集团公司高。集团会设置子公司总经理特别奖、超额目标奖，每年年底会为子公司总经理制定利润目标，总经理如果完成利润目标，就会获得超额利润目标提成。但是总部部门经理的收入较为固定，收入和业务指标不挂钩。这一举措有利于集团公司人员向下流动，却妨碍子公司人员向上流动。特别是当集团实行竞聘上岗制度时，员工更乐意流动到薪酬较高的集团公司或子公司中去，这时从薪酬低的公司到薪酬高的公司的单向流动会比较频繁。

（4）母子公司高管团队关系。

母子公司高管团队关系影响高管内部流动。在中国传统文化中，人们较为看重"关系"的作用，"关系导向"往往也会影响管理行为，与管理者关系较好的员工往往更容易得到提拔。当员工得到上级的喜欢，或者有朋友和亲戚在高层时，员工将更可能得到晋升。因此，当子公司高管与集团公司高管关系较为密切时，子公司高管更容易得到提拔，流动到集团公司或者其他子公司。相反，当子公司高管与集团公司高管的关系是单纯的契约关系时，子公司高管提拔晋升的机会较少。

（5）管理控制模式。

当集团公司采取行政管理型模式时，母子公司之间人员流动频率较高，并且主要是子公司董事会成员、经理层和关键技术人才的流动；当集团公司采取自主管理型模式时，子公司可以自主任命经理层，母子公司之间人员流动频率较低；当集团公司采取治理型模式时，母子公司之间的人员流动频率处于前两者之间。

7.2.3　个人因素

大量研究表明，员工的性别、家庭、工作满意度、任期、岗位性质、工作技能影响员工的内部流动。本小节主要探讨任期、岗位性质和工作满意度对集团公司人员内部流动的影响。

1. 任期

根据库克曲线，在一个组织中，员工保持创造力的时间大约为四年（李琦，2012）。当员工任期超过四年后，员工进入创造力衰减稳定期，创造力不能充分发挥。此时，集团应该将员工流动到新的工作岗位，激发员工产生新的创造力，即进入新一轮的创造力增长期。因此，集团定期进行人员内部流动，有利于员工创造力的充分发挥，进而有利于提升集团绩效。

2. 岗位性质

岗位性质会影响人员内部流动。不同的岗位要求员工具备不同的专业技能和知识。例如，技术岗位要求员工具备大量的技术知识，但是技术知识和技能的专用性会限制员工的内部流动。此外，人员内部流动有利于提高员工的能力，不同的人员内部流动对员工能力的提升也不同，如集团公司与子公司之间向下的人员流动有利于员工基层经验的增加，集团公司与子公司之间向上的人员流动有利于使员工具有全局观念。因此，岗位性质不同，人员流动的方向也不相同。

3. 工作满意度

员工的工作满意度会影响集团公司的人员内部流动。研究表明，当员工工作满意度较高时，员工不愿意进行内部流动；相反，当员工工作满意度较低时，员工为了提高工作满意度，希望进行内部流动。因此，在集团公司中，工作满意度较低的员工的内部流动更容易实现。

7.3　集团公司人力资源流动的现状与流动措施

企业实践 7－3：母子公司间的人员流动：鲁商集团和海科集团

鲁商集团

山东省商业集团有限公司（简称"鲁商集团"）是 1992 年年底由山东省商业厅整建制转体组建而成的国有企业，成立二十多年来，集团改革进取，积极抢抓机遇，已成长为涵盖现代零售、房地产、生物医药、酒店旅游、文化传媒、金融支付、汽车服务、教育科技等多个领域的多元化企业。

　　集团成立初始，规模较小，发展速度较慢，人员内部流动的必要性不大。但是随着集团发展速度越来越快，集团需要大量的人才，越来越重视人才的培养和发展，因此为员工提供了大量的培训和晋升机会。近几年，集团公司大力促进人员内部流动，调动员工的工作积极性，以期为集团发展注入生机与活力。

　　鲁商集团领导强调员工需要具有基层经验。集团总部的部门多为行政管理部门，如果员工对具体业务不了解，那么进行具体的管理就等于纸上谈兵，因此母公司岗位要求员工掌握一定的具体业务，具有一定的基层经验，从而更好地开展管理工作。而只在总部工作的员工的基层经验较少，员工如果想进一步发展，就需要到子公司任职，从而为未来的提拔晋升做准备。不同的岗位要求也不同，比如财务岗位和战略岗位的员工比人力资源岗位的员工更需要了解基层业务，更需要具有基层经验。此外，集团前任董事长季缃绮支持业务协同，提出将业务归口到母公司的一个部门，具体来说就是将各单位有工作经验的员工抽调到总部组成业务协同小组，进行战略开发和新项目研发等业务。目前，集团使用了用友的 NC 人力资源管理系统，该系统已经覆盖了集团的全体员工，集团的人员调动均在系统中完成，NC 人力管理系统的运用使鲁商集团能更全面、真实地了解每一位员工，更好地实现人员与岗位的匹配，促进了集团内部的人员流动。

　　集团跨地域流动很少，主要是母子公司之间的人员流动，并且是以外派人员的形式，通常外派人员都是被提拔晋升到子公司的。目前，集团正在逐步减少外派人员，降低人才成本，并且集团总部与济南的子公司之间的人员流动更为频繁，处于相同城市的子公司之间的人员流动更频繁。

　　鲁商集团子公司相同级别岗位的收入水平要比母公司高。集团会设置子公司总经理特别奖、超额目标奖，每年年底时会为子公司总经理制定利润目标，总经理如果完成利润目标，就会获得超额利润目标提成。但是总部部门经理的收入较为固定，收入和业务指标不挂钩。此外，最近几年集团开始考虑薪酬的市场竞争水平，不同子公司采用不同的薪酬体系，通常房地产业的子公司员工收入要明显高于其他子公司。目前集团很难找到子公司之间的薪酬平衡，一定程度上阻碍了子公司之间的人员流动。

海科集团

山东海科化工集团坐落于美丽富饶的黄河三角洲中心城市——山东省东营市，总部位于东营市北一路 726 号海科大厦。集团始建于 1988 年，经过几十年的发展建设，目前已发展成为集石油化工、新材料、生物制药、特种化学品、氯碱化工、金融物流和国际贸易为一体的综合性化工企业集团。

集团人力资源管理部门现在成立了两个中心：人才管理中心和企业文化与学习发展中心。人才管理中心一方面负责招聘、内部人员流动以及编制管理，另一方面负责职位体系的建设。企业文化与学习发展中心类似于培训中心，但不仅仅是培训员工，其一方面要满足组织的人才需求，另一方面也要为战略服务。企业文化与学习发展中心是为组织 3 ~ 5 年能用到的战略服务，服务于战略转型，整个中心的发展路径是中心—商学院—企业大学。

集团与子公司之间的流动频率较高。集团部室长很有可能下调到子公司担任领导职务，子公司员工也会晋升到集团。集团最早的人力资源管理部部长是从海科新源公司调到集团管理部，再调到人力资源管理部的，现在又回到海科新源公司担任总经理，其间在各岗位任职必须满 2 年。集团总部下放到子公司去担任总经理的员工，必须要有集团两个部门以上或两个公司以上的任职经历，并且是担任主要负责人。

资料来源：访谈整理。

7.3.1　集团公司高管人员流动现状

为真实客观地了解我国集团公司人力资源流动的现状，本书对我国集团公司进行了调研和分析，调查对象为我国 35 家集团公司 103 家子公司，涉及不同地区、不同行业。由于集团公司人力资源流动的方向、职级等多种多样，而在集团公司内部，董事会成员、高级管理人员和主要技术人员的调动较为频繁，所以本书侧重于介绍集团公司内部高管的流动。

1. 母子公司之间的高管流动

（1）母子公司之间高管的向上流动。

由图 7-2 可知，35 家集团中，5 家集团高管来源于子公司的比例低于 30%，7 家集团高管来源于子公司的比例高于 80%，23 家集团高管来源于子公司的比例处于 30% ～ 80% 之间，这说明在调研的集团公司中，大多数集团的母子公司之间高管的向上流动非常频繁。

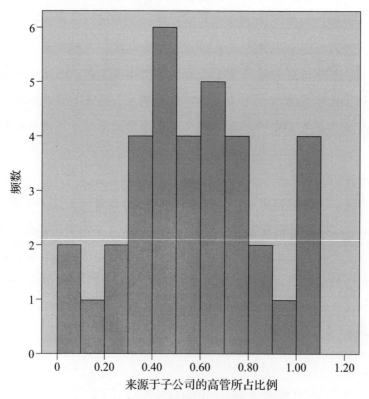

图 7-2　集团高管来源于子公司的比例

（2）母子公司之间高管的向下流动。

由图 7-3 可知，103 家子公司中，23 家子公司高管来源于集团的比例低于 30%，20 家子公司高管源于集团的比例高于 80%，60 家子公司高管来源于集团的比例处于 30% ～ 80% 之间，这说明在调研的集团公司中，大多数集团公司的母子公司之间高管的向下流动非常频繁。

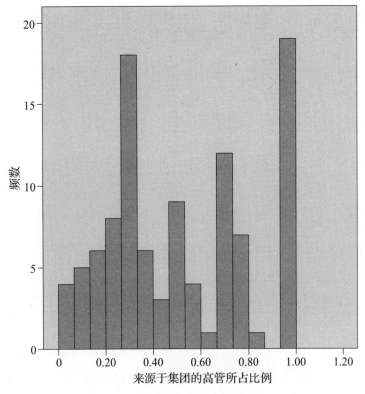

图 7 - 3　子公司高管来源于集团的比例

2. 子公司之间的高管流动

　　由图 7 - 4 可知，103 家子公司中，只有 7 家子公司高管的任职子公司平均数低于 1 家，6 家子公司高管的任职子公司平均数高于 3 家，90 家子公司高管的任职子公司平均数处于 1 ～ 3 家之间，这说明在调研的集团公司中，大多数集团公司的子公司之间的高管流动比较频繁。

7.3.2　集团公司人力资源流动管理的措施

　　集团人力资源包括集团公司及其子公司可调度的一切人力资源。人力资源是集团最宝贵的资产，对其进行有效整合及协同是推动集团发展的重要力量。集团内部人才流动不仅能激励人才成长、激发人才活力、形成人才竞争，而且有利于集团公司的长远发展。因此，集团公司应积极实行人力资源开放流动的管理模式。集团公司人力资源流动管理的具体措施有如下四种：

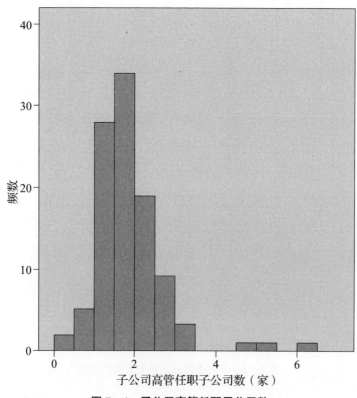

图 7 - 4　子公司高管任职子公司数

1. 建立相对公平合理的薪酬制度

集团内薪酬制度的设计既要考虑行业内薪酬的竞争力，又要考虑集团内子公司间的相对公平和均衡。集团内不同子公司薪酬设计要统筹考虑岗位、区域、行业等因素。如位于山东寿光的金玉米开发有限公司是以农产品（玉米）深加工为主导，生产经营玉米淀粉、变性淀粉和 L- 赖氨酸盐酸盐等产品的大型企业，为促进寿光子公司员工流动到聊城子公司，其给予流动员工1 000 元以上的地区补贴，使数以百计的员工顺利流动。

2. 建立集团公司内部人才互动信息库

集团公司需要定期对内部人力资源状况进行摸底调查，发掘具有特殊才干的潜力员工，建立集团公司人才库，从而更好地为将来可能出现的职位空缺确定一份包含丰富人才信息的内部候选人名单。建立相对完善的人才招聘体系，在人才的招聘、开发与留存和人才储备上做到整个集团内部人才信息和资源共享。建立健全集团公司人事管理和培训系统。引进人力资源信息化管理软件，结合集团内各单位的不同需求，充分利用、发挥集团公司与子公司各自不同的优势。例如，进入集团人才库的人员可以按照不同的专业与层次分类：按照专业不同分为高级经营管理人才、科技研发人才、高技能蓝领人才、财务审计人才、高级市场营销人才等；按照层次不同分为核心人才、关键人才、后备人才、社会人才等。当集团内其他子公司或项目建设中有人才招聘需求时，集团公司可以通过人才库迅速定位寻找所需人才，并将其在各子公司间进行统一的调配和管理，从而有效地实现对子公司的控制，节约成本，大大提高集团的运作效率，实现协同。

3. 建立完善、合理且有效的人才流动激励机制

骨干员工对公司发展的意义远远高于一般员工，因此子公司对骨干员工流出的消极态度是完全可以理解的。为此，集团应建立推进人才流动的激励机制，消除或降低子公司在向集团输出人才时的障碍。例如在考核机制方面，浪潮集团年终决算时，根据单位输出人才的情况，按照 1~2 分 / 人（职级越高，奖励分数越高）的标准给予该单位总经理 KPI 加分，最高加 10 分，同时每流出一人给予该单位 5 000~10 000 元的现金奖励。KPI 总分将直接影响该单位总经理的个人薪酬，现金奖励可以给予培养人才的部门或干部。该项措施极大地推动了浪潮集团母子公司间人力资源的流动。

4. 借鉴球员转会制度，促进子公司间人员流动

中国足球的球员转会是指在足协的领导与监督下，球员离开原俱乐部，去另一俱乐部效力的行为。在此过程中，中国足协、俱乐部、球员分别扮演着不同的角色：中国足协是转会制度的制定者和仲裁者；俱乐部作为球员转会过程中的运作主体，协商解决转会球员、转会费、支付方式等问题；球员

是转会过程中的交易客体，并有一定的话语权。

集团公司内部可借鉴球员转会制度建立人员流动模拟市场制度，集团公司承担中国足协的角色，作为集团内人力资源流动政策的制定者和仲裁者。基于产权联结的母子公司关系使集团公司对子公司的协调和仲裁更具力度和权威性；各子公司甚至集团公司类似于俱乐部，人力资源的需求方要向供给方支付费用，当然，并不一定是支付现金，也可采用集团公司给予供给方考核指标优惠和其他资源补偿的方式；流动的员工通过在新岗位出色的工作业绩表现，得以在集团内部体现其价值。实践中浪潮集团考核业绩时，由于毛利总额将直接影响子公司总经理的个人薪酬和子公司的薪酬总额，因此集团公司曾根据各子公司输出人才的情况，采用按约50万元/人的标准给予虚拟毛利并加总到年终决算毛利总额中的做法，有效地推动了集团内部人员流动。

本章小结

集团公司人员内部流动受环境因素、组织因素和个人因素的影响，环境因素包括环境的不确定性和劳动力市场的供给与需求状况；组织因素包括母公司层面因素（集团规模、信息化水平和领导者态度）、子公司层面因素（子公司设立方式、子公司战略、子公司业务相关性、子公司高管团队存在的时间）和母子公司组合因素（母子公司地域分布情况、母子公司文化差异、母子公司收入水平、母子公司高管团队关系、管理控制模式）；个人因素包括任期、岗位性质和工作满意度。

思维导图

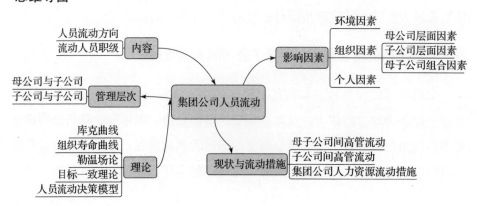

前沿进展：人才流动

管理者的内部流动是领导力发展中的最佳实践之一。组织可以通过使管理者在不同职能部门之间流动给予他们提升自我的机会，挖掘他们的技能并使其为综合管理做好准备。这一过程简单却极具迷惑性。流动作为一种领导力发展战略，可能会造成不良的后果。例如可能会干扰组织运营并破坏问责制，因为流动的管理者可能对流动的决定不满意并拒绝承担相应的不利后果，而那些仍在原岗位的管理者可能会感到沮丧，因为对他们来说持续在一个岗位上工作似乎是一种失败；流动可能是一个非常耗资的决定，特别是当涉及国际安排或频繁调动时；流动也可能让企业迷失在帮助管理者获得更丰富的工作经验中，最终不利于企业其他战略和运营目标的实现。

符合企业情境与否是制定流动战略时应注意的重要因素，具体来说，就是要考虑三个问题：流动的种类、流动的对象、流动的频率。

（1）流动的种类。不同类型的流动可以满足不同的发展需求。例如，如果不改变职位、职能或者业务团队，那么员工的国际流动可能是为了提高其跨文化技能和丰富其全球商业知识。而在同一部门中，改变员工的工作职能可以帮助其发展管理该部门的能力；而转换员工的工作部门可以帮助其发展领导整个企业的能力。因此，企业进行流动的时候，应该认真考虑流动的目的，从而选择恰当的流动类型。

（2）流动的对象。在选择流动对象时，企业有两种选择方式：一种是赞助型流动模式，即企业仅在少数高潜力的候选者身上投资；另外一种是竞争型流动模式，即内部流动的机会是面向全体员工的。流动模式的选择取决于企业的情境因素。当企业有良好的流程去识别高潜力的候选者和留住经历过多次流动的候选者时，赞助型流动模式会发挥最大的效力。竞争型流动模式对全体员工有高度的激励作用，但是这种模式的竞争性可能会减少候选人之间的合作。这两种模式不是相互排斥的。通常大型公司中完备的赞助型流动模式与较少控制的竞争型流动模式共存。

在选择流动对象时，还需要考虑流动的管理层次。当员工处于职业发展的早期时，流动可以提高其对公司的熟悉程度和工作能力，也可以消除其对新环境的不适应。而当员工处于职业发展的中期时，员工的流动应该考虑其具体的职业发展路径和目标职位。

（3）流动的频率。领导力发展领域的许多学者认为，一个人至少需要在一个岗位工作两年时间，才可以真正从经验中学习，并为下一个岗位做好准备。确定企业哪些方面需要流动的发展优势，将有助于帮助企业确定流动的频率是否合适。这个过程会权衡非常多的情境因素。通过正确的分析，企业可以预知流动对留住员工、晋升和经营效率的潜在影响。

流动是有利于发展管理者综合管理能力和留住人才的非常流行的工具，但是如果使用不当，就将会给企业带来不可预知的不良后果，而如果在合适的情境下使用，则流动可以提高企业的绩效。

资料来源：Nalbantian H R & Guzzo R A. Making Mobility Matter. Harvard Business Review, 2009, 87(3): 76-84.

第 8 章

集团公司信息化人力资源管理

引例：让信息化成为人力资源战略转型的助推器

在一次内部人力资源信息化汇报会上，谈及对华润人力资源信息化的判断时，集团人力资源部王总瞬间就锁定了关键的答案："华润的信息化总体上比国外的先进企业落后了大概20年。"

王总的想法是有一些很鲜明的依据的。20世纪90年代，他在美国工作的公司以及曾经咨询过的众多客户，早就大规模使用目前华润仍在苦苦追求的统一的人力资源信息化基本模块，如组织、岗位以及薪酬福利发放。在线学习、知识管理、网上评估、绩效管理等技术的应用，在很多企业已相当普遍。更领先的公司早已把关注的目光投向整合财务、市场、客户以及人力资源等信息，以综合、系统地支持企业进行科学化决策。

反观华润，相关的技术要么没有，要么就是仅有多套小的、单点的IT硬件和软件。当然，其中有各种原因（比如并购），但事实上华润有很多不一样的人力资源管理体系，或者确切地说仅仅是"做法"。

然而，这种"落后论"恰恰给了王总信心！

虽然目前没有全面信息化，但华润有序开展和正在进行中的各项人力资源工作推进着人力资源信息化项目一步步深入发展。此时的华润正在经历一场深刻的人力资源转型。

这个转型有几个方面，互为依托、相辅相成。

首先是人力资源管理对华润战略的支持。人力资源要"以集团战略和业务发展重点为导向，以提升组织能力和组织效率为目标，以提供专业指导和服务为手段，利用5年时间，通过塑造优秀的企业文化，夯实基础管理体系，培养优秀员工队伍，保障集团战略的实施"。近年来集团开展的60班项目、人才战略规划、全员绩效管理等正是这种战略导向的具体体现。

其次，集团正在完善适应华润未来发展的管控模式，包括人力资源治理模式，厘清政策、制度、实践等方方面面关于集团、战略业务单元、一级利润中心及下属企业人力资源管控的最佳实践，既在倡导华润价值观、弘扬企业文化等方面提出共性要求，也在人才的选、用、育、留等方面使各利润中心有很大的自主权。在人力资源治理模式上，结合商业模式的要求，相关利润中心已经开始打破传统，尝试包括共享服务中心在内的新模式。

最后，几年来，人力资源基础管理在不同程度上已经有了很大的提高。有些利润中心从几年前就已开始系统进行人力资源管理基础的提升，规范了制度和流程，并在这个过程中培养了许多适应新时代要求的人力资源专业队伍，比如华润水泥。

然而，对华润这样规模庞大、业务结构复杂的企业集团来说，离开了信息化的人力资源转型是无法真正固化的，是很难真正完成转型所赋予的"保障集团战略实施"的要求的。没有信息化的有力支持，人力资源管理就无法摆脱制作简单报表和忙于琐碎事务的命运；没有统一的信息化平台，集团范围内就无法进行有效交流和资源共享，集团的规模优势也无法有效发挥；没有信息化的支持，集团各级企业很难实现制度、政策上有目的的统一或差异化管理。集团人力资源信息化的定位是优化基础管理，即借助人力资源信息化，推动人力资源管理的岗位、薪酬、绩效、人才管理一一落地，强调执行，强调落地，使信息化成为人力资源转型的重要媒介。

总之，华润的人力资源正在经历一场革命性的转型。其核心是要建立适合华润未来发展的治理模式，培养、激励、使用好华润未来发展所需人才，并通过先进工具的推广和使用寻找差距、优化管理流程和实践。人力资源信息化项目从技术手段上跨越式前行了几大步，使华润得以在集团范围内分享许多人力资源管理实践，培育了一大批人力资源信息化的新锐和中坚力量。

这个转型使命神圣、任务艰巨。完成了人力资源转型，华润将会打造出市场无法复制的、引领未来持续发展的组织能力。

资料来源：王宪亮. 让信息化成为人力资源战略转型的助推器. 华润杂志，2011（7）.

8.1　集团公司信息化人力资源管理的内涵

随着市场竞争的不断加剧，巨大的竞争压力使得大型集团公司在逐步走向"集约化、精细化"，集团总部面临着建设管理控制中心和战略决策中心的紧迫任务，企业在经营管理能力上需要的是跨越式提升。在这种背景下，利用信息技术提升企业人力资源管理水平不失为一条"捷径"。通过人力资源管理信息化建设，建立人力资源基础信息平台，统一规范基础业务流程，实现对整个集团公司人力资源数据的查询分析，为企业管理决策提供辅助支持。国内企业在信息化人力资源管理方面已进行了长期的探索，比较具有代表性的企业如华为、腾讯、阿里等就在 HR 三支柱建设方面积累了大量的经验，构建了落地的 HR 三支柱模式，在主动中求变，在变化中升级，让人力资源管理为企业的生存和发展创造更大的价值。

8.1.1　信息化人力资源管理的含义

信息化人力资源管理（electronic-human resource management，e-HRM）最早出现在电子商务席卷整个商业世界的 20 世纪 90 年代末，与虚拟化人力资源管理（virtual HRM）、基于网络的人力资源管理（web-based HRM）、企业对员工模式（business-to-employee）和人力资源信息系统（HRIS）等概念被交替使用。目前关于信息化人力资源管理较具代表性的定义是 Boondarouk 和 Ruel（2009）提出的定义。Boondarouk 和 Ruel（2009）认为信息化人力资源管理是涵盖人力资源管理（HRM）和信息技术（IT）的集合概念，目的在于为目标员工和管理者创造价值。对这一定义可以从四个方面进行理解：

（1）在内容上，信息化人力资源管理既包括可以被信息技术支撑的人力资源管理实践类型，如绩效管理和招聘管理等，又包括任何可以为人力资源管理提供支撑的信息技术形式，如互联网、内联网或相对复杂的企业资源计划系统（ERP）等；

（2）在实施上，信息化人力资源管理既包括管理系统被组织员工接纳的过程，也包括系统的具体使用和实施；

（3）在目标人群上，信息化人力资源管理打破了组织界限，不仅包括组织内部的员工和管理者，还将其利益与组织有关的股东及合伙人纳入其中；

（4）在结果上，信息化人力资源管理的实施力求使组织的经济收益超过生产成本。

此外，信息化人力资源管理的定义还有很多，其中大多强调以网络或信息技术为支撑实施人力资源管理，它是基于先进软件和高速、大容量硬件的新兴人力资源管理模式，可以通过集中式信息库、自动信息处理、员工自助服务、外协以及服务共享，达到降低成本、提高效率、改进员工服务模式的目的；可以将信息化人力资源管理概括为在人力资源共享活动中出现的信息技术的计划、实施和应用，其目的在于建立并维持两个个体或一个群体之间共同的工作关系。为了更为准确地描述信息化人力资源管理，本书采用Boondarouk 和 Ruel（2009）的定义，即信息化人力资源管理是整合了 HRM与 IT 所有可能的机制与内容，并且致力于在组织内或跨越组织为目标员工与管理者创造价值的集合概念。

8.1.2　集团公司信息化人力资源管理的含义

随着信息技术在企业管理实践中的普及和推广，信息化越发融入组织管理过程，也逐渐成为组织运行、员工工作和学习的一种方式。作为人力资源管理与 IT 的重要结合，信息化人力资源管理的出现不仅提高了组织中管理的效率和效果，而且使得人力从业人员向组织业务合作伙伴、战略伙伴转变，人力部门更加有效地服务于企业经营战略，创造企业竞争优势和提升组织绩效。集团公司信息化人力资源管理限定了信息化人力资源管理的应用范围，它是指集团公司通过信息化人力资源管理系统的建设，将集团总部的人力资源管理与子公司的人力资源管理通过 IT 的方式联系在一起，并致力于为集团公司与子公司提供人力资源管理职能服务。如浪潮集团的信息化人力资源管理基于企业云平台建立 HCM（human capital management）系统，通过"人力决策""人才管理""劳动力管理""核心人力"四个人力资源管理核心模块的统筹，实现集团总部对整个集团人力资源的集中式管理。

集团公司信息化人力资源管理与单体企业的信息化人力资源管理不同，主要体现为前者需要对人力资源管理信息化建设进行定位。信息系统如何支撑人力资源集团管控，集团公司的人力资源建设怎样定位才适合，是集团公司信息化人力资源管理建设过程中需要重点解决的问题。对大型集团公司而言，要找到适合企业现状的人力资源信息化定位，首先需要认清企业人力资源管理所处的内、外部环境，然后根据集团公司的战略定位和组织管控模式，确定集团人力资源管控模式，明确各级单位在人力资源管理上各自的角色定位，最终在此基础上明确人力资源信息化应用系统的建设定位。

8.2　集团公司信息化人力资源管理的控制与协同

人力资源管控是大型集团公司人力资源管理区别于小企业人力资源管理的最主要的特征之一，如何通过集团公司人力资源管控实现集团公司的控制与协同是集团公司人力资源管理面临的核心问题之一。作为传统人力资源管理的升级与转型，信息化人力资源管理建设不失为集团实现有效控制和协同的重要途径。

8.2.1　集团公司信息化人力资源管理的控制点

信息化人力资源管理建设是集团人力资源管理流程化和标准化的过程，在这一过程中，管理程序的标准化、信息的收集和处理为集团实现有效控制提供了契机。此外，随着集团信息化人力资源管理的实现，管理指令可通过平台发布，管理流程也呈现出可追踪、可视化的特点。同时，管理结果评估迅速，反馈及时，这均为人力资源管理效果的管控和检验提供了控制点。

1. 管理流程的程序化与标准化

信息化人力资源管理建设的基础是管理模式和业务流程的合理化、清晰化和信息化。现实中，企业集团往往是跨地域、跨行业的，在传统管理下，管理实践又有地域的距离和行业的差异，很难实现规范化，因此指令的制定和政策的执行都存在较大的模糊性。信息技术的应用，特别是跨地域、跨部门、多层次的信息系统的建立，打破了传统的组织壁垒，实现了部门内部、跨部门以及企业内部与外部的工作流程的标准化，打破了原有的"各自为政"的局面，具体的管理流程不再受地域的限制，程序变得规范清晰，从而使集团公司人力资源管理过程达到有效的统一。

2. 管理过程的可溯化

信息化人力资源管理要求管理的各个环节都通过信息化平台实现，这使得管理流程、步骤在系统中留下记录，具有可追溯性。此外，信息化人力资源管理通过在现有各层级、各部门的管理系统内部都建立信息通道，保证信息实时同步更新，从而有效确保了信息的正确性、完整性、一致性，实现了人力资源数据在系统中的可追溯性管理，便于对管理各个环节进行检验与分析。

3. 管理结果的可视化

信息化人力资源管理可以对管理过程进行有效的管理，保证科学的管理流程，对任何时候发现的不合规的管理环节不仅能找到责任人，而且可以对问题进行有效的分析，制定相应的措施予以解决。同时，系统还可以将管理各个环节的完成情况可视化，通过与目标对比，把存在问题的环节找出来，为集团总部和子公司提供可追溯性材料，便于考核与改进绩效，为科学管理提供依据。

8.2.2　集团公司信息化人力资源管理的协同点

前述的企业集团单一模块人力资源管理更多地涉及具体措施和管理过程两个方面，因而其协同也多出现于这两个环节。不同于此，企业集团人力资源管理信息化更多地被视为一项信息化工程，集团范围内不同的人力资源管理体系需在集团公司的统筹下，实现流程化、标准化，进而完成信息化。从信息工程视角来看，企业集团人力资源管理信息化协同具有阶段性特征，母子公司之间、子公司之间需在人力资源体系信息化过程的不同阶段就不同的协同点展开充分协同，以此实现集团范围人力资源管理系统的信息化。具体而言，根据人力资源管理信息化实施前、实施中和实施后三个阶段不同的任务内容，企业集团人力资源管理信息化协同点主要体现在以下三个方面：

1. 标准协同

人力资源管理流程化和标准化是信息化的前提和基础。企业集团人力资源管理系统涉及母公司与子公司人力资源管理体系的对接，而要实现多个子公司与同一集团公司人力资源体系的对接还需要众多子公司人力资源体系间具有一定程度的兼容性。相对于母子公司间人力资源体系的标准协同，子公司间人力资源体系的标准协同更为困难。一般而言，不同子公司的核心业务和人力资源管理基础往往存在较大的差异，这些差异会直接或间接导致子公司人力资源体系呈现明显的差异化和多元化。因而，为实现集团范围人力资源管理系统的信息化，企业集团需在母子公司人力资源管理体系和众多子公司人力资源体系间协同人力资源管理流程，尽可能地将差异降到最小。比如，可以将集团范围共有的人力资源业务和流程协同集中到母公司，子公司通过端口接入集团人力体系完成业务的办理和数据的更新，而子公司特有的或存在差异化授权的人力资源管理流程则可呈现为差异化的标准和信息系统权限。

2. 过程协同

企业集团人力资源管理信息化在具体实施过程中不仅涉及复杂的人力资源管理流程信息化，还涉及跨部门边界、跨组织边界的人力资源管理体系整合。为更好地落实信息化战略，实现人力资源管理信息化目标，企业集团需在实施过程中的各个环节做好协同，包括：（1）集团公司与子公司在实施过程中的组织准备，如由集团公司出面，组织信息技术部门、各子公司人力资源管理等相关部门共同组成信息化工作组，以更好地协同任务分解和工作安排。（2）阶段化任务分解和实现，如在实施初期需各人力资源部门、业务部门将历史数据按照既定格式录入系统，完成初始数据积累；在搭建信息化人力资源管理核心框架后，还需完成数据库切换、流程梳理等工作。（3）信息化系统调适。信息化人力资源管理系统落地后，需根据实际工作流程调适系统细节，进一步迭代完善系统流程和系统设计。（4）系统使用培训。要熟练掌握信息化人力资源管理系统的功能，还需组织人力物力对系统使用人员开展一系列培训活动。信息化实施阶段是企业集团人力资源管理信息化工程的关键环节，在实施的不同阶段，集团公司与子公司扮演不同角色，承担不同任务，只有充分协同才能共同完成人力资源系统的信息化。

3. 信息协同

企业集团人力资源管理信息化的实现可提高管理效率，缩短业务处理所需时间，但更具战略意义的是人力资源信息价值的挖掘，包括：（1）根据人力资源信息流优化管理环节，改善管理流程；（2）提高人力资源服务响应速度；（3）为集团战略决策提供更好的信息支持和决策分析；（4）通过数据积累预测集团内外部人力资本变化趋势，从而更好地配置人力资源，提高工作效率。在实践中要实现上述信息化人力资源管理的战略价值，需要母子公司高度的信息协同，实现集团范围人力资源信息的同步传递、准确分析、成果共享和快速反应。如果人力资源管理信息处于较低的协同水平，则企业集团人力资源数据价值的挖掘和应用也将浮于表面。

企业实践 8 - 1：从海尔人力资源管理的"人单合一"看人力资源管理转型如何破局

海尔集团是我国兼具创新性和成长性的优秀企业集团，回顾其成长历程不难发现"人单合一双赢模式"在企业发展壮大和经营管理水平提升方面起到了至关重要的作用。随着互联网与企业管理的融合，海尔集团推出了"人单合一 2.0 版"。在互联网时代，企业不再是一个管控型组织，而是平台化的生态系统，在海尔当前的平台型组织下，只有创业的三类人：平台主、小微主和创客。海尔的这种"人单合一"的管理模式不仅成功地运用在了研发、销售和生产领域，而且逐步推广到了人力资源管理领域当中，并成功地推动了海尔人力资源管理的转型。

通过人力资源管理转型，海尔集团各事业部全部取消了人力资源管理部门，人力资源管理事务全部集中到人力资源共享中心，在海尔集团人力资源共享中心这一"平台"上，设有若干个"小微"，每个"小微"都是"自创新、自驱动和自运转"的"自主经营体"。

由于人力资源共享中心中每一个小微和每一名创客的收入和薪酬回报均来自上述为各事业部提供的服务，因此他们必须主动发现事业部在经营管理中存在的哪些问题是可以通过人力资源管理来帮助解决的，主动尽心竭力地去帮助事业部寻找到可以提供支持和帮助的知识资源和人才资源。

"人单合一双赢模式"的引进极大程度地调动了海尔人力资源管理者的工作积极性，从解决当前业务工作中的实际问题，到帮助业务部门引进创新性人才和资源，继而延伸到对企业未来人力资源管理趋势的研究，海尔人力资源管理的小微和创客们的服务领域不断拓宽，服务能力不断提升。

资料来源：守卫军.从海尔人力资源管理的"人单合一"看人力资源管理转型如何破局.人大复印报刊资料：管理学文摘，2017（2）：92-93.

8.3　集团公司信息化人力资源管理的作用

8.3.1　信息化人力资源管理建设对人力资源管理的作用

通过信息化人力资源管理建设，能够以较快的速度帮助企业建立起信息化、规范化和专业化的人力资源管理平台，从而将人力资源专业管理人员从大量的事务性工作中逐步解放出来。有关研究表明，信息化人力资源管理的实施能帮助人力资源从业人员有更多的时间和信息来为组织实现业务战略提供服务和支持。具体而言，信息化人力资源管理建设对集团公司人力资源管理可以发挥以下几方面的作用：

1. 规范人力资源管理方法和流程，提升人力资源部门价值

通过人力资源管理工作的改进，建立横向一体化的人力资源管理流程，

实现由传统的人事管理逐步向人力资源管理阶段转型，使得人力资源管理部门逐步成为公司的战略合作伙伴。

2. 减少事务性工作，提高人力资源管理工作效率和管理水平

借助信息系统，可以减少人为的干扰因素和不必要的重复工作，提高工作效率，同时也可降低工作中不必要的差错，实现信息数据的交互、共享管理，有力地保障数据的实时性、有效性，为企业决策提供及时、准确、高效的参考依据。操作式信息化人力资源管理实践可提高人力资源部门的内部效率，而关系型和变革型的信息化人力资源管理实践能对员工承诺以及对人力资源部门能力的认知产生积极的影响。

3. 构建以绩效能力体系为核心的人力资源开发与管理体系

在科学的人力资源战略规划指导下，利用人力资源管理业务应用系统，通过绩效管理、绩效开发以及员工队伍管理，可以吸引人才、开发人才和保留人才。浪潮集团基于 HCM 系统，有效地实施了目标管理，在系统中自上而下地制定目标，自下而上地完成目标，确保各个层次目标的完成，以此进行绩效考核、评价与奖惩。通过绩效管理的激励作用，激发员工潜能，提高工作积极性，从而促进企业目标的实现。

4. 构建全员参与的人力资源管理平台，使人力资源管理工作更加透明和开放

为员工提供远程网络培训等服务，利用系统的平台优势，构建全员参与的人力资源管理平台，使人力资源管理工作更加透明和开放，从而大大节省企业的成本。浪潮集团的人力资源管理信息化系统 HCM 构建了人员管理＋人事服务云、薪资福利管理＋薪资福利云、时间管理＋时间管理云、绩效管理＋绩效云、培训管理＋培训云、招聘管理＋招聘云、报表中心、协作云等，将人力资源系统的传统功能信息化。此外，HCM 还实现了让人力资源管理走出人力资源部，应用于全员，更充分地发挥 HCM 的价值。

5. 建立人力资源管理指标体系，基于数据进行决策

通过建立人力资源管理指标体系（如人力资本指标、人力资源战略指标等），基于真实数据进行决策，提升企业基于"投资于人"理念的经营决策能力。

6. 搭建精细化人力资源管理体系，优化人力资源配置

通过信息化人力资源管理建设，搭建精细化的人力资源管理体系。通过制定集团公司人力资源战略规划，指导企业组织机构与岗位的设计，并以组织机构和岗位设置为基础，进行员工绩效管理和能力评估，运用绩效能力评估体系对组织内部人才进行综合评估，并运用于员工薪酬福利管理、员工教育培训管理、员工职业生涯管理以及企业关键人才管理，从而实现集团内部人才的合理高效配置与留用等，为集团发展战略提供人才保障，改善经营业绩，实施人才强企战略。

8.3.2　集团信息化人力资源建设对集团管理的作用

信息化人力资源管理建设除了能够提升原有人力资源管理水平外，还可以促进集团公司提高管理水平，增强创新意识，为集团公司绩效做出贡献。

1. 增进集团内部的信任

在集团公司内部实施信息化人力资源管理，将具体的人力资源管理事务标准化、程序化，使具体的管理行为可追溯，利用人力资源管理信息化致力于改善人力资源服务质量和集团与子公司间的分权、授权状况，有助于达到管理和维持子公司与集团之间互动关系的目的，是有针对性的直接沟通工具。它能使子公司、员工更清楚地了解人力资源管理理念和政策，提高人力资源管理过程的透明度，同时使子公司能够直接、及时地获得集团在人力资源管理过程中的信息反馈、决策制定依据以及当前劳动力市场的客观状况等方面的信息，更有意识地做决定，从而感知到程序公正，并最终提升集团内部的信任感。

2. 整合集团人力资源，加强总部对下属单位的管控

通过建立人力资源信息系统，整合集团人力资源，可保证集团总部与各下属单位能够在一个统一的平台上工作，加强集团对下属单位的有效管理，实现信息实时共享和信息处理自动化。同时，在运行过程中，信息化人力资源管理促使数据分散屏蔽管理模式向信息集中共享管理模式转变，使全集团所有人事信息透明化，避免下属机构黑箱操作，可加大集团管控力度。

3. 实现信息资源共享，提高集团的整体效能

人力资源管理信息系统的使用，一方面，可有效地改变集团公司信息分布散乱的状况，使资源利用率得以提高，为人力资源信息的统计分析提供强大的技术支持；另一方面，由于集团总部可以及时和准确地获悉人力资源动态，因此可以提高培训和招聘费用的投入产出比，使组织、岗位设置和人员编制数量与企业的发展相匹配，从而提高集团的整体效能。

4. 实现标准化管理和个性化管理的有机结合

集团制定统一的管理标准，系统通过个性化的设置和权限分配来实现人力资源管理的个性化。比如，由集团设置报表模板，下属企业按规定的模板提交人力资源相关信息。同时，在系统中，各下属企业也可以拥有一定的自主权限，可根据具体从事的业务、地域等实际情况采取个性化的管理措施，比如薪资分配形式、培训内容安排等。

企业实践 8-2：最佳业务实践：鲁花集团人力资源战略管控

山东鲁花集团有限公司是一家大型的民营企业，是农业产业化国家重点龙头企业，花生油年生产能力 80 万吨，葵花仁油年生产能力 10 万吨。现拥有职工近 8 000 人，下设莱阳鲁花、莱阳姜疃鲁花、山东鲁花、周口鲁花、襄阳鲁花、深州鲁花、新沂鲁花、常熟鲁花、内蒙古鲁花等 18 个子公司，以及覆盖全国的销售分公司 120 余家。公司的发展解决了当地农村富余人员的就业问题，吸纳了 3 000 多名农民到企业务工。

　　鲁花集团 2008 年起开始实施 e-HR，通过实施基础管理、组织管理、员工管理、薪酬管理、福利管理、合同管理等模块，实现了集团对各子公司人力资源的管控，具体体现在以下几方面：

　　● 建立了全集团的人力资源信息数据库，相关领导能够更加准确地掌控整个集团的人力资源状况和人力资本的分配、使用情况，从而挖掘本企业人力资源的潜力，进一步从整体上进行组织机构与人员配置的优化，将合适的人安排到适合的岗位上，为集团发展战略服务；

　　● 人事业务流程电子化，通过对人事异动、合同业务等的流程化管理，规范了整个集团的人事管理，堵塞了管理漏洞，提升了管理绩效；

　　● 实现了员工从入职、转正、转岗到离职的工资自动处理，记录薪资数据明细，能进行多维度的图表分析；

　　● 能够与整个 ERP 进行信息集成，完成各部门之间的数据共享；

　　● 实现了全系统各种人力资源报表的网上填报、分析、汇总等工作，年报、季报系统自动统计，满足集团对统计报表的要求。

资料来源：浪潮官网（http://articles.e-works.net.cn/HR/article104100-1.html）。

8.4　集团公司信息化人力资源管理实施流程

　　作为信息化人力资源管理系统的最终使用者，直线经理、普通员工等用户是系统有效实施和使用中最为核心的要素，用户对系统的接受和用户需求的满足不但会影响其在系统实施阶段的态度和行为，而且会影响其在 e-HRM 实施后的态度和行为。因而，在组织实施集团公司信息化人力资源管理的各个阶段，都需要使用方的参与，每一个阶段都应在实施方与使用方的共同参与和充分互动下进行。在不同的实施阶段，实施方与使用方都有不同的主要任务，二者的行为通过互动实现匹配。在这一思想的主导下，吴方建、唐贵瑶和徐伟涛（2017）以浪潮集团为目标企业，探索了信息化人力资源管理的实施过程，并总结出了信息化人力资源管理实施的四阶段模型。

8.4.1　阶段一：启蒙阶段

在启蒙阶段，组织的重要活动之一是结合组织战略对内外部环境进行扫描，分析实施信息化人力资源管理的必要性。随着企业规模的扩大，组织需求也会趋于多元化，信息处理的敏捷性、信息对决策的支持力度都面临较大的挑战。这种情况下，组织对信息化人力资源管理的需求也更加迫切。在对内外部环境有了充分扫描后，企业会明确实施集团人力资源管理的必要性和重要性。

为了最大范围地形成对信息化人力资源管理建设的价值认同，企业往往需要通过意义构建活动（如组织内的"宣贯"活动）帮助组织成员形成对信息化人力资源管理这一新生事物的判断。意义建构是组织和个体认识内外部环境，建立对组织内外部环境的共同理解的过程。作为信息化人力资源管理实施方的重要一员，管理层在这一阶段应利用自身的优势地位积极向员工强调信息化人力资源管理的实施能为组织和员工的工作带来的改善，以及该项目对集团未来发展的潜在价值。而业务部门、一般员工也会对信息化人力资源管理好奇，并主动向 HR 部门或者管理层提出意见，希望借助信息化人力资源管理的优势来辅助自己的工作。在互动中，管理层实施信息化人力资源管理的意图将得到各方的理解和支持，这将激励各方人员参与到系统实施活动中来。启蒙阶段实施方与使用方的角色行为与互动匹配机制如图 8 - 1 所示。

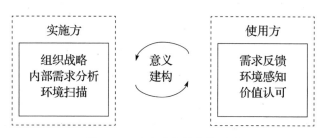

图 8 - 1　启蒙阶段的主体活动

8.4.2　阶段二：采用阶段

结合启蒙阶段需求分析的结果，管理层将形成一系列决策，包括信息化人力资源管理的实施途径（自主开发、个性定制和整套购买等）。这些决策还包括企业关于实施信息化人力资源管理的预期目标，这是信息化人力资源管理实施过程的纲领，也是调动各方资源分解和承接组织目标的目的。

　　基于 Venkatesh V. 和 Davis F. D.（2000）提出的技术接受模型，企业在实施信息化人力资源管理之前必须做好充分的组织准备。组织应合理配置内部资源、更新技术设备、制定易懂且便于传递的信息政策、鼓励创新并努力提升内部员工的技术能力，以提高员工对信息化人力资源管理有用性和易用性的感知，从而激发员工采纳和使用信息化人力资源管理的行为意向。采用阶段实施方与使用方的角色行为与互动匹配机制如图 8 - 2 所示。

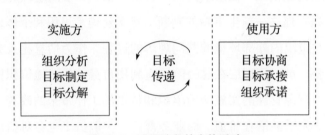

图 8 - 2　采用阶段的主体活动

8.4.3　阶段三：实现阶段

　　经过采用阶段，组织做好了充分的准备，信息化人力资源管理开始实现，实现过程以企业的技术力量为主导。企业可以采取的实施策略主要有两种：一是将人力资源管理各项职能同时实现信息化，一步到位，这对组织的动员能力、数据准备和财力物力要求较高，但能尽快实现信息化人力资源管理的各项功能，加速信息化人力资源管理的价值创造；二是将人力资源管理按照不同的模块逐步实现信息化，实施周期会延长，但便于组织吸纳和借鉴不同子模块实施中的经验和教训，进而寻找和推广实施信息化人力资源管理的最佳实践。

　　用户是信息化人力资源管理的最终使用者，用户体验对信息化人力资源管理的实施过程和实施效果尤为重要。一方面，用户体验的反馈是信息化人力资源管理迭代完善的重要来源，尤其是领导的使用体验。对用户体验的关

注也促使实施方迅速解决使用过程中发生的问题。另一方面，对用户体验的
关注，尤其是对用户使用中反馈的问题的及时解决，将改善信息化人力资源
管理的使用效果，提高使用者的重视程度和参与意识。通过一系列的用户参
与活动，使用者可提高信息化人力资源管理使用的熟练程度，从技能上实现
匹配，同时使用者对 HRM 信息化的反应也有一个逐渐明朗的变化过程，这
对使用者对信息化人力资源管理的接受与接纳将起到重要的作用，也会促进
使用者对信息化人力资源管理价值认可上的匹配。实现阶段实施方与使用方
的角色行为与互动匹配机制如图 8 - 3 所示。

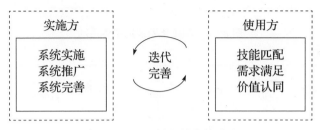

图 8 - 3　实现阶段的主体活动

8.4.4　阶段四：制度化阶段

制度化阶段是信息化人力资源管理实施的最后一个阶段。在实施此阶段
任务之前，组织需要对信息化人力资源管理的实施效果进行评估，如果达成
了预期目标，则将信息化人力资源管理的操作常规化和制度化，以固化信息
化人力资源管理的效果，并在此基础上进行持续的完善，强化信息化人力资
源管理的作用。经过实现阶段，如果信息化人力资源管理并没有达到预期效
果，则回滚到上一阶段的操作，对前一阶段的活动进行检查和完善。组织对
信息化 HRM 的制度化主要通过对其管理实践的合法化来实现。管理创新的
合法化有三个途径，即认知角度的合法化、务实角度的合法化和道德角度的
合法化。制度化阶段实施方与使用方的角色行为与互动匹配机制如图 8 - 4
所示。

综上所述，集团公司实施信息化人力资源管理的过程可以分为启蒙
阶段、采用阶段、实现阶段和制度化阶段（如图 8 - 5 所示）。在各个阶段

中，信息化人力资源管理的主要实施方（主要包括企业管理层、人力部门和 IT 实施方）、主要使用方（人力部门、业务部门、普通员工）各自承担相应的任务，相互配合，在互动中实现组织目标与信息化人力资源管理的建设。

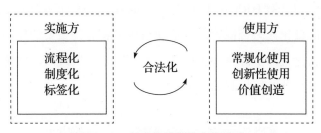

图 8-4　制度化阶段的主体活动

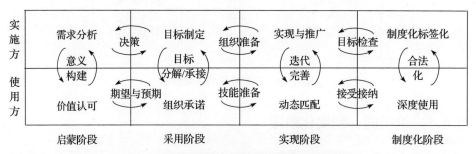

图 8-5　组织实施 e-HRM 的动态匹配框架

企业实践 8-3：浪潮集团信息化人力资源管理实施过程

　　浪潮是中国最早的 IT 品牌之一。20 世纪 60 年代，浪潮的前身山东电子设备厂开始生产计算机外围设备和低频大功率电子管。经过 40 余年的发展，浪潮集团已发展为中国领先的云计算、大数据服务商。在几十年的发展历程中，浪潮一直秉承创新的理念，不仅在技术创新领域数次以极具前瞻性的技术突破引领中国 IT 产业的发展，还积极进行管理创新，尤其是浪潮人力资源体系紧跟发展趋势，根据不同发展阶段的企业战略进行 HRM 的布局、升级与转型。2006 年，浪潮开始了为期五年多的人力资源体系规范化过程。2008 年，浪潮出现了 HRM 信息化的雏形。随着浪潮 HRM 的规范化和流程化，以及外部环境的发展，浪潮抓住时机，分模块地将 HRM 职能实现了信息化。目前，浪潮已经形成了自己的人力资源服务平台——HCM 系统。

在对浪潮集团人力资源信息化过程的梳理中，研究小组发现可以把浪潮的 e-HRM 实施过程划分为四个不同阶段进行分析，分别是启蒙阶段、采用阶段、实现阶段和制度化阶段。各个阶段中，主要实施方（以管理层、HR 部门和 IT 部门为主）和主要使用方（以业务部门、HR 部门和员工为主，员工包括管理者和一般员工）两个主体分别承担各自的任务，并在互动中实现实施效果的最大化。

启蒙阶段

浪潮初步实现了 HRM 的规范化后，便开始考虑 HRM 的信息化。e-HRM 的优势显而易见，除了能提高 HR 部门工作效率外，还能帮助 HR 提高对员工需求的响应速度，并为业务部门提供支持，"业务确实是需要我们以这种快速的数据提供支撑、信息的共享和快速响应"。同时，浪潮也考虑到了 e-HRM 在为决策提供支持、帮助 HR 做战略性思考方面的作用，"HR 需要从烦琐的行政性工作中解放出来，提高 HR 的业务伙伴价值"。此外，随着移动终端的广泛使用，人们的工作方式发生了极大的改变，浪潮也积极采取措施顺应这种改变。在诸多因素的影响下，浪潮坚定了实施 e-HRM 的决心。

e-HRM 是一种新生事物，它的出现也遇到了诸多阻力。"任何一种改变工作方式的工作在最开始不一定所有人都支持"，"让员工去改变自己的工作方式，去接受一种新的东西，都会有一些抵触"。浪潮很注重员工就企业战略达成共识，取得认同，"对浪潮来说，首先是认同，认同领导，认同这个公司的发展战略，我认同这件事，所以我愿意跟着一块干"。在启蒙阶段，浪潮首先通过广泛的调研以及内部"宣贯"就 e-HRM 的实施价值达成共识，其次还采取"一把手原则"保障组织战略的推行，"就是要有一个大领导站出来，领着大家前进"。

采用阶段

浪潮决定实施 e-HRM 后，经过调研，制定了 e-HRM 实施的目标，希望"通过信息化系统改善人力资源管理体系，进而辅助企业达成既定经营及

战略目标"。在整个目标的落地过程中，浪潮实行了"目标管理"。在目标
分解的过程中，主管与下属会就目标进行协商，达成对目标的认可，实现员
工与组织目标的匹配，并签订"军令状"，把目标的完成程度纳入绩效的考
核中。

此外，为了 e-HRM 的顺利实施，浪潮也进行了一系列的准备，尤其是
在组织方面，浪潮成立了 HCM（human capital management）事业部，并由
包括 HCM 事业部的"三方"共同进行 HRM 的 e 化，"HR 部门是一方，提
供用户需求，信息中心是负责建设的，HCM 事业部提供产品服务"。浪潮
早期进行的 HRM 规范化也为 e-HRM 的实施奠定了基础，"后来的 HCM 基
本都是基于前期建立起来的体系"。

实现阶段

在 e-HRM 实现阶段，浪潮遇到了很大的困难，尤其是在数据准备环
节需要业务部门承担额外的工作。"因为我每天琢磨业务的事，跟客户见
面，出差等，都很忙"，"当时真是费劲，每个月填，真是头疼，然后到
年底，各方面打分，很头疼"（市场部经理）。针对这种情况，浪潮将系统
的准备工作纳入绩效考核，强力推行。"不愿意也没办法，这关系到年季
考核"。

在系统的运行过程中，IT 部门也很重视使用者的体验，对使用过程中
发生的故障、问题及时解决，"有什么问题我们会立马去处理，恨不得抱个
电脑就去给你解决了"。同时，也会将一些建议纳入系统的改善中，"对于
反馈上来的问题，我们也会综合考虑和改进"（HCM 事业部经理）。在使用
中，反复迭代完善，将大大提高系统的可使用性和可接受程度，"大家都用，
发现问题、反映问题、解决问题"，"修改后系统也越用越好用"，"哎，发现
这东西还不错"。随着浪潮 HCM 系统的完善，e-HRM 的功能也逐渐得以发
挥，良好的用户体验也提高了使用者对 e-HRM 的接受程度。

制度化阶段

随着 e-HRM 的实施和功能的落地，浪潮采用"线上 + 线下"的"互联
网 +"架构完成了基于互联网的人力资源服务平台——HCM 系统，将"人

力决策""人才管理""劳动力管理""核心人力"四个核心模块信息化系统化，实现了通过信息化系统改善人力资源管理体系，进而辅助企业达成既定经营及战略目标的预期。与传统的 HRM 过程相比较，浪潮 HCM 能为用户提供更高质量和更人性化的服务。以招聘为例，"现在通过 HCM 招聘，能实现对这个简历的跟踪"，"HCM 为招聘提供了帮助，流程可记录，整体的效率大幅提升，过程可跟踪"。应聘信息的及时反馈和沟通能为潜在员工的应聘过程提供良好的体验，这也增强了浪潮的招聘吸引力，改善了应聘体验。在后期使用 HCM 的过程中，除了 HRM 职能外，HCM 还被赋予了其他功能。"主管可以用 HCM 给下属发送生日祝福等，这就很贴心，员工感触也会很深。"HCM 还有一个叫"圈子"的社交平台，"在'圈子'上，我们可以随时随地进行沟通，这能满足员工的一些需要"。这些创新性的功能设计一方面便利了员工的工作，提高了 HRM 的服务水平，潜移默化中激发了员工的"顾客意识"和"服务意识"，另一方面也帮助企业文化更贴近员工的生活，为员工带来实实在在的体验，员工对企业文化也会更为认可和接受。

资料来源：吴方建，唐贵瑶，徐伟涛. 信息化人力资源管理实施过程：基于内部营销视角的案例研究. 中国人力资源开发，2017（11）：108-118.

8.5　集团公司信息化人力资源管理建设的现状与关键问题

8.5.1　集团公司信息化人力资源管理建设的现状

集团公司一般都从事着关系国计民生的重要行业，在国民经济发展中占有极其重要的地位。由于历史的原因，集团信息化水平因行业技术水平、地区经济发展水平、竞争环境、效益等因素而存在差异。一般来说，技术含量高、处在经济发展水平高的地区、行业竞争压力大、经济效益较好的集团公司信息化需求较为强烈，信息化建设水平也较高，如国内石油化工、电力、航空、烟草行业的集团公司。总体而言，我国绝大多数集团公司的信息化水平远远落后于跨国企业，甚至与上述集团公司相比差距也较大，基本上处于将信息技术应用局限于单一功能或管理领域的初级阶段，离将信息技术应用于经营管理的整个流程和应用于集团公司外部还有很长一段路要走。总体来说，集团公司在信息化建设方面主要存在以下问题：

1. 集团公司的信息化基础差距较大

集团公司人力资源信息化建设需要规范标准的业务流程、统一严谨的规章制度的支撑。信息化对数据严谨性的苛刻要求决定了信息化方案的实施需要极其严谨的管理操作和不容出错的数据基础。然而，受我国管理发展落后的影响，集团公司人力资源管理的操作水平较低，管理流程不畅，工作缺乏规范标准，信息错误频繁，信息集成度不高，人力资源数据宏观利用难度大，造成自身管理基础薄弱和人力资源管理流程化、标准化和信息化方面的滞后，这成为需要高度规范化、标准化、流程化的信息化建设的重大障碍。

2. 集团公司信息化建设复杂程度较高

除一些主体业务领域突出的集团公司可以围绕如 ERP 这样的制造业通用软件或行业专业管理系统进行信息化建设外，很多集团公司往往跨多个行业领域，这导致集团内部成员企业间的信息化建设模式和思路各不相同，极其容易形成"信息孤岛"。华润集团的核心业务包括消费品（含各种零售商品，如啤酒、食品、饮料等）、电力、地产、医药、水泥、燃气、金融等，在集团人力资源管理信息化过程中，多元业务、不同经历、不同观点的人组合到一起，带来的争吵、怀疑、埋怨给信息化初期阶段造成了不小的挑战。

3. 集团公司较少从企业战略发展的高度去考虑信息化建设问题

信息化建设是一个长期复杂的系统性工程，从信息化的定位和目标到具体实施过程，再到信息化后的深度使用都需要集团公司从战略层面充分重视。但由于对集团公司信息化作用的认识不足，企业往往仅将信息化定位为实现业务的电子化，而忽视了企业整体业务系统的整合和流程化。同时，现

有企业信息化大多集中于单体公司、个别业务的信息化，我国企业缺乏大型
信息化工程的实施和应用经验。与单体公司和个别业务的信息化相比，集团
公司信息化更加复杂，涉及大量跨组织、跨业务的流程整合，其实施还需从
集团整体战略高度出发整合相关利益主体和实施单元，协调统筹的复杂程度
和实施成本也会更高。此外，许多集团公司在信息化过程中对大数据技术的
重要性也缺乏足够重视，在管理中缺乏对大数据价值的挖掘和应用，可能导
致集团公司信息化浮于表面，形成管理高成本、低效率的局面。

4. 集团公司缺少复合型信息化人才

大部分集团公司缺乏专业开发人才来满足自身人力资源管理发展对软件
的需求，企业信息化复合型骨干人才匮乏且流失严重，这使得各级信息化决
策人员没有认识到信息化的本质是管理问题，往往从技术和成本角度选择高
校和纯软件公司自行进行系统开发，增加了项目的风险。

5. 集团公司信息标准化体系和安全保障体系建设相对滞后

由于集团人力资源管理长期处于边缘地位，集团与各个子公司之间的人
力资源管理的标准化和体系化又极具复杂性，因此集团公司的人力资源管理
信息标准体系建设面临诸多困难，这又进一步限制了信息资源的开发利用。
同时由于缺少系统的管理手段和防范措施，且集团公司的人力资源管理信息
化建设更多地着力于传统人力资源管理职能的信息化，功能相对简单，对数
据的安全和保密功能缺乏足够的重视，因此信息安全保障机制无法满足应用
系统发展的需要。

8.5.2　集团公司信息化人力资源管理实施的关键问题

尽管在管理实践中，越来越多的组织开始不同程度地实施和应用信息化
人力资源管理，但其应用效果往往不尽如人意。从国际经验来看，信息化人
力资源管理实施的风险很高，有近 50% 的失败风险，尤其是鉴于实施过程
的复杂性和长期性，以及在集团公司中还涉及跨层级管理、跨子公司合作，

更多的风险存在于实施阶段。在这种背景下，集团公司的信息化人力资源管理的实施还需要注意以下问题：

1.总体规划，分步实施

从企业信息化人力资源管理建设实践来看，信息化人力资源管理建设不能一蹴而就，是一个长期的过程，需要在逐步转变管理观念和模式，不断完善人力资源管理体系的过程中逐步建设。由于大型集团公司下属成员单位数量较多，人力资源管理水平参差不齐，因此信息化人力资源管理建设应按照总体规划、逐步实施的策略进行。人力资源管理应用应在总部的整体规划、统一领导下，分阶段建设，确定不同阶段的重点业务，并有针对性地选择试点单位，以点带面推动整个建设进程，逐步构建纵向贯通、横向集成的人力资源管理信息化应用体系，从而保证整个人力资源管理信息化应用系统的建设和实际的人力资源管理工作形成良性互动。浪潮集团的人力资源管理信息化首先从2006年的人力资源管理规范化起步，从实现"无纸化办公"开始，2008年有了e-HRM的雏形，2016年又开始建设人力资源管理三支柱。

2.试点先行，逐步推广

有序地实施也是保障信息化人力资源管理建设成功的关键。按照实用先进、务求实效的原则，试点先行，积累经验，降低实施风险。在选取的试点单位部署实施，在实际运行过程中不断进行完善优化。对试点运行过程进行自上而下的有效管理，然后在前期试点应用的基础上，总结设计与实施经验。利用试点实施经验，在其余单位进行推广应用。华润的人力资源系统项目即采取"统一规划、分步实施"的策略：通过一期试点、二期推广和三期提升逐步完成。如每次正式启动一批业务单元的信息化工作之前，项目组都会提前4～5个月开始管理优化工作。一般会先选取业务单元试点单位，分析现状，寻找业务单元内部差异，提出管理优化建议。经过两周的集中研讨，建立标准的岗位体系、薪酬项目、考勤休假制度等。之后，进行为期2～3个月的岗位价值评估，建立基于岗位价值的薪酬体系，最终建立起一套能够与外部薪酬数据直接对标的统一的职务及薪酬体系。

3. 标准先行，统一建设

信息化建设是固化业务流程的有效工具，但仅靠推行信息系统难以统一企业内人员的基本信息。因此在全面进行信息化人力资源管理建设之前，需要首先明确管理标准，进行人力资源管理信息标准的研究工作，为开展统一设计和应用模块的开发提供业务支持。加强人力资源管理信息化基础规范的研究工作既是信息化的紧迫需求，也是业务工作的重要组成部分。编制和出台统一开放的信息化基础规范，包括适合公司系统的人力资源管理数据标准、人力资源编码管理标准（组织机构、岗位分类和人员信息等），作为数据交换和集成的基础。华润集团在人力资源信息化步入正轨后，首先就建立了一套人力资源的专业语言，对模棱两可的流程进行讨论，定义标准和展现形式。人力资源的标准统一了，未来的路也就清晰了。

4. 优先实现共性需求，兼顾个性

在大型集团公司内部，各分支机构之间的管理模式具有一定差异，因此在信息化人力资源管理建设时，系统架构设计要能够满足集团公司各级单位的管控需求，需要为总部和各分支机构提供适应管理模式要求的灵活的管理平台。信息系统的通用性与灵活性是一对矛盾，信息化建设时要根据企业实际情况寻找最佳结合点，可以从两个方面考虑这一问题：首先，需要确保实现各单位共性的、稳定的需求，并且在信息化建设推进过程中，不断规范、优化企业人力资源管理业务流程，逐步统一人力资源管理信息化需求；其次，要在确保系统实用性的前提下，兼顾系统的先进性和可扩展性，系统在功能上要具有一定的灵活性。系统应提供个性化定制平台，支持组织机构模型、薪酬结构模型、流程管理模型、分析报表模型、权限分配模型的自定义功能，从而满足人力资源管理的多样性和复杂性，实现人力资源管理在规范化、标准化基础之上的个性化，为企业集团化运作提供重要支撑。浪潮集团在实现人力资源管理信息化时首先满足的是"数对人头、发对工资"的职能

需要，其他的管理模块随后逐步落实。

5. 统一数据源，重视数据准备工作

数据的一致性和准确性，对一个集团公司的信息化人力资源管理建设的成功至关重要。人力资源管理信息系统的有效使用依赖数据源的准确性和真实性。在建设伊始就应该考虑数据的问题，而不要留到系统要上线时才去准备。原始数据的准备、清理及转换成统一的标准信息，都需要大量的时间，需要花费大量的人力和物力，需要尽早着手准备，这样才能将信息系统建设的数据基础打牢。华润集团的信息化涉及组织、岗位、薪酬、绩效、培训、在线学习等多个人力资源模块，各个城市公司多套体系，只有踏踏实实地形成几百页系统实现的蓝图文档、整理出数以万计的人员的关键信息才能夯实信息系统建设的基础。

6. 制度和组织是保障

大型集团公司下属单位众多，且地域分布广，整个集团公司的信息化人力资源管理建设工作面临着极大的挑战，需制定完善的信息化管理制度，配套有效的组织保障体系。在组织机构上，需明确总部及各单位的信息化建设部门，明确组织运作模式、组织机构汇报关系及职责权力分派，从制度和组织上为信息化人力资源管理建设提供保障。以华润为例，公司成立了由150余人组成的人力资源信息化工作小组，并为各个单位配备了内外部顾问以及时解决问题，保障工作顺利进行。

7. 复合型信息化人才是关键

在日益加快的信息化进程中，一支企业自己的稳定的信息化建设队伍是信息化人力资源管理建设成功的根本保证，企业需要的是熟悉人力资源、技术、项目管理的复合型人才。这是信息化人才需求的大趋势，这种复合型应用人才将成为信息化建设的有力保障，也是企业人力资源管理信息化长期、持续改进的基石。华润人力资源信息化项目通过千日攻坚培养了一支信息化

人才队伍，团队拥有共同的信念，掌握了人力资源共同的专业工具，具备了忘我工作的精神，有利于集团信息化的长期发展和战略的实现。

本章小结

集团公司信息化人力资源管理是指集团公司通过信息化人力资源管理系统的建设，将集团总部的人力资源管理与子公司的人力资源管理通过 IT 的方式联系在一起，并致力于为集团公司与子公司提供人力资源管理职能服务。依据信息系统的功能、整体意义、目标等不同标准，集团公司信息化人力资源管理内容上也存在不同的分类。在不同情况下，信息系统的实施也将采取不同的建设模式，其实施流程可以分为启蒙阶段、采用阶段、实现阶段和制度化阶段。整体而言，我国集团公司的信息化基础薄弱，信息技术在经营管理中的应用还不成熟，面临着人才匮乏、系统存在安全隐患等挑战。在信息化建设过程中，集团公司需要做好充分的准备。

思维导图

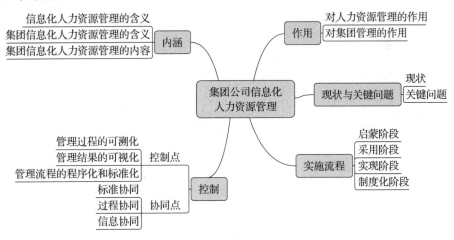

前沿进展：探讨"互联网＋"时代下的人力资源转型

中国经济全面进入新常态，人才需求缺口将越来越大，在企业对人才战略要求越来越高的当下，人力资源作为第一资源，却被大多数的企业定位在

"事务处理型"角色上。企业 80% 的人力资源工作是处理离职管理、员工信息管理、薪酬统计、招聘管理等事务性的工作，只有20%的工作聚焦于战略层面，无法与业务部门形成有效的合作，更遑论指导其他部门的管理工作。如今，越来越多的企业正在积极采用共享服务与外包等形式实现人力资源转型。我认为，人力资源服务商应该借助共享服务和外包服务等多样化手段，帮助企业将操作性的事务从人力资源部分离出来，使人力资源部的重心向战略性事务转移。

在过去三年中，FESCO 为众多国内外知名企业提供共享服务，积累了丰富的共享服务业务流程设计、人力资源系统设计和实施、服务管理 SLA 及 KPI 设计等方面的实践经验。根据这几年的经验，FESCO 认为，不同类型的企业应根据自身特点，从不同的角度、以不同方式逐步实现战略转型。

正在转型、管理逐步规范化的企业，优化内部流程是转型和规范化发展中重要的环节。企业需要将人力资源工作中一些常规的必要程序流程化、标准化，借助信息技术，进行人力资源管理流程再造，提升人力资源效率，减轻人力资源管理的压力。

中小型的发展中企业往往将发展过程中的关注点聚焦于产品、技术、商业模式，然而这一切都仰赖人才来实现。对于此类中小型企业，应该通过外包服务将非核心业务转移，并保持服务平稳，令员工满意。

对于大型、管控成熟的企业，"转型"是人力资源管理的首要目标，建立人力资源共享服务中心成为人力资源管理转型的重要手段。据统计，世界《财富》500强中50%的企业以及100强中80%的企业采用了人力资源共享服务模式，国内也有越来越多的大型企业或企业集团开始逐步采用共享服务模式，通过搭建共享服务中心将事务性工作集约化操作、标准化处理，将人力资源人员解放出来。

资料来源：郝杰.探讨"互联网＋"时代下的人力资源转型.哈佛商业评论（中文），2015（8）.

第 9 章

变革时代下的人力资源模式转型：HR 三支柱*

---

* 主要参考资料：马海刚，彭剑锋，西楠. HR+三支柱：HRM 转型升级与实践创新. 北京：中国人民大学出版社，2017.

引例：人力资源共享服务为飞利浦"瘦身"

作为欧洲最大的消费电子制造商，飞利浦目前拥有员工超过 16 万人，在全球 50 多个国家建立了 65 个地区总部和办事处。不可思议的是，其各区域部门之间一直保持着彼此独立、分而治之的"诸侯"关系。同时，像飞利浦（上海）这类区域性分公司，每个区域公司都同时下辖消费电子产品、家用电器、照明、医疗系统和半导体五大业务部门。更要命的是，每个业务部门又都各设一套相似的职能机构——市场部、公关部、人力资源部等。如此一来，便形成了一个高度重复建设的"树状"业务单元，管理费用也居高不下。目前，由于全球经济低迷，半导体行业需求下降，以及亚洲新老竞争对手对消费电子市场的蚕食，飞利浦的亏损达到了连年创纪录的水平，企业面临的竞争压力已经越来越大。如何在稳定合理成本的基础上，使企业内部运作提高效率，成为飞利浦的当务之急。

人力资源共享服务（philips people service，PPS）计划成为飞利浦 TOP 计划的切入点。PPS 计划已于 2003 年 6 月起在飞利浦（中国）试运行。目前，飞利浦在上海设立了人力资源分享中心。这意味着，飞利浦（中国）旗下所有分公司的人力资源业务将有望在这个中心得到集中处理。这个服务共享中心现在已确立了五大核心业务：招聘、职位轮换、奖励管理、员工培养和人力资源信息系统管理。这些业务包含了 HRM 的不同职能，也保证了人力资源分享中心所有功能的有效实现。由于 PPS 计划大大简化了工作流程，以及企业 ERP 系统得到了有效整合，目前，飞利浦公司的员工们可以在网上共享企业信息资源，甚至可实现"自助"服务，这进一步减少了 HRM 的成本支出。该服务模式的实施还使飞利浦有效综合了日常工作流程、技术、成本节约、职位分工、供应商管理等各方面因素，将公司人力资源部门管理者和员工的比例直接从 1∶53 降低到了 1∶109，不仅提高了人力资源的服务质量，还节约了大量人工成本。

资料来源：中大网校.案例分析：人力资源共享服务为 Philips "瘦身".（2007-12-18）[2019-04-02].https://www.233.com/hr/anli/20071218/110347176.html.

9.1　HR 三支柱的内涵

戴维·尤里奇最早提出了四角色模型，为 HR 三支柱的模式和概念打下了坚实基础。作为西方探路者的 IBM 在实践中提出了 HR 三支柱模式，并以此重新定义了人力资源部。那么，HR 三支柱作为一种 HRM 的组织方式，究竟是 HRM 转型升级的理论先导，还是实践创新的探索先行？

9.1.1　HR 三支柱的基本内容

人力资源领域的三支柱模式将 HRM 体系划分为三大系统：人力资源专家中心（human resource center of excellence，HRCOE）、人力资源业务伙伴（human resource business partner，HRBP）、人力资源共享服务中心（human resource shared service center，HRSSC）。三支柱模式没有从功能上将人力资源部拆分并向不同的上级汇报，而是按照活动的不同层次进行了专业化分工。人力资源专家中心提供专业领域系统的分析和建议，负责"定调子"；人力资源业务伙伴为业务单元定制 HRM 方案，负责"做落地"；人力资源共享服务中心处理事务性工作，负责"走程序"（见图 9 - 1）。

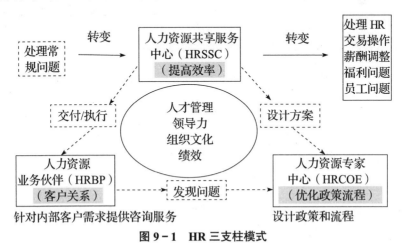

图 9 - 1　HR 三支柱模式

1. 支柱一：人力资源专家中心（HRCOE）——人力资源战略价值选择

HRCOE 的角色定位于领域专家，要通晓 HRM 理论，掌握 HR 相关领域精深的专业技能，追踪、对标最优实践。HRCOE 的核心价值在于服务高管和决策层，帮助他们制定正确的战略，服务对象是公司管理层和 HRBP。同时，HRCOE 借助本领域精深的专业技能和对领先实践的掌握，确保公司设计的一致性，建立人力资源专业能力，提升公司人力资源政策、流程和方案的有效性，并为 HRBP 服务业务提供技术支持（见表 9-1）。

表 9-1　　　　　　　　　　　　　HRCOE 的角色及职责

角色	职责
设计者	运用本领域知识设计业务导向、创新的 HR 政策、流程和方案，并持续改进其有效性
管控者	管控政策、流程的合规性，控制风险
技术专家	对 HRBP/HRSSC、业务管理人员提供本领域的技术支持

2. 支柱二：人力资源业务伙伴（HRBP）——业务策略选择

HRBP 利用自己所掌握的专业知识、经验，辅助一线业务负责人对组织、团队、人才进行管理，针对组织内部各具体业务单元的人力资源需求，提供更个性化的咨询服务。HRBP 的角色是人力资源通才，要掌握 HR 各职能的专业技能并了解所在部门的业务。服务对象是业务部门，协助业务领导进行组织管理、团队管理和人员管理。通过深入业务部门调研，分析具体的问题，为业务部门提供量身定做的人力资源战术，并提供实际指导。作为"业务伙伴"，HRBP 不是被动地等待业务部门提出需求，而是主动发现业务团队管理中存在的问题，诊断业务发展过程中的 HR 诉求，综合运用 HR 专业方法论及工具，为业务部门提供端到端的解决方案，为公司核心价值观的传承和政策落地提供组织保障（见表 9-2）。

表 9-2　　　　　　　　　　　　　HRBP 的角色及职责

角色	职责
战略伙伴	在组织和人才战略、核心价值观传承方面推动战略的执行
解决方案集成者	集成 HRCOE 的设计，形成业务导向的解决方案
HR 流程执行者	推行 HR 流程，支持人员管理决策

续表

角色	职责
变革推动者	扮演变革的催化剂角色
关系管理者	有效管理员工队伍关系

3. 支柱三：人力资源共享服务中心（HRSSC）——人力资源平台与服务选择

HRSSC为组织提供一体化、数据化、自助化的HR平台支持。HRSSC是HR效率提升的驱动器，其使命是为HR服务目标群体提供高效、高质量和成本最佳的HR共享服务。

HRSSC的角色定位于标准服务提供者，确认服务交付的一致性。核心作用是为HR服务目标群体提供高效、高质量和成本最佳的HR共享服务。一方面，HRSSC是直接面向顾客提供咨询服务、办理日常业务的行政组，帮助HRBP和HRCOE从事务性、重复性工作中解放出来，并对内部客户的满意度和卓越运营负责；另一方面，HRSSC还要从跨区域的角度监督、优化现有流程，不断致力于内部日常服务的最优化与快速反应（见表9-3）。

表9-3　　　　　　　　　　　HRSSC的角色及职责

角色	职责
员工呼叫中心	支持员工和管理者发起的服务需求
HR流程事务处理中心	支持由HRCOE发起的主流程的行政事务
HRSSC运营管理中心	提供质量、内控、数据、技术和供应商管理支持

9.1.2　HR三支柱与传统HRM的关系

1. HR三支柱与传统HRM的区别

（1）内容方面的差别。传统HRM包括六大职能板块：人力资源规划、招聘与选拔、培训与开发、绩效管理、薪酬福利管理和员工关系管理。HRM三大支柱包括三大系统，即人力资源专家中心（HRCOE）、人力资源业务伙伴（HRBP）和人力资源共享服务中心（HRSSC）。HR 三支柱体系的各个组成部分在运营过程中都会涉及六大职能的相关内容，但三支柱又并非仅仅是六大板块的简单翻版。

（2）应用层次方面的差别。传统 HRM 强调横向的专业性与职能性，三支柱体系的建设基于原有的横向内容发展出了纵向层次。具体而言，HRCOE 专注于 HRM 体系的顶层设计，从全局角度与公司战略对接，制定本公司 HRM 战略目标、HRM 体系与制度；HRBP 关注 HRM 战略和制度的推行，并在 HRM 与业务部门之间建立直接的联系，在业务一线服务指导、协助业务部门实施具体的 HRM 制度，同时以业务为导向，在实践中发现现有 HRM 制度的不足，与 HRCOE 对接，完善 HRM 的实施效能；HRSSC 处于三支柱的底层，面向员工，处理常规性、流程性的事务，为公司提供标准化服务。传统 HRM 体现的是简单横向的思想，HR 三支柱体现的则是立体、网络化的思想。

（3）与业务部门的关系。HR 三支柱一个显著的特点是具有业务导向，业务部门需要什么，三支柱就提供什么。同时，三支柱还会创造需求、改善 HRM 服务，主动地、创造性地参与业务运营，创造 HRM 价值。传统 HRM 则专注于专业导向，从 HRM 自身职能出发，HRM 有什么职能，就给业务部门输送什么。传统 HRM 向 HR 三支柱的发展体现了专业导向向业务导向的转变，同时也体现了供给导向向需求导向的转变。

（4）适用情景方面的差别。HR 三支柱与传统 HRM 在内容、内部层次等方面的差别，也决定了 HR 三支柱的应用场景不同于传统 HRM。具体而言，前者更适用于规模较大的公司，可以解决结构复杂、业务跨度大的组织在 HRM 方面的难题；后者更倾向于应用在中小规模、管理体系较完善的组织，业务范围跨度小、组织结构清晰时，传统 HRM 更容易发挥效能。同时，HR 三支柱的建设需要公司已具备良好的 HRM 基础，以及一定的信息化实现程度。

2. HR 三支柱与传统 HRM 的联系

HR 三支柱是传统 HRM 的发展。在内容方面，HR 三支柱是传统 HRM

的纵向发展，传统 HRM 侧重于专业性的六大板块，三支柱将六大板块进一步发展，是原有六大板块在组织三个层次的具体应用。在应用方面，HR 三支柱的建设需要企业已具备较完善的传统 HRM 体系。以国内处于三支柱建设前列的企业腾讯、华为等为例，这些企业在实施 HRM 转型升级、开展三支柱建设以前，就已经经历了 HR 集中管控的阶段，其在传统的人力资源体系上已经成熟。因此，如果过去公司推进传统人力资源体系建设的效果并不理想，未能有效建立人力资源体系，那么贸然进行三支柱体系建设难度将很高。HR 三支柱体系是在传统 HR 体系基础上的自然过渡。其中的关键不在于公司采用何种 HRM 结构来支撑组织管理，而在于公司在 HRM 建设中形成的对 HRM 的战略价值、定位，以及其与其他管理体系的关系的认知。

9.2 集团公司 HR 三支柱的控制与协同

9.2.1 集团公司 HR 三支柱的控制点

集团公司 HR 三支柱是传统 HRM 的转型和升级，也是建立在信息化 HRM 基础之上的，这就为 HRM 在集团公司背景下实现集团总部对子公司的控制提供了便利。集团总部通过三支柱实现对子公司的控制充分体现在三支柱的三个子系统上。

1. HRM 顶层设计的一致性

集团公司三支柱的人力资源专家中心（HRCOE）体现的是集团层面人力资源的战略价值选择。集团总部通过 HRCOE 体系，帮助制定面向总部和子公司管理层的 HRM 战略。立足于集团层面，HRCOE 作用的发挥确保了集团范围内 HRM 设计的一致性。

2. HRM 中层实施的一贯性

集团公司三支柱的人力资源业务伙伴（HRBP）体现的是各个子公司层

面业务策略的选择。一方面，HRBP 保证了集团总部 HRM 战略实施的一贯
性，HRBP 利用自己所掌握的专业知识、经验，帮助业务部门对组织、团
队、人才进行管理，保障子公司在具体业务流程中对集团战略的支撑；另一
方面，HRBP 还基于集团总部 HRM 战略，结合各子公司具体业务单元的人
力资源需求，提供更个性化的咨询服务，这就保证了 HRM 战略在实施过程
中不走样，实现 HRM 具体的执行过程与战略目标的高度契合。

3. HRM 底层流程的标准化

集团公司三支柱的人力资源共享服务中心（HRSSC）体现的是 HRM 的
标准化、流程化和平台化，反映的是具体人力资源平台与服务选择。一方
面，HRSSC 的实施为组织提供了自助化的 HR 平台支持，在平台上所有的
HRM 活动都有固定的标准和流程，在集团范围内打破了以往 HRM 各自为
政、标准不一的局面；另一方面，HRSSC 的高度标准化有利于员工数据的
整合与分析，帮助集团对子公司进行跨区域的数据监督和管理改善，以提升
组织内部日常服务的最优化与快速反应。

9.2.2　集团公司 HR 三支柱的协同点

集团公司 HR 三支柱借助 HR 的四种角色、HRM 三大体系纵向实现了
集团内总部与子公司、员工的协同，横向实现了 HRM 职能、HR 部门与业
务部门的协同。

1. HRM 流程的协同

传统 HRM 各模块间缺乏协同，特别是流程上的协同，这造成了集团
HRM 操作上的重复性和多标准化，无法从更宏观的视角看问题，各模块都
不对最终结果负责，出现问题后便相互指责等问题。HR 三支柱的三大体系
分属职能流程的上、中、下游，并不断产生新的循环。三个支柱都要为决策
承担责任。决策出现问题时，也可以很容易从流程中找到问题归属。HR 三
支柱的共享服务中心是组织协同的另一种表现，不同业务单元有具有共性的
人事事务性工作，可以加以整合，以提高效率，节约 HRBP、HRCOE 的时

间，让 HR 从事更具有价值的工作。

2. HRM 与业务的协同

HR 三支柱的一个显著特点是具有业务导向。三支柱从 HRM 的角度支援具体业务的实施，而非仅仅从专业性角度制定和执行相关决策。HRM 与业务的对接体现的是 HRM 战略价值与业务策略的协同，为发挥 HRM 的价值提供了一条更为可行的途径。以华为 HR 三支柱为例，华为三支柱的亮点是始终以客户为中心、以需求为牵引的战略导向，强调的是对客户需求和业务需求的关注。通过 HRBP 对业务需求的承接，有效整合并实施人力资源解决方案。HRCOE 的功能更多地在于提供专业化的支撑，而 HRSSC 则是以服务为导向，致力于卓越运营的 HR 服务交付。

3. 人才与知识经验的协同

HR 三支柱有利于组织中人才的协同，共享知识和成功经验，这能对业务间的跨界创新起到支撑作用。HR 三支柱理论指出，HRCOE 要紧贴战略，制定政策；HRBP 要以业务为中心，深耕业务需求，满足业务需求；HRSSC 将分散在各部门独立运作的业务整体运作，提高效率。HR 三支柱在经历了二十几年的理论和实践探索后，观点逐步完善，模式逐步成型。在大变革、大颠覆的时代，人力资源管理理念在变，内外部客户的需求在变，甚至一些常识也在改变。在这种背景下，如果人力资源管理被动地适应变化，那么其未来前景堪忧，只有主动求变，在变化中大胆升级，才能生存、发展、创造更大的价值。

9.3　集团公司 HR 三支柱的实施与落地——以浪潮集团为例

西方对 HR 三支柱的探索对 HRM 理念与实践做出了重大的贡献，无论是戴维·尤里奇的理论贡献，还是 IBM、福特、GE、强生等西方企业的实践探索。中国的一些大型企业在运营管理中，勇于尝试舶来的新概念、新模式，开始引进 HR 三支柱管理模式。本书以浪潮集团为例，探索其"业务驱动 HR"的三支柱管理模式。

9.3.1　浪潮集团简介

浪潮集团有限公司，即浪潮集团，是中国本土综合实力强大的大型 IT 企业之一，中国领先的云计算、大数据服务商。浪潮集团旗下拥有浪潮信息、浪潮软件、浪潮国际三家上市公司，业务涵盖云数据中心、云服务大数据、智慧城市、智慧企业四大产业群组，为全球 120 多个国家和地区提供 IT 产品和服务，正向云计算、大数据、智慧城市运营服务商转型，打造"云 + 数 +AI"新型互联网企业。浪潮拥有中国 IT 领域唯一设在企业内的国家重点实验室"国家高效能服务器和存储技术重点实验室"，自主研发的中国第一款关键应用主机浪潮 K1 使中国成为继美日之后第三个掌握高端服务器核心技术的国家，荣获 2014 年度国家科技进步一等奖，浪潮天梭 K 系统已超过美国甲骨文，跻身高端 Unix 服务器市场的前三强。21 世纪的浪潮提出了专注化的发展战略，浪潮集团将结合自身优势，紧紧围绕互联网，专注于两个产业发展方向：一是以服务器为核心的嵌入式软件化硬件产品，包括服务器、PC 和面向行业的解决方案；二是以通信行业软件、分行业 ERP 软件为主的综合应用软件，兼顾 OA、金融软件。浪潮专注于以上两个目标，致力成为中国最优秀的行业 IT 应用解决方案提供商。

9.3.2　浪潮业务驱动的 HRM 实践

1. 浪潮集团人力资源定位与组织：HR 三支柱的建立背景

浪潮认识到人力资源的挑战日益严峻，集团高速发展及全球化目标的实现与企业所拥有的人力资本息息相关，这一切都是人才的战争。对外，面临着更具狼性和侵略性、适应力更强的互联网企业的竞争，组织需要更加扁平有效率才能不陷入传统 IT 的困局之中；对内，多元化的员工构成、更高的薪酬需求以及人均效能的不断增长对组织 HRM 提出了更高的要求。内外部的严峻环境也使浪潮意识到，HRM 转型迫在眉睫。

2. 浪潮 HR 三支柱的特色：业务驱动 HR

"以业务驱动，一切为了业务！"

　　浪潮认为，人力资源人员对企业的价值直接体现在能够有效满足多少业务需求上。基于业务驱动的方针及以人才为本的理念，浪潮对现有HRM体系进行了转型升级，逐步建立了自己的HR三支柱管理模式（见图9-2）。

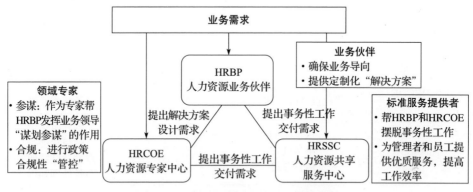

图9-2　浪潮集团的HR三支柱管理模式

　　HRBP确保业务导向，为各业务团队提供定制化"解决方案"；HRCOE作为专家帮助HRBP发挥业务领导"谋划参谋"的作用，同时对组织战略、政策进行合规性"管控"；HRSSC定位于"标准服务提供者"，一方面帮助HRBP和HRCOE摆脱事务性工作，节约劳动成本，另一方面为管理者和员工提供优质服务，提高整体工作效率。HR三支柱逐步发展成如图9-3所示的架构。

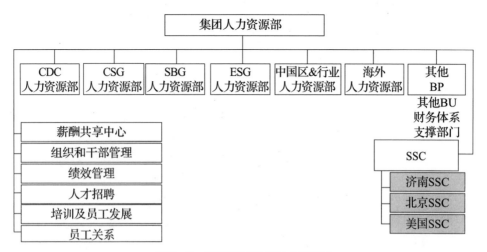

图9-3　浪潮集团的HRM体系图

此外，浪潮还依据三支柱模式对员工进行能力培养，设置了不同的职业发展路径（见图9-4）。

HRBP	业务伙伴 集成解决方案 推行HR日历	变革推动 关系管理者 核心价值观传承 驱动	业务敏锐度 人际连接力 变革管理 咨询技巧 HR通用知识
HRCOE	关注政策和流程 优化设计政策和流程		管控者 业务技术专家
HRSSC	员工问询 事务处理 运营改进		客户服务 精益管理 流程及IT管理 事务处理知识

图9-4　浪潮集团HR三支柱模式的职业发展路径

围绕着"1个中心、2个提升、3个支柱、4个落地基石"[①]的转型理念，浪潮依照业界领先公司的流程架构设计优化了自己的人力资源流程（见图9-5）。

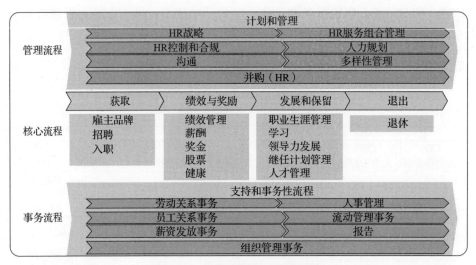

图9-5　浪潮集团的HR流程图

---

① 1个中心指以"业务驱动HR"为中心，2个提升指"效率"与"效能"的提升，3个支柱指"业务伙伴、领域专家、共享服务"三大支柱，4个落地基石指"组织、服务交付、流程与IT、能力"。

其中，管理流程指组织规划和面向未来的 HR 流程，要求与企业的战略目标高度匹配；核心流程指价值创造的关键流程，要求更具有弹性，衔接更为紧密，要与管控要求紧密结合；事务流程则需要更加集成化、标准化。依照这个思路，浪潮建立了颇具浪潮特色的 HR 服务交付模式。

为了落实"业务驱动 HR"的核心转型理念，浪潮对 HRM 人员提出了新的要求。（1）了解业务。浪潮要求每一位 HR 都能完整、清晰地阐述产品方案、产品线分类、主要产品线以及业务运作模式。考虑到 HR 的专业局限性，浪潮设置了最低标准：HR 要能讲展厅，能介绍本单位战略和产品。（2）人力资源战略与集团、业务单位战略相匹配。人力资源战略不应该独立于集团或业务单位的战略凭空产生，因此浪潮要求将集团及业务单位战略与人力资源战略衔接，每一项任务都要思考人的问题。（3）方案围绕业务问题，问题来源于一线调研和洞察。人力资源部不应被动地等待业务部门寻求帮助，而应主动寻找业务团队管理问题的症结，发现业务团队发展过程中的诉求，在一线调研的基础上，提出问题和对应的解决方案，而不是依据以往经验提出解决方案。（4）对业务负责，而不是对人负责。业务运营的本质是提高效率、效能，降低成本，人力资源工作的价值也在于解决了多少业务问题。因此，浪潮要求人力资源部对业务负责，用业务驱动 HR，提升整体效率，产生更高收益。

区别于传统职能化的 HRM 架构，浪潮的 HR 三支柱模式进一步强调对业务需求的关注，通过 HRBP 对业务需求的承接，有效整合并实施人力资源解决方案。HRCOE 的功能更多地在于提供专业化的支撑；HRSSC 则以服务为导向，致力于实现卓越运营的 HR 服务交付。将 HR 三支柱与各职能模块综合起来看，实质上，浪潮的 HR 三支柱体系强调对业务部门的支撑作用。

3. 浪潮的 HRSSC：集成的 HR 服务中心

浪潮的 HRSSC 定位于集成的 HR 服务中心，通过标准化设置、流程化操作以及信息化推进，为主管和员工提供一站式的高效专业服务，实现端到端的信息打通（见图 9-6）。此外，浪潮还进行了物理性整合统一，包括合并各产业单位同类型人员及统一各事务性环节的操作步伐。

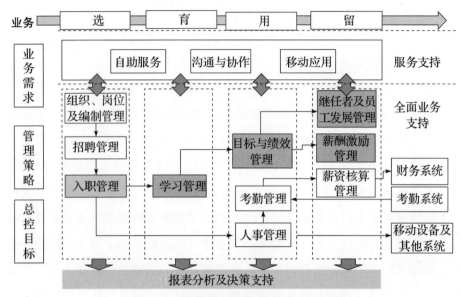

图 9-6　浪潮集成（端到端）整体业务平台

浪潮 HRSSC 的服务目标群体是高层领导、主管、员工以及外部人员（例如候选人、前员工），通过 HR 门户网站、在线问答、电话、邮件、传真及面对面交流等方式分阶段地实施 HRSSC 体系（见图 9-7）。

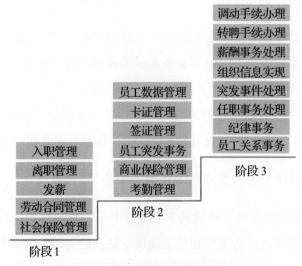

图 9-7　浪潮 HRSSC 的分阶段实施方案

为了更高效地为员工提供服务，浪潮建立了"一站式共享服务"。以 HRSSC 入职管理为例，从对接招聘信息到电子化预约入职，从入职办理到入职培训，从薪酬信息传递到社会福利办理，整个过程不需任何纸质材料，既减少了员工排队等待的时间，也实现了企业的数据化、信息化建设，大大地提高了运营效率。此外，为了倾听员工建议，更好地完善 HRSSC 系统，浪潮开通了员工服务热线"SAY SAY CALL"作为与员工沟通和解决问题的桥梁与平台，对员工咨询的问题、提出的建议及投诉的问题，做到事事回应、件件答复。

HRSSC 的建成为浪潮创造了不菲的业务价值。即时的在线问询和邮件问询、电子化的一站式服务减少了审批节点，真正做到了让员工少跑路，提高了员工的工作满意度，提升了服务品质。HRSSC 的建设总共为浪潮降低了 70% 的成本，这包括即时交流系统节约的电信基础设施的投资，以及整合后的集中处理中心避免的超时工作。同时，HRSSC 能够有效地规避潜在风险，标准化流程与操作培训包括了所有日常的文档与审核内容，规避了个人主观因素对流程处理产生影响的风险；统一的地点也可以使服务中心在意外发生时提供快速的响应及数据备份。HRSSC 的建设确保了集团流程的规范与统一，全球化的标准有效地降低了各种特殊本地流程的出现，真正实现了效率和效能的提升。

4. 浪潮的 HRBP：把支部建在连队上

浪潮将 HRBP 的角色定位于战略合作伙伴，这是一种个体或团体之间的关系，特征是相互合作、共担责任，目的是实现指定的共同目标。

浪潮集团人力资源部副总经理张女士认为，HRBP 是三个角色中最难的角色，要求具有极强的业务敏锐度，懂得 HRM，还要具有很强的咨询、影响和执行能力。然而，能真正做到三者具备的人员相当稀缺，市场上和企业是不可能同时找到大批合格的 HRBP 的。HR 较少，能担当 BP 角色的 HR 则少之又少。因此，浪潮需要转变意识，加快培训、培养和个人成长。在 HRSSC、HRCOE 设置后，进一步减少 HRBP 花在行政事务上的时间。

在 HRBP 的建设上，浪潮借鉴了阿里的政委[①]体系，每 100～120 个人设置一个 HRBP，根本原则是"把支部建在连上"。HRBP 靠前设置，目的是为业务做好支撑（见图 9-8）。

图 9-8　浪潮 HRBP 体系

在实践中，浪潮 HRM 转型工作始终围绕"业务驱动 HR"这一核心展开。在浪潮人力资源体系从职能型向业务伙伴转变的过程中，HRBP 发挥了重要的联结作用。作为业务伙伴，HRBP 需要充分理解业务的需求，在此基础上整合并实施解决方案。同时，HRBP 是三支柱中最贴近业务的关键与核心所在。

浪潮 HRBP 的角色定位呈现战略性、多元化特征，需要扮演以下六大角色：

● 战略伙伴：参与战略规划，理解业务战略，与 HR 战略连接，并推动执行。

● 解决方案集成者：理解业务诉求和痛点，集成 HRCOE，组织制定 HR 解决方案，将业务需求与 HR 解决方案连接，并实施落地。

● HR 流程执行者：合理规划重点工作，有效运作 HR 流程，提升工作质量与效率。

● 变革推动者：理解变革需求，做好风险识别，和利益相关人沟通，促使变革成功实施。

---

① 所谓政委，是指公司派驻到各业务线的人力资源管理者和价值观管理者，与业务经理搭档，共同做好所在团队的组织管理、员工发展、人才培养等方面的工作。

- 关系管理者：有效管理员工关系，提升员工敬业程度；合法用工，营造和谐的商业环境。
- 核心价值观传承的驱动者：通过干部管理、绩效管理、激励管理和持续沟通等措施，强化和传承公司价值观。

从以上六大角色的定位和关键职责来看，HR 三支柱尤其是 HRBP 特别强调发挥对组织战略和业务的支撑作用，体现了"业务驱动 HR"的转型理念。此外，浪潮还要求 HRBP 同时聚焦企业业务活动与 HRM 活动，承担好业务伙伴角色（见表 9-4）。

表 9-4　　　　　　　　　　　浪潮 HRBP 的业务、HR 双聚焦

业务聚焦	HR 聚焦
配合业务战略，推行人力资源战略举措	在业务线推行 HR 日历 *
在人才管理问题上，是业务主管值得信赖的顾问	确保业务主管理解并支持公司 HR 政策、流程、方案在业务线的落地
调动相关资源，将业务需求转变成 HR 解决方案，确保有效地解决业务问题	在业务线推动公司核心价值观、文化的传承
关键合作人群：业务线领导和一线经理	关键合作人群：HRCOE 和 HRSSC

注：* 见图 9-9。

5. 浪潮的 HRCOE：项目立项制和专家中心

如果将企业比作一个军团，那么 HRBP 就像特种兵，在前线解决各类难题，帮助部队推进作战计划；HRSSC 就像后勤兵，提供高质量的物资保障，让战士们安心投入战斗；而 HRCOE 则是炮兵，部署战略性、规模性的火力支撑，稳固大局。

浪潮的 HRCOE 角色定位于专家中心。在企业发展的过程中，必定会出现必须攻克的战略高地，HRCOE 需要敏锐地察觉业务发展的关键点，设计有效的策略组合助力公司达成目标。在集团层面，HRCOE 不仅具备总览全局的视野优势，还有着最丰富的专业资源，因此有义务整合与协调资源，为一线 HRBP 提供高效的解决方案。为此，浪潮围绕人力资源模块及变革项目，成立了相应的专家项目组（见图 9-10）。

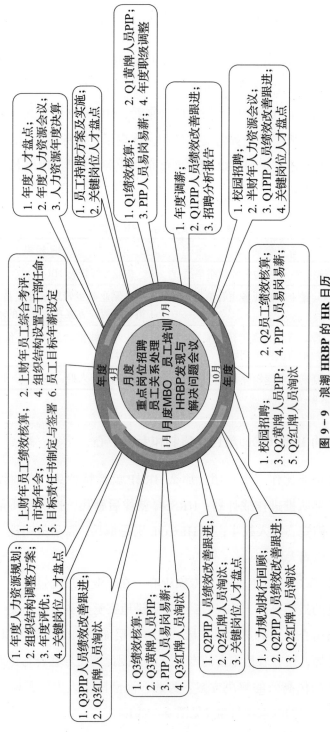

图 9-9 浪潮 HRBP 的 HR 日历

图 9 - 10　浪潮的专家项目组架构

　　浪潮对专家小组实行项目立项制（见图 9 - 11），需求发起人（如 HRBP）通过 HRCOE 专家组输出需求，再由专家组向集团申请立项，成立课题项目，在项目实施过程中进行过程监控与定期汇报。最后，由集团对项目成果进行评价，由 HRCOE 总结成制度推广，促进最佳实践的传播。浪潮项目立项制的反响良好，目前，围绕 HRM 六大模块，浪潮内部已成立"浪潮海外人才的素质模型及招聘渠道布局""集团后备干部培训课程体系""形成基于矩阵管理的绩效管理办法""研究提高保险、公积金基数""搭建分级后备干部模型"等多个项目课题。

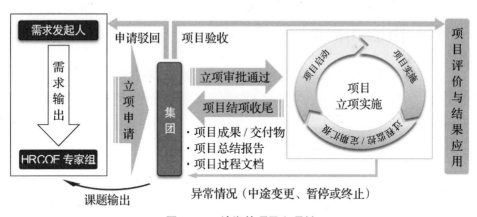

图 9 - 11　浪潮的项目立项制

9.4　HR 三支柱对我国集团公司 HRM 实践的启示

9.4.1　集团 HR 三支柱建设的适用性

　　并非所有的企业都适用三支柱模式，但这个设定不影响其他类型企业按需转型，按需去发展适应本企业的单个 HRBP，而完整地架设三支柱模式的公司，适用条件主要如下：

1. 企业具有一定的规模

若集团公司有庞大的下属子公司或者机构，员工数量众多，则更能发挥三支柱在顶层设计、业务常规化处理、大数据流分析方面的优势。同时，HR 三支柱的建设周期长，程序复杂，需要企业前期投入大量的人力、物力、财力和技术力量，这对企业的软硬实力都提出了一定的要求。

2. 集团总部与子公司 HRM 的相似性

集团三支柱的建设是集团范围的 HRM 整合，从上至下需要 HRM 的系统性，从下而上需要 HRM 信息流的畅通性。这就需要集团各子公司或下设机构的人力资源活动有一定的相似性，可以在集团总部层次全局统筹 HRM，同时又能将各层次的 HRM 活动收归到集团层面来进行统一处理。

3. 公司高层领导的重视度

高层领导重视 HRM，认可 HRM 的战略价值，对企业三支柱的建设尤为关键。高层领导的重视以及参与不仅影响企业从 HRM 方面提升企业竞争力的意愿程度，还为企业资源的投入提供保障，同时也有助于克服三支柱建设过程中的困难。

4. 企业具有一定的信息化基础

HR 三支柱的推行是 HR 部门管理职能定位的升级。升级过程中，首先需要先通过现代化的工具或系统将 HRM 从传统的事务性工作中解放出来，利用网络自助化的信息共享系统的建设来发挥共享中心的作用。HR 三支柱的建设还伴随着企业信息流的整合与分析，利用企业管理信息化实现信息流跨部门跨层级的流动，发挥 HRM 在分析数据流过程中的作用。HR 三支柱的顺利实施需要企业具备一定的技术水平，同时对企业信息化与流程化水平要求较高。

9.4.2　集团 HR 三支柱建设的关键点

HR 三支柱提出以来，在中国企业中得到了广泛的实践与应用。其中，华为、阿里巴巴、腾讯等第一批"吃螃蟹"者结合自身情况对其进行了升级与创新，建立了体系更加稳固、更能适应中国企业发展需要的三支柱模式。

但同时我们也应看到，在领先者的前瞻思考和后来者的积极推行下，中国企业依然很难建成真正系统性的 HR 三支柱模式。在构建三支柱方面，中国企业还有很长的路要走。但 HR 三支柱的提出显然给中国企业的理论和实践发展带来了诸多启示。

1. 由机会导向转变为战略导向

目前，中国一些企业管理者在了解到 HRBP、HRSSC 等概念后，在知其然而不知其所以然的情况下就开始了盲目的模仿。这种追捧管理领域热点的行为其实是一种项目导向的投机思维。而战略型导向则要求企业从组织战略、业务内容、组织架构和组织竞争力等角度出发，深度分析思考 HR 三支柱与组织战略的匹配性，及组织是否拥有构筑三支柱的条件。

2. 重视 HR 在组织中的作用

目前中国中小企业 HR 投入严重不足，人力资源部门在组织中量级规模不够大，HR 管理者专业技能需要进一步提升。另外，目前人力资源部门单纯强调招聘、培训、绩效考核等职能，HR 局限于事务性工作，效能低下，远不能承接战略性职能。

HR 三支柱模式对人力资源部门提出了很多要求，《HR+ 三支柱》一书将三支柱的本质解释为"高绩效的 HRM 系统，通过再造组织能力，让HRM 为组织创造价值增值、获得成果"。毋庸置疑，为了达到这一目标，企业必须提高对 HR 部门的重视程度并加大投入力度。

就两个成功的例子来看，阿里巴巴的 HR 人数几乎是行业标准的两倍，而 HR 的投入是同类企业的三四倍之多。同样，华为早在 2009 年便开始了对 HR 三支柱的探索；至 2014 年，华为的 HR 三支柱日趋成熟，充分发挥了对公司战略和业务的支撑作用。对 HR 的重视和投入无疑是其成功的法宝之一。

3. 互联网时代下的组织结构转型

大多数传统企业采用的是垂直控制型管理方式。不可否认，这种组织架构流程清晰、分工明确，但其层级较多，灵活性差，在互联网时代下，很难适应市场的灵活变化，也很难真正做到以客户为导向。

HR 三支柱的核心是上要对接战略，下要贴近业务，从而要求组织平台化，业务流程、组织架构扁平化。这就需要企业将已有的组织结构和流程体系结构进行解构。而目前中国的大多数企业都还未进行组织结构的变革，抛弃已然成熟的组织结构和流程体系的要求对企业的人力物力财力提出了挑战。

大企业平台下的小公司精神是信息时代组织结构的一大发展方向，比如华为的"铁三角"、海尔的"小微"。在组织架构重建的过程中，HR 要积极参与到组织设计中。同样，组织形式的变化也会进一步影响 HR。

4. 制订可行的三支柱推进计划

人力资源部门实现真正的"三支柱"转型需要 5 ~ 8 年时间，其中涉及 HR 的组织结构调整、HR 共享服务中心建设、HR 流程再造、HR IT 系统集成和 HR 能力提升等。三支柱建设周期长，程序复杂，涉及的管理层级与管理部门多，在建设过程中尤其需要把握整体的阶段规划，并根据具体的建设情况灵活调整。

在建设中，早期需要更加关注"建立基础"，包括初步建立 HRBP、HRCOE 和 HRSSC 的角色，加快建设共享服务中心；对于跨国公司来说，需要加强 IT 系统在区域层面的集成等。中期更加关注"强化核心"，包括三支柱角色的持续优化，提升 HRSSC 事务性流程的精益化运作水平以及价值增值流程的专业化程度，实现 HR 门户系统集成等。后期更加关注"聚焦领先"，包括带来业务结果、端到端的流程整合和全球 IT 系统集成等。

5. 依托大数据和信息技术搭建平台

从 SSC 升级到 SDC，其最突出的特点之一就是强调平台化。平台化要求企业充分利用信息技术和大数据分析整合信息系统，进而解决 HR 运营服务的系统建设问题。该平台不仅要服务于基础人事工作，还应满足多种需求；不仅要共享事务，还要共享资源，承担交付服务，主动提供一站式交付效果。

就组织结构而言，团队的项目运行往往需要依靠大平台的支撑。一方面，小团队需要从平台端获取项目所需的产品技术资源和大数据支持；另一方面，大平台可有效聚集小团队的共享资源，保证沟通顺畅，减少信息不对称。

6. 人才与资源共享

前面已经提到，中国目前的大部分中小企业在人力资源方面投入严重不足，这和企业实力是分不开的。很多企业并不具备构建完整人力资源组织的能力，同时，HR 三支柱对 HR 管理人才的专业技能要求又极高，而真正的优秀 HR 人才供不应求。在共享经济迅速发展的今天，我们不免思考：人才是否也可以共享呢？

这需要建设完善的共享平台，需要共享经济的思维更为普遍地被大众所接受。在这些方面，中国企业还有很长的路要走。

7. 人才价值共创共享

管理学家曾预言，企业未来的竞争将依赖一种新的价值创造方法：以个体为中心，由消费者与企业共创价值。今天，这一概念已经蔚为潮流，秉承这一理念的公司得到了快速发展，例如小米的理念共创、亚马逊的共同推荐模式、华为的股权共享机制等。

在互联网思维的影响下，传统的商业模式被服务型商业模式所取代，企业由单纯的产品制造者变为综合服务的提供商，消费者由产品用户升级为企业重要的价值共创者。价值共创的核心思想是消费者和企业共同创造价值，它是一种"以客户为中心"的企业战略，是一种致力于改善企业与客户之间传统关系的新型管理理念，价值共创是未来企业转型升级的必由之路。

8. 构建中国企业 HR 三支柱模式

在西方的 HR 理论和实践中，HR 三支柱重视信息资源的流动，互动频率小、互惠程度低，呈现出弱联系的特点。而中国的文化环境更加注重关系，为适应中国的文化环境，就需要建立一个强联系的、适应中国文化环境的 HR 三支柱模式。在三支柱建设过程中，需要考虑本土本企业的实际。A. Boglind，F. Hällstén 和 P. Thilander（2011）以瑞典七个组织为研究目标，共采访了 192 位人力资源专业人士、行业经理和其他利益相关者，研究发现单纯模仿理论模型或"最佳实践"模型并不容易，不经过合理的转化，单纯地模仿、照搬一个理论模型或一个"最佳实践"模型是难以成功的。建立理想的人力资源组织取决于在具体的组织环境中如何转化和解读相关概念和最佳实践。

在华为、腾讯、阿里巴巴等企业的探索之下，中国企业对 HR 三支柱模式进行了升级。新模式下，三支柱的视角更加广阔，更加强调 HR 三支柱与外在环境的关系，强调三支柱与技术、人才等的互动。平台支撑方面，从 SSC 升级为 SDC，不再仅仅将行政事务性工作集中起来建立一个服务中心，而是更加重视平台对另外两个支柱的大数据决策支撑作用。文化内涵上，突出"家文化"和整体性，三支柱相互扶持、共同发展，更好地适应中国文化。

本章小结

人力资源三支柱是传统 HRM 的转型和升级，可为集团公司加强内部控制与协同提供便利。三支柱的建设实现了 HRM 顶层设计的一致性、HRM 中层实施的一贯性和 HRM 底层流程的标准化，可帮助集团总部实现对子公司的有效控制。同时，三支柱依托 HR 的四种角色、HRM 三大体系纵向实现了集团内总部与子公司、员工的协同，横向实现了 HRM 职能、HR 部门与业务部门的协同，进而实现了 HRM 流程的协同、HRM 与业务的协同，以及集团内外部人才与知识经验的协同。

思维导图

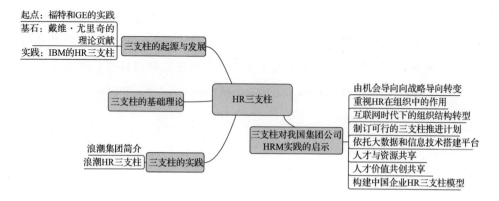

起点：福特和GE的实践
基石：戴维·尤里奇的理论贡献
实践：IBM的HR三支柱
　　　　　三支柱的起源与发展

三支柱的基础理论　　HR三支柱

浪潮集团简介　三支柱的实践
浪潮HR三支柱

三支柱对我国集团公司HRM实践的启示

由机会导向向战略导向转变
重视HR在组织中的作用
互联网时代下的组织结构转型
制订可行的三支柱推进计划
依托大数据和信息技术搭建平台
人才与资源共享
人才价值共创共享
构建中国企业HR三支柱模型

前沿进展："不要分拆人力资源部！"

以戴维·尤里奇为代表的一批学者和人力资源从业者，在面对专家、业界对 HRM 的批判时，冷静地反思，用理论、实践为 HRM 的价值辩护，让高层管理者重新审视 HR 的价值。

在尤里奇看来，"找到人，顶上事"这种对 HRM 作用的简单理解，显然浪费了这个"杀手级"武器。在如今这样一个商业逻辑快速迭代的时代，HRM 固然要"找到人，顶上事"，但对组织能力的塑造才是更大的目标。戴维·尤里奇认为："要不要炸掉人力资源部，不是一个好的问题。我们最该思考的问题是：人力资源部该如何更好地创造价值？"

从这个角度出发，尤里奇提出了一个全新的解决方案，他主张"将人力资源职能分为三个部分：（1）嵌入式工作的人力资源通才（the embedded HR generalists），与业务部门高管共同解决人才、领导力和组织能力议题；（2）专家中心（centers of expertise），提供专业领域系统的分析和建议；

（3）共享服务中心（service center），处理事务性工作。这三个部分都在 HR 职能下有效协同工作"。而这正是如今国内广泛推广的"人力资源三支柱模式"的雏形。

由内而外地重新定义 HR 战略，用人才、领导力和组织能力重新定义 HR 产出，重新设计组织结构，以员工、绩效、信息和工作等创新人力资源实践，更新 HR 专业人士的胜任力标准……HR 三支柱模式对人力资源组织结构的重新架构深刻地影响了 HRM 实践。如何将人力资源工作与企业的战略和业务联系起来，提高 HRM 的战略价值，成为亟待 HR 与学者们思考的问题。抛开争论，各界就一点达成了共识：人力资源部门转型已成必然。

资料来源：Ulrich D. Do not Split HR: At Least not Ram Charan's Way. Harvard Business Review Digital Articles, 2014.

参考文献

［1］ Abdallah W M, Keller D E. Measuring the Multinational's Performance ［J］. Management Accounting, 1985 (10).

［2］ Anderson J C, Milkovich G T, Tsui A. A Model of Intra-Organizational Mobility ［J］. Academy of Management Review, 1981, 6(4): 529-538.

［3］ Balkin D B, Gomez‐Mejia L R. Matching Compensation and Organizational Strategies ［J］. Strategic Management Journal, 2010, 11(2): 153-169.

［4］ Ball K S. The Use of Human Resource Information Systems: A Survey ［J］. Personnel Review, 2001, 30(6): 677-693(17).

［5］ Balogun J, Johnson G. Organizational Restructuring and Middle Manager Sensemaking ［J］. Academy of Management Journal, 2004, 47(4): 523-549.

［6］ Bamberger P, Belogolovsky E. The Dark Side of Transparency: How and When Pay Administration Practices Affect Employee Helping ［J］. Journal of Applied Psychology, 2016, 102(4).

［7］ Barney J B. Organizational Culture: Can It Be a Source of Sustained Competitive Advantage? ［J］. Academy of Management Review, 1986, 11(3): 656-665.

［8］ Baum J A C, Dobbin F. Firm Resources and Sustained Competitive Advantage ［J］. Journal of Management, 1991, 17(1): 3-10.

［9］ Beehr T A, Taber T D. Perceived Intra-organizational Mobility: Reliable versus Exceptional Performance as Means to Getting ahead［J］. Journal of Organizational Behavior. 1993(14): 579-594.

［10］ Bidwell M. Paying More to Get Less: The Effects of External Hiring versus Internal Mobility［J］. Administrative Science Quarterly, 2011, 56(3): 369-407.

［11］ Björkman I, Lu Y. The Management of Human Resources in Chinese-Western Joint Ventures［J］. Journal of World Business, 1999, 34(3): 306-324.

［12］ T.V. Bondarouk, H.J.M. Ruël. Electronic Human Resource Management: Challenges in the Digitalera［J］. International Journal of Human Resource Management, 2009, 20(3): 505-514.

［13］ Bondarouk T, Parry E, Furtmueller E. Electronic HRM: Four Decades of Research on Adoption and Consequences［J］. International Journal of Human Resource Management, 2017, 28(1/2): 98-131.

［14］ Buskirk R E, Buskirk W H. Changes in Arthropod Abundance in a Highland Costa Rican Forest［J］. American Midland Naturalist, 1976, 95(2): 288-298.

［15］ Chadwick C. Theoretic Insights on the Nature of Performance Synergies in Human Resource Systems: Toward Greater Precision［J］. Human Resource Management Review, 2010, 20(2): 85-101.

［16］ Chandrakumara A, Sparrow P. Work Orientation as an Element of National Culture and Its Impact on HRM Policy-practice Design Choices: Lessons from Sri Lanka［J］. International Journal of Manpower, 2004, 25(6): 564-589.

［17］ Chang S J, Hong J. How Much Does the Business Group Matter in Korea?［J］. Strategic Management Journal, 2002, 23(3): 265-274.

［18］ Chittoor R, Kale P, Puranam P. Business Groups in Developing

Capital Markets: Towards a Complementarity Perspective ［ J ］. Strategic Management Journal, 2015, 36(9): 1277-1296.

［19］ Cooper R B, Zmud R W. Information Technology Implementation Research: A Technological Diffusion Approach ［ M ］. INFORMS, 1990.

［20］ Vries M F R K D, Miller D. Personality, Culture, and Organization ［ J ］. Academy of Management Review, 1986, 11(2): 266-279.

［21］ Delaney J T, Huselid M A. The Impact of Human Resource Management Practices on Perceptions of Organizational Performance ［ J ］. Academy of Management Journal, 1996, 39(4): 949-969.

［22］ Demirag I S. Assessing Foreign Subsidiary Performance: The Currency Choice of U.K. MNCs ［ J ］. Journal of International Business Studies, 1988, 19(2): 257-275.

［23］ Gray D. An Empirical Analysis of Current US Practice in Evaluating and Controlling Overseas Operations ［ J ］. Accounting & Business Research, 2012, 21(84): 299-309.

［24］ Duncan R B. Characteristics of Organizational Environments and Perceived Environmental Uncertainty ［ J ］. Administrative Science Quarterly, 1972, 17(3): 313-327.

［25］ Edwards M, Hulme D. Too Close for Comfort? The Impact of Official Aid on Nongovernmental Organizations ［ J ］. World Development, 1996, 24(6): 961-973.

［26］ Esen M, Özbağ G K. An Investigation of the Effects of Organizational Readiness on Technology Acceptance in e-HRM Applications ［ J ］. International Journal of Human Resource Studies, 2014, 4(1): 232.

［27］ Faccio M. Politically Connected Firms ［ J ］. Social Science Electronic Publishing, 2006, 96(1): 369-386.

［28］ Gioia D A, Chittipeddi K. Sensemaking and Sensegiving in Strategic Change Initiation ［ J ］. Strategic Management Journal, 1991, 12(6):

433-448.

［29］　Gomez-Mejia L R, Welbourne T M. Compensation Strategy: An Overview and Future Steps ［ J ］. Human Resource Planning, 1988 (11): 173-189.

［30］　Goold M, Campbell A. Estrategias y Estilos: la Dirección de Grupos de Empresas: el rol de la Dirección Central en los Grupos de Sociedades ［ J ］. 1989.

［31］　Hamel G, Prahalad C K. Strategy as Stretch and Leverage ［ J ］. Harvard Business Review, 1993, 71(2): 75-84.

［32］　Susan Hetrick. Transferring HR Ideas and Practices: Globalization and Convergence in Poland ［ J ］. Human Resource Development International, 2002, 5(3): 333-351.

［33］　Susan Hetrick. Transferring HR Ideas and Practices: Globalization and Convergence in Poland ［ J ］. Human Resource Development International, 2002, 5(3): 333-351.

［34］　Hillman A J, Withers M C, Collins B J. Resource Dependence Theory: A Review ［ J ］. Journal of Management, 2015, 35(6): 1404-1427.

［35］　Hofstede G. The Business of International Business Is Culture ［ J ］. International Business Review, 1994, 3(1): 1-14.

［36］　Hoskisson R E, Jr A A C, Tihanyi L, et al. Asset Restructuring and Business Group Affiliation in French Civil Law Countries ［ J ］. Strategic Management Journal, 2004, 25(6): 525-539.

［37］　Hou Q, Jin Q, Wang L. Mandatory IFRS Adoption and Executive Compensation:Evidence from China ［ J ］. China Journal of Accounting Research, 2014, 7(1): 9-29.

［38］　Huang J, Jin B, Yang C. Satisfaction with Business to Employee Benefit Systems and Organizational Citizenship Behavior ［ J ］. International Journal of Manpower, 2004, 25(2): 195-210.

［39］　Kalleberg A L, Moody J W. Human Resource Management and Organizational Performance ［ J ］. American Behavioral Scientist, 1994, 37(7):

948-962.

［40］ Kallunki J P, Laitinen E K, Silvola H. Impact of Enterprise Resource Planning Systems on Management Control Systems and Firm Performance ［ J ］. International Journal of Accounting Information Systems, 2011, 12(1): 20-39.

［41］ Karim S, Williams C. Structural Knowledge: How Executive Experience with Structural Composition Affects Intrafirm Mobility and Unit Reconfiguration ［ J ］. Strategic Management Journal, 2012, 33(6): 681-709.

［42］ Kim E, Rhee M. How Airlines Learn from Airline Accidents: An Empirical Study of How Attributed Errors and Performance Feedback Affect Learning from Failure ［ J ］. Journal of Air Transport Management, 2017, 58: 135-143.

［43］ Kovach K A, Cathcart C E. Human Resource Information Systems (HRIS): Providing Business with Rapid Data Access, Information Exchange and Strategic Advantage ［ J ］. Public Personnel Management, 1999, 28(2): 275-282.

［44］ Lado A A, Wilson M C. Human Resource Systems and Sustained Competitive Advantage: A Competency-based Perspective ［ J ］. Academy of Management Review, 1994, 19(4): 699-727.

［45］ Lee J, Runge J. Adoption of Information Technology in Small Business: Testing Drivers of Adoption for Entrepreneurs ［ J ］. Data Processor for Better Business Education, 2001, 42(1): 44-57.

［46］ Lengnick-Hall C A, Beck T E, Lengnick-Hall M L. Developing a Capacity for Organizational Resilience Through Strategic Human Resource Management ［ J ］. Human Resource Management Review, 2011, 21(3): 243-255.

［47］ Lengnickhall M L, Moritz S. The Impact of e-HR on the Human Resource Management Function ［ J ］. Journal of Labor Research, 2003, 24(3): 365-379.

［48］ Lepak D P, Snell S A. Virtual HR: Strategic Human Resource Management in the 21st Century［J］. Human Resource Management Review, 1998, 8(3): 215-234.

［49］ Marler J H, Fisher S L, Ke W. Employee Self-service Technology Acceptance: A Comparison of Pre-implementation and Post-implementation Relationships［J］. Personnel Psychology, 2009, 62(2): 327-358.

［50］ Karim Mignonac. Individual and Contextual Antecedents of Older Managerial Employees' Willingness to Accept Intra-organizational Job Changes［J］. International Journal of Human Resource Management, 2008, 19(4): 582-599.

［51］ Montemayor E F. Congruence Between Pay Policy and Competitive Strategy in High-performing Firms［J］. Journal of Management, 1996, 22(6): 889-908.

［52］ HangYue Ngo, Daniel Turban, ChungMing Lau, et al. Human Resource Practices and Firm Performance of Multinational Corporations: Influences of Country Origin［J］. International Journal of Human Resource Management, 1998, 9(4): 632-652.

［53］ Niven P R, Lamorte B. Objectives and Key Results: Driving Focus, Alignment, and Engagement with OKRs［M］. John Wiley & Sons, Inc., 2016.

［54］ Norton B. Human Resource Implications of Adopting IT［J］. Aslib Proceedings, 1992, 44(9): 299-303.

［55］ Olivas-Lujan M R, Ramirez J, Zapata-Cantu L. e-HRM in Mexico: Adapting Innovations for Global Competitiveness［J］. International Journal of Manpower, 2007, 28(5): 418-434.

［56］ Ouchi W G. The Relationship Between Organizational Structure and Organizational Control［J］. Administrative Science Quarterly, 1977, 22(1): 95-113.

［57］ Parry E, Tyson S. Desired Goals and Actual Outcomes of e-HRM［J］. Human Resource Management Journal, 2011, 21(3): 335-354.

［58］ Hussain S P, Harris C C. Inflammation and Cancer: An Ancient link with Novel Potentials［ J ］. International Journal of Cancer, 2007, 121(11): 2373-2380.

［59］ Pound J. The Promise of the Governed Corporation［ J ］. Harvard Business Review, 1995, 73(2): 89-98.

［60］ Quinn R E, Cameron K. Organizational Life Cycles and Shifting Criteria of Effectiveness: Some Preliminary Evidence［ J ］. Management Science, 1983, 29(1): 33-51.

［61］ Ridge J W, Hill A D, Aime F. Implications of Multiple Concurrent Pay Comparisons for Top-Team Turnover［ J ］. Journal of Management, 2014, 43(3): 671-690.

［62］ Ruël H, Bondarouk T, Looise J K. E-HRM: Innovation or Irritation. An Explorative Empirical Study in Five Large Companies on Web-based HRM ［ J ］. Management Revue, 2004, 15(3): 364-380.

［63］ Saga V L, Zmud R W. The Nature and Determinants of IT Acceptance, Routinization, and Infusion［ C ］. Ifip Tc8 Working Conference on Diffusion, Transfer and Implementation of Information Technology. Elsevier Science Inc. 1993: 67-86.

［64］ Sareen P, Subramanian K V. e-HRM: A Strategic Review［ J ］. Journal of the Statistical Society of London, 2012, 4(1): 34-49.

［65］ Schein E H. Culture: The Missing Concept in Organization Studies ［ J ］. Administrative Science Quarterly, 1996, 41(2): 229-240.

［66］ Schuler R S, MacMillan I C. Gaining Competitive Advantage Through Human Resource Management Practices［ J ］. Human Resource Management, 1984, 23(3): 241-255.

［67］ Shrivastava S, Shaw J B. Liberating HR Through Technology［ J ］. Human Resource Management, 2003, 42(3): 201-222.

［68］ Paul R. Sparrow. Globalization of HR at Function Level: Four UK-based Case Studies of the International Recruitment and Selection Process ［ J ］. International Journal of Human Resource Management, 2007, 18(5): 845-867.

［69］ Spell C S, Blum T C. Getting Ahead: Organizational Practices That Set Boundaries around Mobility Patterns ［ J ］. Journal of Organizational Behavior, 2000, 21(3): 299-314.

［70］ Spender J C. Making Knowledge the Basis of a Dynamic Theory of the Firm ［ J ］. Strategic Management Journal, 1996, 17(S2): 45-62.

［71］ Strohmeier S, Kabst R. Evaluating Major Human Resource Information Systems Design Characteristics: An Empirical Study ［ J ］. International Journal of Business Information Systems, 2012, 9(3): 328-342.

［72］ Strohmeier S. Research in e-HRM: Review and Implications ［ J ］. Human Resource Management Review, 2007, 17(1): 19-37.

［73］ Suchman M C. Managing Legitimacy: Strategic and Institutional Approaches ［ J ］. Academy of Management Review, 1995, 20(3): 571-610.

［74］ Topel R H, Ward M P. Job Mobility and the Careers of Young Men ［ J ］. Social Science Electronic Publishing, 1992, 107(2): 439-479.

［75］ P. Monique Valcour, Pamela Tolbert. Gender, Family and Career in the Era of Boundarylessness: Determinants and Effects of Intra- and Inter-organizational Mobility ［ J ］. International Journal of Human Resource Management, 2003, 14(5): 768-787.

［76］ Vardi Y, Hammer T H. Intraorganizational Mobility and Career Perceptions among Rank and File Employees in Different Technologies ［ J ］. Academy of Management Journal, 1977, 20(4): 622-634.

［77］ Venkatesh V, Davis F D. A Theoretical Extension of the Technology Acceptance Model: Four Longitudinal Field Studies ［ J ］. Management Science, 2000, 46(2): 186-204.

［78］ Wang Y S. Assessing E-commerce Systems Success: A Respecification and Validation of the DeLone and McLean Model of IS Success

［J］. Information Systems Journal, 2008, 18(5): 529-557.

［79］ Weick K E, Sutcliffe K M, Obstfeld D. Organizing and the Process of Sensemaking ［J］. Organization Science, 2005, 16(4): 409-421.

［80］ Wright P M, Boswell W R. Desegregating HRM: A Review and Synthesis of Micro and Macro Human Resource Management Research ［J］. Journal of Management, 2002, 28(3): 247-276.

［81］ Patrick M W, Gary C. McMahan, Abagail McWilliams. Human Resources and Sustained Competitive Advantage: A Resource-based Perspective ［J］. International Journal of Human Resource Management, 1993, 5(2): 301-326.

［82］ 安东尼，戈文达拉场. 管理控制系统 ［M］. 北京：机械工业出版社，2004: 4.

［83］ 安鸿章，邹勇. 企业技能人员需求预测模型建立与应用 ［J］. 经济与管理研究，2007(11): 64-68.

［84］ 白列湖，潘开灵. 协同论与管理协同理论 ［J］. 甘肃社会科学，2007(5): 228-230.

［85］ 曹国瑞. 天津电力计量中心自动化检测基地的人力资源规划研究 ［D］. 北京：华北电力大学，2011.

［86］ 曹洲涛，林山. 企业集团对子公司经营者绩效管理研究 ［J］. 中国人力资源开发，2005(2): 66-69.

［87］ 陈福漆. 人力资源规划的战略性思考 ［J］. 企业经济，2003(12): 81-82.

［88］ 陈宏明，党兴华. 母子公司战略性效绩评价指标体系的构建 ［J］. 财会月刊，2007(27): 19-21.

［89］ 陈宏明，卢凤君，苏文凤. 企业集团内部效绩评价体系模式研究：以电力企业集团为例 ［J］. 会计研究，2003(3): 28-34.

［90］ 陈文波，黄丽华，陈琪彰，等. 企业信息系统实施中的意义建构：以 S 公司为例 ［J］. 管理世界，2011(6): 142-151.

［91］ 陈育庆. 提高招聘的有效性 ［J］. 中国人力资源开发，2004(3):

28-30.

［92］陈志风，乔永军. 母子公司体制下的人才梯队建设问题研究 ［J］. 人力资源管理，2011(6): 59-60.

［93］陈志军. 基于管控模式的母子公司人力资源控制探讨 ［J］. 劳动经济评论，2008(1): 198-200.

［94］陈志军. 集团公司管理 ［M］. 北京：中国人民大学出版社，2014.

［95］陈志军. 集团公司管理：基于三种管控模式 ［M］. 北京：经济科学出版社，2010.

［96］陈志军. 母子公司管理控制研究 ［M］. 北京：经济科学出版社，2006.

［97］陈志军，崔慧，赵月皎. 母子公司人力资源管理控制点研究：基于问卷调查的定量分析 ［J］. 山东社会科学，2017(9): 114-120.

［98］陈志军，刘晓. 母子公司协同效应评价的一种模型 ［J］. 经济管理，2010(10): 51-56.

［99］陈志军，王本东，孟执芳. 母子公司绩效评价模式选择探讨 ［J］. 理论导刊，2005(12): 47-50.

［100］陈志军，魏文忠. 集团公司管理的框架体系探讨 ［J］. 山东大学学报 (哲学社会科学版)，2014(3): 14-23.

［101］陈志军，徐鹏，王晓静. 集团研发战略一致性与研发协同关系研究：沟通机制的调节作用 ［J］. 财贸研究，2014(3): 125-131.

［102］陈志军，赵月皎. 集团公司控制与协同辨析 ［J］. 济南大学学报 (社会科学版)，2017, 27(1): 109-115.

［103］陈志霞，周佳彬. 信息化人力资源管理研究进展探析 ［J］. 外国经济与管理，2017, 39(1): 56-67.

［104］仇莉娜，曹亚克. 人力资源需求预测方法探讨 ［J］. 商业研究，2005(4): 39-41.

［105］单潇. 京津冀协同发展下的民航企业人力资源管理 ［J］. 中外

企业家，2017(7): 197-198.

［106］邓建平，曾勇. 政治关联能改善民营企业的经营绩效吗［J］. 中国工业经济，2009(2): 98-108.

［107］迪凯. 人才倍出：人力资源战略规划实战·策略·案例［M］. 北京：经济管理出版社，2014.

［108］董克用. 我国人力资源管理面临的新环境与新挑战［J］. 中国人力资源开发，2007(12): 6-10.

［109］董宇鸿. 协同理论对企业持续成长能力的相互作用［J］. 现代企业，2008(12): 39-40.

［110］段兴民，金霞. 人力资源开发和利用审计刍议［J］. 审计理论与实践，1997(5): 7-8.

［111］樊行健，宋仕杰. 企业内部监督模式研究：基于风险导向和成本效益原则［J］. 会计研究，2011(3): 49-53.

［112］方忆冈. Markov 链在人力资源供给预测中的应用［J］. 数理统计与管理，2000, 19(1): 1-5.

［113］冯俊文. 现代企业标杆管理［J］. 科学学与科学技术管理，2001, 22(5): 84-87.

［114］冯立平. 人才测评方法与应用［M］. 上海：立信会计出版社，2006.

［115］冯胜平，李一军. 企业集团人力资源管理质量评价指标体系的构建［J］. 管理学报，2016, 13(8): 1184-1190.

［116］高红波. 地方政府与企业如何协同人力资源培训规划设计和效果评估［J］. 经济管理（文摘版），2016(2).

［117］葛晨，徐金发. 母子公司的管理与控制模式：北大方正集团、中国华诚集团等管理与控制模式案例评析［J］. 管理世界，1999(6): 190-196.

［118］郭蕾，暴楠. SOX 内部控制体系下如何建立有效控制点：以生产制造循环为例［J］. 财务与会计，2014(1): 30-31.

［119］韩景倜，刘旭. 基于 ERP 系统的人力资源供给预测［J］. 科技

管理研究，2009, 29(3): 183-185.

［120］ 胡蓓，孙跃. 个体特征对人才流动风险偏好的影响研究［J］. 科技进步与对策，2009, 26(5): 153-156.

［121］ 胡立新. 国有企业集团绩效考评指标体系设计［J］. 江苏商论，2007(8): 134.

［122］ 胡晓东. 母子公司人力资源控制与协同研究［D］. 济南：山东大学，2006.

［123］ 黄湘泳. YZC 公司人力资源规划研究［D］. 北京：北京交通大学，2010.

［124］ 黄宇虹，弋代春，揭梦吟. 中国小微企业员工流动现状、作用及其影响因素分析［J］. 管理世界，2016(12): 77-89.

［125］ 黄宗成. 国外人才流动及其有关理论研究［J］. 科技进步与对策，1989(4): 51-52.

［126］ 蒋春燕，赵曙明. 企业特征、人力资源管理与绩效：香港企业的实证研究［J］. 管理评论，2004, 16(10): 22-31.

［127］ 金冬梅，周苏旎，吴粤，等. 企业内外部招聘合并问题研究［J］. 人力资源管理，2013(1): 164-166.

［128］ 孔杰，程寨华. 标杆管理理论述评［J］. 东北财经大学学报，2004(2): 3-7.

［129］ 冷严凌. 浪潮集团人力资源管理研究［D］. 济南：山东大学，2013.

［130］ 黎恒，王重鸣. 结构化面试研究新进展［J］. 人类工效学，2003, 9(4): 30-34.

［131］ 黎文靖，岑永嗣，胡玉明. 外部薪酬差距激励了高管吗：基于中国上市公司经理人市场与产权性质的经验研究［J］. 南开管理评论，2014, 17(4): 24-35.

［132］ 李彬，潘爱玲. 母子公司协同效应的三维结构解析及其价值相关性检验［J］. 南开管理评论，2014, 17(1): 76-84.

［133］ 李才, 李梦萱. 企业人力资源供给预测方法探讨: 基于马尔科夫模型［J］. 人力资源管理, 2011(5): 58-59.

［134］ 李芳. 基于信息化的企业集团协同效应研究［D］. 济南: 山东大学, 2008.

［135］ 李桦. 企业集团人员调任制度研究: 以台湾大型企业集团为例［J］. 中国人力资源开发, 2010(3): 61-65.

［136］ 李杰, 黄培清. 人才内部流动的风险研究［J］. 科学学与科学技术管理, 2006, 27(2): 103-108.

［137］ 李军鹏. 基于协同管理模式的企业人力资源管理模型研究［D］. 合肥: 合肥工业大学, 2005.

［138］ 李琦. 人力资源管理从业人员流动性问题研究: 立足北京市样本的分析［J］. 中国人力资源开发, 2012(9): 11-15.

［139］ 李荣, 谢泗薪. 企业集团人力资源的战略协同与整合［J］. 企业研究, 2006(4): 39-40.

［140］ 李松媛, 王德宠. 人力资源规划中的需求与供给预测的方法探析［J］. 黄河科技大学学报, 2011, 13(1): 79-81.

［141］ 李晓梅. 人力资源供给预测方法比较研究［J］. 新资本, 2004(6).

［142］ 梁薇. XAPA 保险公司人力资源规划研究［D］. 西安: 西北大学, 2003.

［143］ 梁祖红, 陈庆新, 毛宁. 考虑合同期的多类人员协同工作人力资源计划［J］. 工业工程, 2012, 15(4): 78-82.

［144］ 林浩彬. 广州港集团人力资源规划［D］. 广州: 华南理工大学, 2012.

［145］ 林肇宏, 张锐. 中国跨国企业人力资源管理模式及实践研究: 基于深圳 5 家高科技企业的案例分析［J］. 宏观经济研究, 2013(2): 97-104.

［146］ 刘洪, 赵曙明. 企业的发展演化与人力资源管理［J］. 南开管理评论, 2002, 5(2): 30-34.

［147］ 刘季玉. YZ集团管理人员培训与开发体系研究［D］. 济南: 山东大学, 2009.

［148］ 刘谦. 国有企业人力资源流动的管理研究［J］. 中国管理信息化, 2011(5): 56-57.

［149］ 刘善仕, 凌文辁. 德尔菲法在企业人力资源预测中的运用［J］. 企业经济, 2003(2): 116-117.

［150］ 刘善仕, 巫郁华. 论战略性薪酬与企业的匹配［J］. 华南理工大学学报(社会科学版), 2006, 8(1): 47-51.

［151］ 刘文彬, 唐杰. 绩效反馈对新生代员工反生产行为的影响机制——反馈效价视角的理论模型与案例研究［J］. 经济管理, 2015(6): 188-199.

［152］ 刘晓. 母子公司协同效应评价模型的构建［D］. 济南: 山东大学, 2010.

［153］ 刘欣. 大型集团企业人力资源管理信息化建设［J］. 电力信息与通信技术, 2011, 9(5): 47-50.

［154］ 刘轩, 章建石, 石晓勇. 职业价值观视野下的员工招聘与企业文化建设［J］. 华东经济管理, 2005, 19(7): 53-55.

［155］ 刘妍. 母子公司战略协同研究及应用［D］. 天津: 河北工业大学, 2005.

［156］ 刘永强, 赵曙明. 跨国公司组织文化与人力资源管理协同研究: 知识创新视角［J］. 中国工业经济, 2005(6): 90-97.

［157］ 卢程祥. 宁夏机场人力资源规划研究［D］. 西安: 西北大学, 2012.

［158］ 罗明, 宣国良, 万璟. 以"匹配"理念优化招聘策略［J］. 中国人力资源开发, 2009(2): 25-27.

［159］ 毛克宇, 杜纲. 基于协同产品商务的企业协同能力及其评价模型［J］. 内蒙古农业大学学报(社会科学版), 2006, 8(2): 165-167.

［160］ 孟执芳, 陈志军, 胡晓东. 母子公司人力资源协同探讨［J］. 山东社会科学, 2007(1): 70-72.

［161］ 孟执芳，胡晓东.企业集团人力资源管理模式探讨［J］.山东行政学院学报，2005(3): 62-64.

［162］ 潘安成，王伟.管理层知识结构与组织变革的互动机理研究：以结构化为视角［J］.科研管理，2011, 32(8): 84-89.

［163］ 潘开灵，白列湖.管理协同机制研究［J］.系统科学学报，2006, 14(1): 45-48.

［164］ 彭剑锋，饶征.基于能力的人力资源管理［M］.北京：中国人民大学出版社，2003.

［165］ 齐秀华.唐山区域企业人力资源管理SWOT-PEST分析［J］.中国电子商务，2014(2): 283-283.

［166］ 邱臣. A国有企业员工内部流动机制的研究［D］.大连：大连海事大学，2013.

［167］ 邱立成，成泽宇.跨国公司外派人员管理［J］.南开管理评论，1999(5): 9-13.

［168］ 任瑞祥.基于平衡计分思想的集团公司评价子公司业绩的研究［J］.人力资源管理（学术版），2009(9): 233.

［169］ 盛青.如何使招聘面试更有效［J］.中国人力资源开发，2004(10): 49-53.

［170］ 石金涛.培训与开发［M］. 2版.北京：中国人民大学出版社，2009.

［171］ 史生强.基于战略的人力资源规划管理研究：在富士康科技集团的应用实践［D］.广州：中山大学，2010.

［172］ 孙红丽，何永贵，张文建，等.马尔科夫模型在企业人力资源供给预测中的应用［J］.华北电力大学学报(自然科学版)，2004, 31(5): 56-58.

［173］ 孙宗虎.人力资源管理职位工作手册［M］.北京：人民邮电出版社，2005.

［174］ 唐贵瑶，魏立群，贾建锋.人力资源管理强度研究述评与展望

［J］. 外国经济与管理，2013, 35(4): 40-48.

［175］唐贵瑶，于冰洁，陈梦媛，等. 基于人力资源管理强度中介作用的组织沟通与员工创新行为研究［J］. 管理学报，2016, 13(1): 76-84.

［176］唐健. 论运用"弹性系数法"提升人力资源需求预测准确度［J］. 人才资源开发，2016(4): 85-86.

［177］唐友明. 基于 SWOT 分析法的经营战略选择［J］. 长江大学学报 (社会科学版), 2007, 30(3): 86-88.

［178］陶纯. 中华财险广东分公司人力资源战略规划研究［D］. 兰州：兰州大学，2015.

［179］田超. 企业集团经营业绩评价体系设计［J］. 交通财会，2006(4): 50-54.

［180］田军，张朋柱，王刊良，等. 基于德尔菲法的专家意见集成模型研究［J］. 系统工程理论与实践，2004, 24(1): 57-62.

［181］田敏. 分析企业人力资源规划制定的影响因素［J］. 商场现代化，2013(26): 108-109.

［182］万希. 组织的内部招聘和外部招聘［J］. 交通企业管理，2006, 21(12): 38-39.

［183］王斌，张伟华. 外部环境、公司成长与总部自营［J］. 管理世界，2014(1): 144-155.

［184］王琛，王效俐. 企业战略协同中存在的问题及对策［J］. 商业研究，2005(10): 115-117.

［185］王丰. 企业跨国经营中人力资源管理模式的选择研究［J］. 河北工程大学学报 (社会科学版), 2010, 27(2): 33-34.

［186］王化成，刘俊勇，孙薇. 企业业绩评价［M］. 北京：中国人民大学出版社，2004.

［187］王君华. 谈企业集团人力资源协同管理的实现［J］. 商业时代，2006(34): 47-48.

［188］王璞. 母子公司管理 (北大纵横管理咨询系列)［M］. 北京：中

信出版社，2004.

［189］ 王胜利. 石油企业人才培训与开发研究［D］. 北京：中国石油大学，2008.

［190］ 王巍. 基于生产效率的人力资源需求预测方法［J］. 技术经济与管理研究，2004(2): 42-43.

［191］ 王玮，廖勇. 企业信息系统采纳后行为研究评介与展望［J］. 外国经济与管理，2011, 33(2): 26-32.

［192］ 王玮，徐梦熙. 企业信息化过程中IT部门角色的演化模式：基于珠江啤酒集团的案例研究［J］. 管理案例研究与评论，2015, 8(2): 146-162.

［193］ 王先玉，王建业，邓少华. 现代企业人力资源管理学［M］. 北京：经济科学出版社，2003.

［194］ 王晓文. 浪潮集团人力资源培训管理研究［D］. 济南：山东大学，2015.

［195］ 王勇，刘景江，许庆瑞. 人力资源管理的策略组合［J］. 科学管理研究，2001, 19(3): 57-59.

［196］ 翁清雄，胡蓓."员工流动成长效应"：结构模型构建与实证分析［J］. 南开管理评论，2008, 30(5): 64-72.

［197］ 吴慈生，赵曙明. 基于人力资源培训的竞争优势：中国企业集团人力资源培训的动因及实证分析［J］. 南大商学评论，2006(3): 182-195.

［198］ 吴方建，唐贵瑶，徐伟涛. 信息化人力资源管理实施过程：基于内部营销视角的案例研究［J］. 中国人力资源开发，2017(11): 108-118.

［199］ 吴伟丰. 构建协同企业战略管理的人力资源管理系统［J］. 大观周刊，2011(13): 173-174.

［200］ 吴文具. 企业集团管理业绩评价指标的选择［J］. 经济论坛，2004(6): 63-65.

［201］ 伍珂霞. 对人力资源规划评价指标的探索［J］. 商场现代化，2005(29).

［202］ 武艳茹，张锐. 探析企业人力资源需求预测及其方法应用［J］.

人力资源管理，2015(10): 27-28.

　　［203］　项俏梅. 公司集团化转型中人力资源管控探讨［J］. 人才资源开发，2014(1): 16-17.

　　［204］　肖鸣政. 人力资源管理模式及其选择因素分析［J］. 中国人民大学学报，2006, 20(5): 135-141.

　　［205］　谢晋宇. 人力资源开发概论［M］. 北京：清华大学出版社，2005.

　　［206］　徐蔼婷. 德尔菲法的应用及其难点［J］. 中国统计，2006(9): 57-59.

　　［207］　徐爽. 企业集团人力资源协同效应的量表构建及人力资源协同效应的中外比较［D］. 济南：山东大学，2012.

　　［208］　徐文琼. 国土资源系统人力资源内部流动管理问题研究［D］. 长春：吉林大学，2014.

　　［209］　许聪，牛东晓，魏亚楠. 基于 SWOT-PEST 分析范式的区域发电企业竞争力分析［J］. 华东电力，2010, 38(8): 1111-1114.

　　［210］　许铎. 履历分析测评技术在选拔招聘人才中的应用［J］. 中国人力资源开发，2002(10): 31-34.

　　［211］　许刚. 母子公司人力资源协同研究［D］. 济南：山东大学，2008.

　　［212］　许一. 目标管理理论述评［J］. 外国经济与管理，2006, 28(9): 1-7.

　　［213］　颜士梅，王重鸣. 知识型企业如何获取竞争优势：一个基于 SHRM 观的分析［J］. 科研管理，2002, 23(6): 74-79.

　　［214］　杨晶照，杨东涛，孙倩景. 组织文化类型对员工创新行为的作用机理研究［J］. 科研管理，2012, 33(9): 123-129.

　　［215］　尹建华，王兆华，苏敬勤. 资源外包理论的国内外研究述评［J］. 科研管理，2003, 24(5): 133-137.

　　［216］　尹龙. 烟草商业企业人力资源战略规划研究［D］. 贵阳：贵州

财经大学，2012.

［217］ 曾丽珊. 企业人力资源需求预测方法比较分析［J］. 现代商贸工业，2009, 21(16): 133-134.

［218］ 张斌. 我国集团化零售服务企业人力资源管理信息化研究［D］. 青岛：中国海洋大学，2014.

［219］ 张成考，高爱华. 21 世纪企业管理的新方略：标杆管理［J］. 工业技术经济，2002, 21(5): 30-31.

［220］ 张海勇. 黄骅港人力资源管理研究［D］. 大连：大连海事大学，2008.

［221］ 张弘，赵曙明. 人才流动探析［J］. 中国人力资源开发，2000(8): 4-6.

［222］ 张弘林. SWOT 分析方法及其在企业战略管理中的应用［J］. 外国经济与管理，1993(2): 25-26.

［223］ 张宏亮，王军. 集团公司业绩评价体系研究［J］. 经济与管理，2003(8): 42-43.

［224］ 张焕艳. 基于管理模式的母子公司人力资源管理控制研究［D］. 济南：山东大学，2008.

［225］ 张沁园. SWOT 分析法在战略管理中的应用［J］. 企业改革与管理，2006(2): 62-63.

［226］ 张维迎. 企业的核心竞争力及人才选用机制［J］. 企业研究，2010(18): 4-5.

［227］ 张亦梅. 知识型团队集体离职内外因模型构建［J］. 科技进步与对策，2010, 27(20): 153-156.

［228］ 张正堂，李爽. 企业持续竞争优势来源：人力资源还是人力资源管理［J］. 科学管理研究，2005, 23(4): 102-105.

［229］ 赵峰，陆九愚，星晓川. 创新人才流动研究综述：基于组织层面的新视角［J］. 科学管理研究，2012, 30(4): 87-91.

［230］ 赵君，廖建桥，文鹏. 绩效考核目的的维度与影响效果［J］.

中南财经政法大学学报，2013, 196(1): 144-151.

　　［231］　赵曙明. 人力资源战略与规划［M］. 北京：中国人民大学出版社，2012.

　　［232］　赵曙明. 中国企业集团人力资源管理战略研究［M］. 南京：南京大学出版社，2003.

　　［233］　赵曙明，吴慈生，徐军. 企业集团成长与人力资源管理的关系研究［J］. 中国软科学，2002(9): 46-50.

　　［234］　赵曙明，张捷. 中国企业跨国并购中的文化差异整合策略研究［J］. 南京大学学报（哲学·人文科学·社会科学），2005, 42(5): 32-41.

　　［235］　郑国洪，宋朗. 陶然居的成功之道：基于PEST分析的视角［J］. 企业管理，2014(12): 80-82.

　　［236］　周德铭，曹洪泽. 信息系统结构控制审计框架研究［J］. 审计研究，2014(5): 32-37.

　　［237］　周志萍. 以创新为动力建设枫泾新镇区：浅析枫泾新镇开发建设的创新之路［J］. 上海企业，2007(8): 35-36.

　　［238］　朱建武，李华晶. 海尔的实践：标杆管理中的战略创新［J］. 财经理论与实践，2002, 23(5): 120-122.

　　［239］　朱金波. 母子公司人力资源管理控制与协同研究：以浪潮集团为例［D］. 济南：山东大学，2009.

　　［240］　朱宁，陈晓剑. 企业集团人力资源管理组织模式探讨［J］. 科学学与科学技术管理，2006, 27(9): 160-164.

　　［241］　邹志勇，武春友. 企业集团管理协同能力理论模型研究［J］. 财经问题研究，2008(9): 99-102.

后 记

　　我于2012年1月进入山东大学工商管理博士后流动站学习，师从陈志军教授。与集团公司人力资源管理实践的最初接触要追溯到2012年暑假。当时，我跟随陈教授赴浪潮集团人力资源管理部进行访谈，与浪潮集团负责招聘、培训的领导就集团总部人力资源管理部门与子公司人力资源管理部门的关系及各自分管、协同的工作职责进行了深入的交流，从中获益良多，深感"闻者不如见者知之为详，见者不如居者知之为尽"。随后，我还围绕企业集团人力资源管理主题对数家集团公司开展了一系列调研和访谈。实践经历与学术熏陶不断加深了我对集团公司人力资源管理的理解和思考。

　　"独柯不成材，独木不成林。"感谢我读博期间的两位导师李骥教授和魏立群教授对我一直以来的谆谆教诲，师恩难忘，大爱无言！感谢赵曙明教授为本书作序！陈扬教授、张正堂教授、贾建锋教授、蒋建武教授以及王绍凯、徐伟涛、苏玉玲、蔡燕、冯源、贾玉会、王永霞、吴燕、冯古月、于卉、王蕾、赵金涛、郭玉佳、廖翔、杨军、杨宇（由于篇幅，不再一一列出名单）等诸多学术界、企业界朋友在本书撰写过程中向我提供了宝贵的建议和实践素材，在此一并致以衷心的感谢！

　　感谢山东大学李鹏程、于冰洁、马鹏程、陈琳、吴方建、崔慧、孙玮在对集团集中调研、访谈以及本书资料收集过程中所付出的大量辛苦劳动！感谢柯慧杰、袁硕、冯梓航、刘欢鑫在本书后期全文整理和校对过程中所给予的大力支持和协助。

　　感谢山东大学管理学院的各位领导和同事！在我工作、生活和科研的道路上，无论遇到任何问题，各位领导、同事都非常热情、耐心地帮我解疑答惑，让我深深感受到了管院大家庭的温暖！

感谢我的家人们对我工作的大力支持！感谢他（她）们默默无闻为我付出的一切！

本书的问世，是对我从八年前踏入集团公司人力资源管理研究大门至今的一个阶段性总结，也是研究团队就集团公司人力资源管理主题与大家交流探讨的开始。本书已对基础理论、知识框架以及相关实践进行了系统的、基础性的梳理。当然，本书目前还存在着需要改进之处，期待读者朋友们给予更多的反馈！

希望未来在"人力资源管理"研究道路上，不忘初心、持之以恒！

唐贵瑶

于山东大学管理学院

图书在版编目（CIP）数据

集团公司人力资源管理 / 唐贵瑶，陈志军著 . —北京：中国人民大学出版社，2021.1
ISBN 978-7-300-28611-2

Ⅰ. ①集… Ⅱ. ①唐… ②陈… Ⅲ. ①企业集团 – 人力资源管理 Ⅳ. ① F276.4

中国版本图书馆 CIP 数据核字（2020）第 181369 号

集团公司人力资源管理

唐贵瑶　陈志军　著

Jituan Gongsi Renli Ziyuan Guanli

出版发行	中国人民大学出版社		
社　　址	北京中关村大街 31 号	**邮政编码**	100080
电　　话	010 – 62511242（总编室）	010 – 62511770（质管部）	
	010 – 82501766（邮购部）	010 – 62514148（门市部）	
	010 – 62515195（发行公司）	010 – 62515275（盗版举报）	
网　　址	http://www.crup.com.cn		
经　　销	新华书店		
印　　刷	天津中印联印务有限公司		
规　　格	170mm×240mm　16 开本	**版　　次**	2021 年 1 月第 1 版
印　　张	18.75 插页 2	**印　　次**	2021 年 1 月第 1 次印刷
字　　数	263 000	**定　　价**	52.00 元